KB050489

Theory of Regional Development & Policy

# 지역개발이론과 정책

이병기

박영사

# 머리말

　대학에서 지역개발론을 강의한지도 어언 20년이 훌쩍 넘었다. 강의를 시작하
고는 한동안 교재 선택을 두고 애를 많이 먹었다. 시중에 관련 전공서적이 몇 권
출간되어 있기는 했으나 마땅치 않아 선뜻 교재로 사용하기에는 좀 망설여졌다.
교재내용의 구성과 전개가 산만하다는 느낌을 지울 수 없었기 때문이다. 논의내
용도 교재마다 상이할뿐더러, 모두 방대한 내용을 단지 평면적으로 수록하고 있
는데 그치고 있었다. 그래서 전체적으로 일관된 논의흐름을 짚어내기가 어려웠고,
그러다보니 지역개발론을 하나의 분과학문으로 자리매김하는 차별화되는 정체성
을 읽어내기도 힘들었다.

　교재란 모름지기 체계적인 시각에서 엮고 서술되어야 한다는 생각을 쭉 해왔
다. 지역개발론 교재는 광범위한 내용을 다루는 까닭에 더 더욱 체계적인 안목을
요구하고 있다. 이러한 생각을 하면서 보다 일목요연하게 관련 내용을 정리해보
려는 의도로 나름대로 강의 노트를 작성하기 시작했다. 이 책은 그동안 쓰고 다듬
어 온 강의노트를 묶어서 펴냈다.

　본서는 다양한 지역개발 전략 및 정책의 형식과 내용들, 그리고 그 배경을 둘
러싼 이론적 논의들을 일관된 흐름으로 체계화하려는 시도를 하였다. 그래서 먼
저 지역문제를 진단하는 데서부터 지역개발 논의를 시작하고 있다. 무엇이 문제
이고, 왜 발생하며, 그리고 어떤 규범에서 그것이 문제로 인식되는가 하는 물음에
대한 논의를 한다. 이어서 지역개발 전략과 정책의 배경을 이루는 다양한 개발이
론들을 조명하였다. 지역개발 전략과 정책의 합리성을 이해하기 위해서는 그 배
경을 이루는 개발관련 이론에 대한 이해가 선행되어야 할 것이기 때문이다. 다음
은 이러한 개발이론이 현실의 지역문제 극복을 위해 어떻게 적용되어야 하는가
하는 차원에서 제시되고 있는 지역개발 전략들을 다루고 있다. 끝으로는 그동안

추진되어온 일련의 지역개발 정책들의 실제모습을 이러한 지역개발 이론과 전략에 비추어 체계화해서 정리하고 있다.

지역문제는 근본적으로 경제성장의 과실이 지역 간에 고르게 분배되지 않은 데서 비롯되는 문제이다. 이러한 지역 간 성장 격차는 시간이 흐를수록 더욱 심화되는 양상을 보인다. 나아가 이들 지역문제는 정치문제와 결부되면서 지역 간에 갈등의 골을 더욱 깊게 패이게 하고 있으며, 시간이 흐르면서 또 빠르게 증폭되는 과정을 이어오고 있다. 지역문제를 더 이상 이대로 두고 볼 수만은 없음을 말해주고 있다.

지역문제에 대해 합리적이고 효과적인 해결방안을 찾아가는 논의가 결코 쉽지 않은 것은 사실이다. 그것은 기본적으로 지역개발에 대한 이론적 논의 기반이 허약한 데서 비롯되는 문제에 다름 아니다. 이 책은 이러한 관점에 입각해서 지역문제와 다양한 개발사고, 그리고 지역개발 전략과 정책들 간의 논리적 연관성을 이론적 맥락에서 밝히는데 역점을 두었다.

아무쪼록 산만하기 쉬운 지역개발 논의를 보다 체계적으로 이해하는데 도움이 되었으면 한다. 아울러 본서가 지역개발 논의를 이론적으로 한 차원 더 심화시켜 가는 하나의 계기가 되었으면 하는 바람을 또한 가져보기도 한다. 여전히 많이 부족한 것이 사실이다. 그럼에도 기꺼이 출판에 응해준 박영사에 깊은 감사 말씀을 전한다.

2018년 8월

저자 **이 병 기**

CONTENTS
# 차 례

# 제1편
# 서  론

# 제1장

# 지역개발의 의미

지역개발론은 논자에 따라 그 내용구성이 다양하다. 지역개발에 대한 논의의 어려움을 보여주는 한 단면이다. 이러한 문제는 기본적으로 논의의 대상인 '지역'과 '개발'의 개념이 지극히 추상적이고 포괄적이기 때문에 비롯되는 것으로 보인다. 이들 개념의 모호성으로 인해 논의영역을 둘러싸고 모두가 합의할 수 있는 구체적이고 분명한 논의의 범위를 정하는 것이 기본적으로 쉽지 않다는 것이다.

그렇지만 지역개발을 논의하는 출발점에서는 지역개발의 개념을 어떤 식으로든 정의내리지 않을 수 없다. 논의의 대상인 '지역개발'의 의미를 구체적으로 드러내야 현실적으로 논의가 가능하기 때문이다. 지역개발 논의를 시작하면서 지역과 개발의 개념부터 살펴보는 이유가 여기에 있다. 이하에서는 지역과 개발의 개념을 먼저 살펴보고, 이어서 유사한 여타 개발과의 비교를 통해 지역개발의 의미를 보다 더 구체적으로 드러내 보이도록 한다.

## 제1절
## 지역의 개념

### 1 지역 개념의 모호성

지역이란 무엇인가에 대해 실로 많은 논의가 있었지만 어디에나 통용될 수 있는 명백한 정의를 내리기는 어렵다. 그 개념이 본래 상당히 모호하기 때문이다. 지역개념의 모호성은 기본적으로 '지역'이라는 것이 우리의 정신작용으로 인식되고 구성되는 추상적인 지표를 의미하는 것이라는 데서 비롯되는 문제이다. 지역이란 우리가 실제 보고 만질 수 있는 실체적인 지표가 아니라 지표에 개념적으로 의미를 부여한 관념적인 것이다.[1]

이렇듯 지역개념이 관념적이기 때문에 여러 가지 측면에서 개념의 모호성이 야기되고 있다. 첫째는 지역의 크기가 인구규모로 볼 때 수백 또는 수천의 아주 작은 것에서부터 수백만에 이르는 큰 것에 이르기까지 대단히 다양하다. 크기를 기준으로 할 때 지역이란 어떤 크기로, 얼마나 많은 수로 쪼개야 하는가를 둘러싸고 개념이 모호해지고 있다. 둘째는 지역의 구성 내용도 아주 다양하다. 엄밀한 의미에서 동일한 구성내용을 갖는 지역은 존재하지 않는다. 어느 정도의 구성내용을 가진 것을 지역이라고 이름 지을 수 있을까 하는 문제와 관련하여 개념이 또 모호해진다. 셋째는 구분 목적에 따라 지역의 경계가 달라진다는 데서 개념이 다시 모호해지고 있다. 농업지역, 평야지역, 산간지역 등과 같이 어떤 특성을 기준으로 구분한 지역이 있는가 하면 행정서비스의 효율적 제공차원에서 구획되는 행정구역이 있으며, 또 계획목적에 따른 계획권역 예컨대, 국토종합계획에서 구획하고 있는 수도권 등과 같은 지역이 있다. 구분목적에 따라 달라지는 실제 지역모습의 예시들이다.

그래서 해리 리차드슨(Richardson, H. W.)은 지역에 관한 유일한 개념 정의는 존재하지 않는다는 것 이외에는 완전한 해답이 없다고 한다.[2] 하비 펄로프(Perloff, H.)는 "지역이란 어떤 공통적 또는 상호보완적 특성을 가진 지리적으로 연속된 공간범위의 한 무리를 지칭한다."고 말하였다.[3] 또 지역이란 '구조적인 종합성과 기

---

1 이러한 문제는 사회과학 일반의 문제이다. 사회과학에서 다루는 많은 개념들은 현상에 대한 관념을 기초로 형성되는 까닭에 학자마다 시대마다 나라마다 각기 다른 관념을 갖게 되고, 거기에서 사회과학 일반에 공통되는 개념의 모호성 문제가 비롯된다.
2 황명찬, 『지역개발론』, 법문사. 1994, p. 3에서 인용.
3 전게서, p. 4에서 인용.

능적인 독자성을 지닌 역사적으로 어떠한 응집력을 가진 국토의 부분공간'으로 정의되기도 한다.

이러한 개념 정의를 종합하면 지역이란 지표에 개념적으로 의미를 부여한 것으로서 1) 국토의 하위 공간단위 2) 지리적 연속성 3) 공통성 또는 기능적 의존성 (연계성) 등이 개념의 구성요소를 이루고 있음을 알 수 있다.

## 2 지역의 구분

지역의 개념 구성요소의 하나가 국토의 하위 공간단위를 일컫는다고 함은 지역개발 논의에 있어 지역구분의 필요성이 항상 전제된다는 의미를 띤다. 국토를 몇 개의 지역으로 가를 것이냐는 구분의 목적과 구분기준에 따라 다르다. 구분의 목적이 다양하고 구분에 사용되는 기준 또한 여러 가지가 있을 수 있으며, 상이한 기준을 적용할 때 구분 결과 또한 다르게 나타남은 당연하다.

지역구분에서 대체로 사용되는 기준으로서는 크게 2가지가 제시되고 있다. 하나는 동질성 기준이고, 다른 하나는 의존성 기준이다. 힐호스트(Hilhorst)는 여기에 분석과 계획이란 구분목적을 더해서 지역을 다음과 같이 4가지로 구분하였다. 분극지역(Polarized Region), 동질지역(Homogeneous Area), 계획지역(Planning Region), 사업지역(Program Area) 등이 그것이다. 한편, 보드빌(Boudeville)은 동질지역, 분극지역, 계획지역 등 3개로 구분하고 있다.

표 1-1  지역의 구분

| 기준 \ 목적 | 분 석 | 계 획 |
|---|---|---|
| 의 존 성 | 분극지역 | 계획지역 |
| 동 질 성 | 동질지역 | 사업지역 |

### 1) 동질지역

지리적 특성, 경제사회적 특성 등과 같은 어떤 공통적인 특성에 따라 몇 개의 공간단위를 하나로 묶을 때 이를 동질지역이라 부른다. 지리적 특성에 따른 동질지역 예로는 지형을 기준으로 평야지역, 산간지역 등으로 구분한 경우나 기후조건을 기준으로 남부, 중부, 북부지역 등으로 구분하는 경우를 들 수 있다. 그리고 경제사회적 특성에 속하는 구분기준으로는 일반적으로 생산구조, 소비패턴, 직업분포, 1인당소득 등이 사용되고 있다.

여기서 동질지역 의미는 구분기준의 관점에서 볼 때 동질적이라는 의미이며, 다른 기준으로 볼 때는 동질지역이 아니다. 구분의 기술 상 여러 가지 특성을 다 종합적으로 사용하기란 불가능하다. 그래서 비록 생산구조를 기준으로 농업지역, 광산지역, 중화학공업지역 등으로 구분하였다고 하더라도 이들 동질지역 내부에서도 여러 가지 이질성이 존재할 수 있다.

동질지역 구분 사례로서는 클라센(Klassen, L.)의 구분을 들 수 있다. 그는 1) 지역의 1인당소득수준과 국가전체 소득수준과의 비율 2) 지역경제의 성장률과 국가경제의 성장률 간의 비율의 고저 등에 따라 번성지역, 발전도상 저개발지역, 잠재적 저개발지역, 저개발지역 등 넷으로 동질지역을 구분하고 있다.

**표 1-2** 동질지역 구분 예시

| 동태적 기준 \ 정태적 기준 | | 지역소득($y_i$) 대비 전국소득($y$) | |
|---|---|---|---|
| | | 고($y_i / y > 1$) | 저($y_i / y < 1$) |
| 지역성장율($g_i$) 대비 국가성장율($g$) | 고($g_i / g > 1$) | 번성지역 | 발전도상 저개발지역 |
| | 저($g_i / g < 1$) | 잠재적 저개발지역 | 저개발지역 |

### 2) 결절지역(분극지역)

결절지역 또는 분극지역이라 함은 상호의존적이고 보완적 관계를 가진 몇 개의 공간단위를 하나로 묶은 지역을 가리킨다. 기능적 의존관계가 있는 공간단위의 집합체이므로 지역 내의 공간단위 간 상호의존 관계가 타 지역 간의 그것보다 더 크게 나타난다.

이러한 지역은 서로 이질적이지만 기능적으로 밀접한 관계를 가진 공간단위로 구성되며, 그것은 구성 공간단위간의 기능적 분화를 전제로 한다. 이 경우 지역 내의 경제활동이나 인구의 분포는 획일적이라기보다는 어떤 특정 공간단위에 집중되어 있음이 보통이다. 경제활동이나 인구가 집중되어 있는 이 특정한 공간단위를 결절(Nodes) 혹은 분극이라고 한다. 결절지역은 이렇게 이질적인 공간을 포함하고 있다.

이러한 결절에서는 재화와 용역의 흐름은 물론이고, 정치·문화적인 관계에 있어서도 그 흐름의 지배적인 방향이 지역의 거점 또는 중심도시로 향함이 보통이다. 그리고 규칙적이다. 이러한 지배적인 결절로의 흐름을 통하여 결절지역 내에서 계층적 공간질서가 출현하게 된다.

결절지역의 대표적 사례로서는 미국 연방정부가 센서스나 기타 통계 등에서 사용하는 지역구분인 '표준대도시통계지역(SMSA: Standard Metropolitan Statistical Area)'을 들 수 있다. 표준대도시통계지역은 하나 또는 그 이상의 중심도시와 그 중심도시에 일정한 비율 이상의 출·퇴근자를 갖는 배후지역으로 구성된 지역으로서 노동시장이라는 관점에서 획정된 지역이다. 배후지역의 범위는 구체적으로 일정비율(15%) 이상 중심도시로 출·퇴근자를 갖는 지역과 일하는 사람의 25% 이상이 중심지에 거주하는 배후지역이 표준대도시통계지역에 속하는 것으로 획정한다.

## 3) 계획지역

계획지역은 고용 또는 소득의 극대화나 지역개발의 극대화 등 어떤 계획목적을 가장 효과적으로 달성하기 위한 의도로 획정한 연속적 공간으로서 계획의 필요에 따라 설정된 지역을 가리킨다. 공간단위의 기능적 연계를 무시하고 계획권역을 설정하였다면 계획의 집행에 비효율성을 가져오게 됨은 당연하다. 예컨대, 배후지역만 따로 떼어서 계획할 경우 최소수요치의 확보가 어려워 필요한 많은 시설이 계획대상에서 제외될 수밖에 없다. 계획 입안에 많은 어려움이 따르게 될 것임을 쉽게 짐작할 수 있다. 반면에 중심지를 포함하고 있는 결절지역을 대상으로 계획을 입안할 경우에는 중심지에 편익시설을 입지시키고 배후지역의 접근성을 제고하는 합리적 계획구상이 가능해진다. 따라서 많은 경우 계획권역은 결절지역 혹은 분극지역의 성격을 띠게 된다.

한편 계획은 그것을 입안하고 집행하는 주체를 필요로 한다. 대체로 행정기관이 계획의 주체가 되는 까닭에 현실에서는 많은 경우 행정구역을 계획권역으로 그대로 이용하고 있다. 계획과정에서 요구되는 자료이용 등의 어려움도 이러한 현실을 부추기는 한 요인이 되고 있다. 그러나 행정구역이 사실상의 경제사회적 권역을 잘 반영하고 있지 못하고 있을 때는 계획의 효과가 감소할 수밖에 없을 것이라는 사실도 상기할 필요가 있다.

## 제2절
## 개발의 개념

개발이란 삶의 조건의 개선과 이러한 결과를 가져오게 하는 일체의 의식적, 계획적 노력을 의미한다. 이렇게 본다면 개발이란 삶의 조건을 구성하는 다양한 차원 즉, 빈곤과 불행, 복지, 기본수요 충족, 삶의 질 개선 등과 같은 인간생활 전반에 걸친 광범위한 문제들을 포괄하는 개념이다. 개발의 개념이 결코 구체적으로 한정되고 확실해질 수 없는 배경이다.

개발은 '양적 성장'과 '질적 변화'를 포괄하는 개념이라고 흔히 말해진다. 양적성장은 주로 '국민소득' 총량 성장으로 표현되는데, 양적 풍부함이 삶의 조건 개선에 기여할 것이라는 데는 의심의 여지가 없다. 한편 '국민소득'으로 표현하는 양적 성장 외에도 삶의 조건에 영향을 미치는 질적인 측면의 여러 많은 변수가 있다. 질적 변화는 사회경제구조의 변화, 의식구조의 변화, 행동양식의 변화 등을 의미한다. 개발개념은 '국민소득'이 주는 양적정보의 수준을 넘어서 질적인 변화까지도 포함하여 '성취한 것'을 파악하여야 할 것임을 말해주고 있다.

개발의 개념이 이렇듯 포괄적으로 광범위하게 걸쳐있지만, 그 중심 의미는 시대 변천에 따라 변화해 오고 있다. 그 시대의 사회경제적 조건 속에서 나타나는 사회구성원들의 가치와 열망이 반영되어 개념의 내용이 구성되기 때문이다.

시대 변천에 따른 개발의 의미 변화를 살펴보면 다음과 같이 요약해 볼 수 있다. 지역개발 문제는 제2차 세계대전 직후부터 활발하게 대두되기 시작한다. 이때는 전쟁이 끝나서 세계 도처에서 신생독립국이 탄생하고, 동시에 전후 복구사업이 한창 일어나던 시기이다. 그래서 1950년대인 이 당시에는 '개발'이란 곧 경제성장을 의미하는 것으로, 그리고 경제성장의 목표는 경제전체의 양적 성장을 의미하는 것으로 받아들여졌다. 한편 이 시대에는 성장의 효율성만을 강조하고 분배의 공평성은 시간이 흐르면 자동적으로 이루어질 것이라고 여겨 분배문제를 소홀히 취급하는 결과를 낳았다.

그러나 선·후진국간 1인당 소득격차는 더욱 심화되었고, 빠른 성장을 이룩한 개발도상국들의 경우에도 지역적으로 경제, 사회적 형평을 달성하지 못하자 분배의 공평성 문제가 크게 대두되기에 이른다. 그 단초는 1960년대 말에 시어즈(Dudly Seers) 교수에 의해 마련되었는데, 그는 개발의 중심의미를 소득의 재분배와 자립을 이루는 것에 두어야 한다고 주장하였다. 시어즈는 저개발국의 당면과제는 경제성장과 더불어 자립을 이룩해야 하며, 그러기 위해서는 국내소비패턴을 바꾸어 외국으로부터의 수입을 줄이도록 해야 한다고 했다. 그리고 이러한 물질적 자립뿐만이 아니라 문화적 자립 또한 이룩해야 한다고 하면서 모국어 사용과 향토문화의 진흥, 교육의 무비판적인 서구화를 경계해야 한다는 것 등을 강조하였다.[4] 개발의 의미를 성장과 함께 배분 및 자립 측면까지를 포함하는 개념으로 파악하고 있음을 보여주고 있다.

그리고 1970년대를 지나면서 개발개념은 더 다차원적인 내용을 띠게 된다. 토다로(Todaro, M. P.)는 개발개념을 경제성장의 촉진과 불평등의 감소, 절대빈곤의 근절은 물론 사회구조와 주민의 태도변화 등을 포함하는 다차원적인 과정으로 파악하고 있다. 다시 말해 사회체계 내의 개인과 집단의 다양한 욕구와 요구를 조화시켜 물질적, 정신적으로 보다 나은 생활상태를 지향하는 전체 사회체계의 변동으로 파악하고 있다.[5] 토다로는 개발의 의미를 이렇게 파악하면서 개발은 다음과 같은 3가지 목표를 가져야 한다고 한다. 첫째, 인간의 생존을 유지하는 기본적 수요의 실현을 증진하고, 둘째, 생활수준 향상을 통해 물질적인 풍요를 누리고, 이와 함께 정신적으로도 개인과 국가의 자존심을 높여야한다고 했다. 보다 높은

---

4 Dudley Seers, "The New Meaning of Development", *International Development Review*, vol. XI, no.4, University of Sussex, 1977, pp. 2-7.

5 Michael P. Todaro, *Economic Development in the Third World*, fourth ed., New York: Longman Inc., 1989, pp. 86-91.

소득과 더 많은 직업의 제공, 보다 나은 교육기회 확충, 문화적·인간적 가치의 실현 등에 보다 많은 관심을 두어야 한다고 강조하고 있다. 셋째, 소외와 무지, 비참함 등과 같은 사회적 예속에서 해방되도록 경제적, 사회적 선택의 범위를 확대시키는데 그 목적을 두어야 한다고 한다.

최근에는 생태적 효율성을 강조하는 사고가 개발의 의미를 규정하는 전제조건으로 등장하고 있다. 산업혁명 이후 성장위주의 개발행위로 비롯된 자연자원의 훼손과 환경오염, 생태계 파괴 등으로 인류문명이 위협받고 있다는 자각에서 비롯된 새로운 개발 사조를 반영하고 있다.

성장의 한계와 지속가능성을 연계하여 지구환경문제를 해결해야 한다는 당위성이 부각되고 있는 가운데, 1992년 UN 환경개발회의에서 지속가능한 개발(ESSD: Environmentally Sound & Sustainable Development) 패러다임이 제시되게 된다. 이러한 '지속가능한 개발(ESSD)' 개념의 저변에는 개발이 지속될 수 있기 위해서는 환경적으로 건전해야 한다는 기준이 포함되어 있다. 즉, 개발의 지속성 확보 여부는 환경문제에 달려있다는 의미다. 아무튼 이 시대 개발의 개념에서 '생태적으로 건전한 지속가능성'이라는 의미가 중요한 구성요소를 이루고 있음을 부인할 수 없다.

## 제3절
## 지역개발의 개념

개발의 개념이 시대의 변천에 따라 변화해 왔듯이 지역개발의 개념 역시 각 나라가 처한 시대적 상황을 배경으로 형성되어 왔다. 지역개발이란 말은 1920년대 이후 사용되기 시작하였는데, 영국의 경우는 도시개발과 농촌개발을 포괄하여 지역개발과 동일시하는 경향이 있다. 프랑스는 국토의 관리란 표현을 쓰고 있으며, 미국은 주개발(State Development), 대도시권지역개발(Metropolitan Area Development)이란 표현이 보다 일반화되어있다. 일본도 1930년대에는 영국의 도시 및 농촌개발이란 개념을 그대로 받아들여 '시정촌(市町村)개발'이란 용어를 쓰다가 1940년대 들어와서는 국토개발이란 표현을 더 많이 쓰기 시작하였다. 그러다가 전후 1950

년대부터 지역개발이란 용어가 일반화되기 시작하였다. 우리나라의 경우에도 일본의 영향을 받아 국토개발이란 용어를 쓰다가, 1960년대 초부터 지역개발이란 표현을 쓰기 시작해서 오늘에 이르고 있다.

이렇게 지역개발을 다른 용어로 부르고, 그 개념에도 차이가 생기는 것은 그 나라의 역사적 배경과 무관하지 않다. 여기서는 주요국가, 즉, 영국과 프랑스, 미국, 일본과 우리나라 등에서 드러나는 지역개발의 의미와 그 역사적 배경을 살펴보고자 한다.6

## 1 영국

영국에서는 1920년에 남부 웨일즈 지역조사(South Wales Regional Survey)가 있었는데, 이 조사는 영국에서 처음 시도된 지역계획활동의 하나이다. 그리고 1922년에는 돈캐스터 지역계획(Doncaster Regional Planning Scheme)이 수립되었는데, 이 계획에서는 주로 도시성장, 교통체계, 산업발전, 주민의 자립 등에 관한 문제를 다루고 있다. 이와 같이 1920년대부터 지역개발에 대한 적극적 인식이 이루어지고 있었다.

한편, 1920년대 후반을 지나면서 지역불균형 문제가 사회문제의 하나로 대두되게 된다. 제1차세계대전 이후 북부 스코틀랜드와 남서부 웨일즈 지방은 수많은 실업인구가 발생하고 소득이 떨어지면서 경제적으로 침체된 지역이 되었다. 반면에 런던을 중심으로 하는 지역에서는 많은 인구와 산업이 집중하면서 지역경제가 급속하게 성장하게 된다.

이러한 문제를 해결하기 위해 영국에서는 여러 가지 정책을 수립되게 된다. 침체지역에 산업을 이전하고자 하는 의도로 1928년에 '산업이전법(Industrial Transfer Act)'을 제정하였으며, 또 1934년에는 '특수지역개발촉진법(Special Area Development Act)'을 제정하여 특수지역 지정과 이곳에 산업유치를 위한 다양한 재정지원 혜택

---

6 김영모, 『지역개발학개론』, 녹원출판사, 1995, pp. 21-25.

을 규정하였다. 그러나 이와 같은 정책들은 산발적이어서 별다른 효과를 얻지 못한 것으로 평가되었다. 그러다가 1937년에 '바로우 위원회(Balow Commission)'가 구성되면서 종합적이고 장기적인 지역개발정책을 수립하는 계기를 마련한다.

이어서 1945년에는 런던지역의 성장억제를 위해 '공업배치법(Distribution Industry Act)'을 제정하였으며, 1947년에는 '도시 및 지역계획법(Town and Country Planning Act)'이 마련되면서 지역개발에 대한 논의가 가속화되기에 이른다.

### 2 프랑스

프랑스에서도 영국과 마찬가지로 심각한 지역불균형 문제가 등장하게 된다. 제2차세계대전 이후 파리 지역이 지나치게 비대해지고, 반대로 서부지역은 침체를 거듭하면서 전국적으로 지역불균형 문제가 크게 불거지게 되었다. 특히, 프랑스의 경우 강력한 중앙집권제가 부의 지방 분산을 가로막는 주요 제약요인으로 지적되기도 하였다.

이러한 문제를 해결하기 위해 프랑스는 1955년에 지역개발협회(Society of Regional Development)를 구성하고, 지역격차 문제와 침체지역 문제를 논의하기 시작하였다. 그리고 1959년에는 다시 지난날의 지역개발정책을 수정하게 된다. 산발적인 투자 방식에서 탈피하여 집중 투자하는 방향으로 정책기조 전환이 이루어졌다. 이어서 1960년 초 실시한 제4차 경제개발계획에서는 지역개발에 관한 내용이 별도로 실리게 됨으로써 지역개발에 대한 논의가 본격화되는 하나의 계기를 마련하게 된다.

### 3 미국

미국의 지역개발 논의는 1930년대에 자연자원의 개발 문제에 중점을 두는 형태로 출발한다. 잘 알려진 테네시 강(Tennessee River) 유역 개발을 위한 체계적 논의의 필요성에 대응하여 지역개발 개념이 싹트기 시작했다는 것이다. 테네시 강은 해마다 홍수가 나서 막대한 농토의 유실을 가져왔던 곳이다. 이 당시 루즈벨트(Roosevelt, F. D.) 대통령은 이 강의 종합개발에 착수하여 댐을 건설하고 관개시설을 설치하였으며, 발전소를 건설하여 농촌을 전화(電化)하였다. 그리고 강 유역에는 공업단지를 만들고 신도시를 건설하였으며, 관광자원 또한 함께 확충해 나갔다.

이어서 1940년대에는 노스 캐롤라이나(North Carolina)대학교의 오덤(Odum, H.)과 밴스(Vance, R.) 등 사회학자들이 중심이 되어 문화적 지역주의를 강조하였으며, 1950년대에는 아이사드(Isard, W.)가 주동하는 지역과학 학회에서 지역과학(Regional Science)이란 이름으로 지역개발 논의의 과학화에 힘을 쏟는다. 1960년대에는 낙후된 지역의 지역경제 성장 문제가 중요한 논의의 대상으로 부각하였다. 또 1970년대에는 대도시권지역(Metropolitan Area) 개발문제가 지역개발 논의의 주요 대상으로 강조되게 된다.

특기할 만한 일은 1950년대와 1960년대부터 지역개발 논의에서 입지(立地)라든가 공간체계라든가 하는 공간변수에 대한 관심이 높아지기 시작한다는 것이다. 1960년도에 아이사드는 *Methods of Regional Analysis*(지역분석법)이란 책을 펴냈으며, 프리드만(Friedmann, J.)과 알론소(Alonso, W.)는 1965년에 *Regional Development and Planning*(지역개발과 계획)이란 책을 발간했다. 이들은 이 책에서 순수한 학문적 관심을 배경으로 지역개발 문제를 입지와 공간구조 이론에 입각하여 설명하고 있다. 나아가 지역개발을 인간정주 패턴이라든지 경제활동 패턴을 공간상에 체계적으로 배치하는 것으로 간주하였다. 지역개발 논의는 이런 논의의 연장선에서 오늘에 이르고 있다.

### **4** 일본과 우리나라

일본은 1950년 '국토총합개발법'을 제정하고, 지역개발을 본격적으로 제도화하게 된다. 이 법에 근거하여 1962년에 제1차 전국총합개발계획(1962~1968)이 수립되게 된다. 2000년 총합계획을 폐지하기까지 40년간에 걸쳐 동 계획은 지역균형개발을 지역개발의 목표로 설정하고 있으며, 나아가 여기에 의거하여 여러 관련정책들을 추진하게 된다.

일본의 지역개발관련 법제는 물론이고 지역개발 개념과 정책 등이 우리나라에 미친 영향은 지대하다. 1963년에 제정된 우리나라의 '국토건설종합개발계획법'은 1950년에 제정된 일본의 국토총합개발법을 원용하였으며, 그 후에도 일본의 지역개발제도 상의 변천이 우리나라에 커다란 영향을 끼쳤음은 부인할 수 없다.

우리나라에 지역개발 계획이 수립되고 제도화가 이루어진 것은 국토건설종합개발계획법이 제정되면서부터이다. 당시 제정된 우리나라의 국토건설종합계획법 제2조에 의하면 지역개발계획이란 국토개발에 관한 장기적이고 종합적인 계획으로서 다음과 같은 내용을 포함한다고 밝히고 있다.

1. 토지, 물, 기타 천연자원의 이용, 개발, 보전에 관한 사항
2. 수해, 풍해, 기타 재해의 방재에 관한 사항
3. 도시와 농촌의 배치, 규모와 그 구조의 대강에 관한 사항
4. 산업입지의 선정과 그 조성에 관한 사항
5. 산업발전의 기반이 되는 중요 공공시설의 배치와 규모에 관한 사항
6. 문화, 후생 및 관광에 관한 자원과 기타 자원의 보호시설의 배치와 규모에 관한 사항

## 제4절
## 지역개발과 타 개발과의 관계

지역개발의 의미를 보다 선명하게 이해하기 위해서는 경제개발, 사회개발, 지역사회개발 등과 같은 유사용어로 불러지는 다른 개발과의 관계를 살펴볼 필요가 있다. 비교를 통해 지역개발의 의미를 한층 뚜렷하게 드러내볼 수 있기 때문이다. 지역의 문제는 대상에 따라 경제적 문제일 수도 있고, 사회적 문제일 수도 있으며, 물리적, 공간적 문제일 수도 있다. 그러나 지역개발은 지역을 단위로 그 안에서 일어나는 모든 영역의 문제를 포괄하는 종합개발이란 성격을 띠고 있다. 그러면서 접근방법이나 학문적 전통으로 보아 다른 개발에 비해 고유한 영역을 지니고 있다. 지역개발에서는 주로 물리적 측면을 강조하고 있는데, 이런 현상이 그 고유한 영역을 구분해주는 하나의 예이다.

## 1 경제개발, 사회개발과 지역개발

경제개발, 사회개발과 지역개발의 관계는 특정부문 개발과 종합개발의 차이로 나타난다. 경제개발은 경제현상을, 사회개발은 사회현상을 각각 대상으로 하는 부문별 개발인데 비해 지역개발은 일정 공간을 대상으로 경제, 사회, 문화 등 모든 영역을 포괄하여 다루는 종합개발이다.

먼저 경제개발이란 경제의 양적인 성장과 질적인 변화 즉, 경제구조가 바람직한 방향으로 변화하는 과정 등을 의미한다. 경제성장률, 1인당 국민총생산의 중가율 등이 양적인 성장지표로, 산업구조, 취업구조, 기술구조 등이 질적인 성장을 나타내는 지표들로 흔히 제시되고 있다.

경제개발 역시 지역개발 논의에서 다루는 주요 논의영역이다. 경제개발 논의에서는 주로 총량적 성장 내지 능률성 측면을 강조하는 반면에, 지역개발 논의에서는 경제현상의 공간적 형평성을 강조하는 차이가 있다. 경제개발에서는 국민총생산, 무역수지, 저축과 투자 등을 중요한 개발지표로 삼는데 비해, 지역개발에서는 지역총생산, 지역간 소득격차 등에 주로 관심을 갖는다.

국가발전의 최종적인 목적은 한 나라 속에 살고 있는 국민이 현재는 물론 미래에도 안정되고 행복한 삶을 살 수 있게 하는 것이다. 경제개발을 통해 국민소득이 올라가고 수출이 신장되어 국제수지가 신장되었다고 해서 이러한 국가목적이 달성되는 것은 아니다. 인간관계의 단절과 왜곡에서 오는 소외의 문제를 비롯하여 다양한 사회적 문제가 삶의 질을 떨어뜨리는 또 하나의 중요한 요인이 되고 있다.

사회개발이란 이렇듯 경제개발에서 등한시되기 쉬운 복지후생의 문제를 다룬다. 궁극적으로 인간성 회복을 추구하는 다양한 활동이 그 대상이다. 예컨대, 인간다운 삶을 영위할 수 있는 생활환경을 조성하고, 질병과 환경오염으로부터 보호받고, 의욕이 있고 능력이 있을 때 자기발전의 기회를 보장받을 수 있는 사회를 실현하고자 하는 행위 등을 일컫는다. 주택, 상하수도, 의료시설 및 문화·교육시설의 확충과 정비 등이 사회개발 논의의 중점 대상을 이루고 있다.

지역개발 역시 이러한 사회개발 영역에 대한 논의를 포함한다. 사회개발은 사회계층간 형평성을 강조하면서 소외계층의 상대적 박탈감을 해소시킬 수 있는 배분적 정의를 실현하는데 초점을 맞추고 있다. 반면에 지역개발 논의에서는 지역간 불평등 문제의 해소에 우선적으로 관심을 기울이고 있다. 지역개발이 지역이라는 장소적 번영을 강조하는 경향이 있는데 비하여, 사회개발은 주민의 번영을 강조한다는 점에서 양자를 구분하곤 한다.

## 2 지역사회개발과 지역개발

지역사회개발은 일반적으로 다음과 같이 정의 내린다. 일정한 지역의 주민들이 그들의 공동노력을 통해 그 지역주민들의 공통적인 문제와 욕구를 해결 충족시킴으로써 지역사회의 발전과 주민생활의 향상 및 국가발전에 기여하는 과정으로 이해하고 있다. 지역사회개발 개념을 구성하는 핵심요소로서 주민들의 공동노력, 주민들의 공통문제 및 공통욕구의 해결과 충족, 지역사회의 발전과 주민생활의 향상, 국가발전에 기여 등 4가지를 제시하고 있다.

지역사회개발과 지역개발은 둘 모두 일정한 지역을 기초로 주어진 문제해결을 위해 요구되는 여러 분야의 개발논의를 포함하는 종합개발이라는 성격을 띤다. 이러한 측면에서는 유사성이 크게 존재하고 있음은 사실이다. 그러나 개발대상, 개발분야, 개발주체, 개발재원 등 측면에서 차이를 보이고 있다.[7]

먼저 개발대상이 지역(Region)과 지역사회(Community)인 데서 양자의 의미는 구분되고 있다. 지역사회개발에 있어 개발대상은 지역사회인데 비해 지역개발의 개발대상 범위는 지역이다. 지역은 동질성이나 결절성, 또는 정책적 목표를 달성하기 위해 설정된 공간적 범역으로서 목표지향적이며 다소 의도적인 성격을 띤다. 여기에 비해 지역사회는 혈연적·지연(地緣)적 관계에 의해 형성된 자연발생적인 공간적 범역을 가리킨다. 일반적으로 지역은 지역사회보다 규모가 크며, 계획적 개발이라는 목표를 달성하기 위해 설정되는 경우가 많다. 이런 까닭에 지역개발은 정책지향적이고 행정주도적이며, 물리적 측면을 강조하는데 비해 지역사회

---

7 김수신·고병호, 『지역개발론』, 한국방송통신대학교, 1995, pp. 16-17.

개발은 현실지향적이고 참여적이며, 사회적 측면을 강조하는 경향을 띤다.

그리고 개발분야 측면에서 보면 양자 모두 같은 종합개발을 그 특성으로 하고 있다. 그러나 지역사회개발은 환경개선과 인간행태의 개선 등과 같은 사회개발에 중점을 두는 반면에, 지역개발은 일반적으로 경제개발에 초점을 두고 있다는 측면에서 차이를 보인다. 또한 개발주체에서도 차이가 드러나고 있다. 지역사회개발의 주체는 지역사회 주민이며, 그래서 개발과정에 지역주민의 참여를 중요시 하고 있다. 한편, 지역개발에 있어서는 그 주체가 원칙적으로 국가 또는 지방자치단체로 나타나고 있다. 또 개발재원에서도 양자를 구분하고 있다. 지역사회개발에 소요되는 재원은 주로 지역사회의 자체재원으로 충당하는 것을 원칙으로 하는데 비해, 지역개발 재원은 주로 국가 또는 지방자치단체의 예산에 의존하고 있다.

그러나 지역사회개발과 지역개발을 현실적으로 엄격하게 구분하기는 힘들다. 공간적 범역을 보더라도 자연부락을 단위로 시작한 지역사회개발도 차츰 몇 개 부락을 통합적으로 개발하는 방향으로 광역화하고 있는데, 이런 경우에는 지역사회개발이 지역개발의 차원으로 발전할 수 있다. 반대로 지역개발을 보다 구체화하기 위해 좁은 몇 개의 부락을 대상으로 접근할 때에는 지역사회개발적 성격을 띠지 않을 수 없다.

우리나라의 경우 지역사회개발의 역사는 지역개발보다 오래 되었다고 할 수 있다. 특히, 1970년대 새마을운동을 광범위하게 추진하면서 지역사회개발은 이론적으로나 실천적으로 많은 발전을 보였다. 한편 1980년대에 들어서면서는 지역사회개발에서 지역개발 형태로 확대 발전하는 경향을 뚜렷이 보이고 있다. 또한 지역개발과 지역사회개발의 중간에 있는 공간범역이 개발대상 공간으로 빈번히 등장하면서 개발분야나 개발주체, 개발재원 등에 있어 양자 간의 구별이 현실적으로 점점 더 어려워져가고 있다. 요컨대 지역사회개발과 지역개발의 개념은 그 구분이 이렇듯 실질적으로 불분명하게 되면서 이제 하나의 이념형으로 이해되고 있다.

# 제2장
# 지역개발론의 논의범위와 성격

## 제1절
## 지역개발론의 논의범위

### 1 지역개발론의 정의

어느 시대든, 어디에서든 문제없는 경우란 상정하기 어렵다. 때와 장소를 불문하고 항상 어떤 문제에 부닥치고, 그것을 극복하기 위해 고민하고 노력해 가는 과정이 인류역사의 한 단면이다. 지역 또한 다양한 문제에 직면하고 있다.

지역문제로 말미암은 바람직하지 못한 효과를 억제하기 위해 여러 가지 노력을 기울이게 되는데, 그 대표적인 대응형태가 정부의 개입을 의미하는 정책이라는 형식으로 나타난다. 우리 역시 다양한 지역문제에 대응하여 여러 가지 지역정책들이 도입되고 있다. 과밀문제를 앓고 있는 서울 수도권의 성장을 억제하기 위해 제정한 '수도권정비계획법', 저개발지역의 성장을 유도하기 위해 도입한 '지역균형개발 및 지방중소기업육성에 관한 법률', 농촌개발을 촉진하기 위한 제반 정책수단 개입에 대해 규정하고 있는 '농어촌정비법' 등이 대표적인 지역정책 사례로 꼽힌다.

지역정책의 관심은 지역문제를 치유하거나 혹은 문제의 정도를 완화하고자 하는 정책의도를 어떻게 효과적으로 실현할 수 있을 것인가 하는데 두어진다. 그러나 그동안의 경험은 이러한 정책효과를 기대하는데 어두운 그림자를 드리우곤 한다. 예컨대, 수도 서울로의 인구집중 현상을 억제하기 위한 수많은 정책들이 구사되었지만 인구집중 현상은 오히려 심화되는 결과를 가져왔다. 문제의 실상이 실타래처럼 얽혀있는 복합적인 성격을 띠고 있기 때문에 정책적 대응이 결코 쉽지 아니함을 말해주고 있다.

지역문제가 이처럼 풀기 어려운 상황으로 빠져들면서 지역정책의 합리성 문제에 대한 관심이 고조되고 있다. 합리적이지 못한 정책 대응으로서는 지역문제 해결을 기대할 수 없을 것임은 자명하다. 지역문제로부터 정책처방에 이르는 지역정책의 도출과정이 논리적 필연성을 띠어야 할 것임을 말해주고 있다. 지역개발론은 이러한 요구에 부응하여 우선적으로 지역정책의 합리성 문제를 논의하는 한 분과학문이다.

한편 지역은 모든 인간활동을 담는 그릇으로 비유되곤 한다. 지역을 매개하지 않는 인간활동은 상정하기 어렵다는 것이다. 어떠한 인간활동이라도 어떻든 그것을 담고 있는 그릇인 지역에 영향을 끼치게 되어있다. 그렇다고 지역에서 일어나는 모든 인간활동을 지역개발이란 논의의 장에서 다 담을 수는 없다. 그래서 지역개발론에서는 이 중에서 공간적 수단을 통해 의도적 개발을 추구하는 지역정책의 합리성 문제를 논의의 주된 관심으로 삼는다. 여기서 공간적 수단이란 직접 공간적 용어로 조작되는 정책수단을 의미하는 것으로 이해한다. 직접적인 공간개념과 공간적 효과를 염두에 두고 조작되는 정책수단이라는 것이다. 낙후지역 개발, 접근성 제고, 중심지-배후지 통합, 지방공업단지 육성, 산업입지조정 등이 공간적 용어로 조작되는 대표적인 정책수단의 예이다.

공간적 용어로 조작되는 지역정책 수단은 사회적, 경제적 정책수단과는 구별되어야 한다. 사회경제적 정책수단들도 당연히 그것을 담는 그릇인 지역에 어떻든 공간적 효과를 갖게 되어있다. 그러나 지역개발론 논의에서는 이러한 공간적 효과까지 염두에 두고 있지 않다. 대표적 사회경제적 정책의 하나인 조세정책을 보더라도 나름의 공간적 효과가 부수적으로 나타나고 있다. 제조업에 대해 세금을 감면하는 조세정책을 실시하였다면 제조업 비중이 높은 지역과 낮은 지역 간에는 정책의 효과가 차별화 되어 나타나기 마련이다. 제조업 비중이 높은 지역에서는 당연히 성장하는 효과가 나타날 것이지만, 그렇다고 이러한 조세정책을 지역정책의 범주에 넣지 않는다는 의미이다.

요컨대, 지역개발론의 학문적 정체성은 다음과 같이 정의내릴 수 있다. 즉,

지역개발론이란 (1) 일정한 지역을 기초로 하여 성장과 변화가 일어나는 과정을 이해하고, (2) 공간정책 수단을 통해 (3) 의도적이고 바람직한 방향으로 성장과 변화를 일으키는 과정을 연구하는 한 분과학문으로 정의 내린다.

## 2  지역개발론의 주요 논의영역

지역개발론에서 주로 다루고 있는 논의영역은 크게 4가지로 요약할 수 있다. (1) 개발의 촉진인자 (2) 개발대상 (3) 공간패턴 (4) 개발전략 등이 그것이다.[8]

### 1) 개발 촉진인자

지역의 존재 양상에 변화를 가져오는 인자(因子)는 다양하다. 인구규모, 기술, 산업구조, 사회구조, 가치관, 지형과 지세 등 정적인 것과 더불어 인구이동, 쇄신의 공간확산 등 동적인 것을 포함하는 다양한 차원의 인자들을 들 수 있다.

이러한 인자들은 경우에 따라서는 긍정적인 영향을 가져오지만 부정적인 영향을 가져오기도 한다. 지역개발은 이와 같은 인자의 변화 때문에 발생하게 된다.

### 2) 개발대상

개발의 대상은 선진국과 개발도상국에서 다소 다른 형태를 보이고 있다. 선진국에서는 주로 대도시권 개발, 인적·물적자원의 개발 등에 주안점을 두고 있다. 반면에 개발도상국에서는 주로 낙후지역 개발, 국가경제의 공간적 통합문제 등에 많은 관심을 기울이고 있다.

UN에서 발표한 한 논문에 따르면 지역개발의 주요 논의 대상은 대도시권, 자연자원, 농촌사회 등의 개발이라고 한다. 그리고 일본에서 발표된 한 논문에서는 지역개발의 주요 관심분야로 자연과 문화의 보전, 지역병리의 치유와 예방, 재해의 복구 및 강 유역개발, 사회경제적 구조의 개선 등을 들고 있다.[9]

---

8 김영모, 전게서, p. 37.
9 김영모, 전게서, p. 38-39.

아무튼 앞에서도 봤듯이 개발도상국가를 비롯한 선·후진국 모두에서 공히 '개발의 지역 간 불균형 문제', '대도시 비대문제', 그리고 '도시·농촌 격차문제' 등이 전형적인 개발대상으로 부각되고 있다.

### 3) 공간패턴

공간패턴이란 공간구조와 같은 의미로서 여러 가지 기능들의 국토공간상 배치모습과 그 결과로 나타나는 역학관계의 모습 등을 의미하는 용어로 사용된다. 그것은 다른 지역과의 관련성 즉, 위치와 기능의 대소 등과 같은 변수들이 서로 관계하면서 나타나는 모습을 띤다. 도시체계, 도로망체계 등이 공간구조의 구체적한 형태를 보여주는 사례다. 개발도상국의 경우 농업사회에서 산업사회로 전환되는 과정에서 공간구조에 특히 많은 변화가 초래된다.

공간구조 또는 공간패턴은 오랜 시간에 걸쳐 그 안에서 이루어진 인간활동의 흔적을 가리킨다. 이런 역사적인 배경에서 고착화된 공간패턴은 이번에는 반대로 그 안에서 일어나는 인간활동의 내용을 형태 짓는 견고한 틀로서 작용하게 된다. 공간구조 또는 공간패턴이 인간활동의 한 측면인 개발 논의에서 중요한 영역의 하나로 다루어지는 이유이다. 우리의 경우 서울, 부산으로 양극화된 경부축 중심의 공간구조가 서남권의 저개발 현상을 결정짓는 하나의 중요한 요인으로 주장되고 있다. 이러한 사실은 개발논의에서 공간구조 또는 공간패턴의 중요성을 여실히 잘 보여주는 하나의 사례이다.

**그림 2-1** 공간구조의 개념 ——————————————

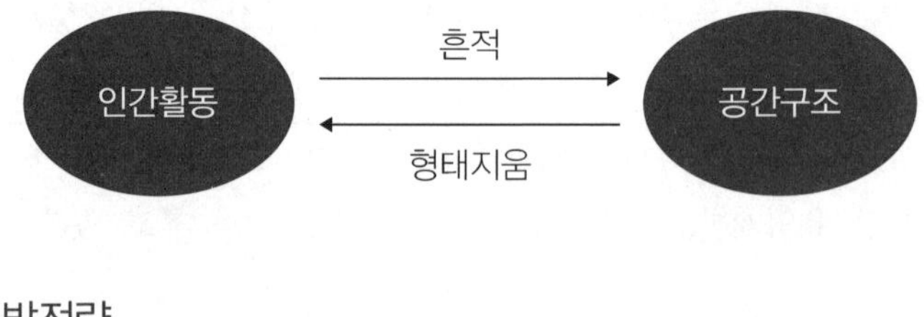

### 4) 개발전략

지역개발은 무엇을 위하여(What for), 어느 것을(Which one), 어디에(Where), 어떻게(How), 얼마나(How much) 개발할 것인가의 문제와 이러한 문제를 다루는데 근본이 되는 합리성, 기준, 원칙, 기법 등을 포괄하는 의미인 전략에 관한 논의를 주요 연구대상으로 하고 있다.

이해를 돕기 위해 몇 가지 예를 들어 설명해 본다. 첫째, 공장을 건설하려고 할 때 어디에 건설하는 것이 가장 바람직할 것인가? 입지이론에 따르면 공장은 대도시에 입지하는 것이 바람직하다. 그러나 그렇게 되면 농촌발전이 둔화되고 위축될 것이다. 그러면 어떻게 할 것인가에 대한 대답을 전략이란 이름으로 연구하고 있다.

둘째, 흔히 낙후지역 개발을 위해 낙후지역으로의 파급효과를 기대하는 거점개발 전략을 채택하는데, 이러한 선택이 최선인가? 한편, 거점도시를 개발시켜 놓으면 그 개발효과가 주변 낙후지역으로 확산되는 것이 아니라 반대로 거점도시만의 팽창을 가속화시킨다고 한다. 그러면 어떤 선택이 합리적인가 하는데 대한 논의도 하나의 전략연구 사례이다.

셋째, 도시는 인구가 많아질수록 경제적으로 빠르게 성장한다. 그러나 일정수준을 넘어서면 과밀로 인한 사회적 부작용이 증대하여 도시경제는 비효율적으로 된다고 한다. 그러면 대도시 인구집중 억제를 위해 신도시 건설을 통한 인구분산이 바람직하냐? 아니면 낙후지역의 중심도시를 육성하여 대도시로 향하는 인구를 흡수함으로써 대도시 인구분산효과를 추구하는 것이 바람직하냐 하는 문제에 대한 판단기준과 원칙, 기법에 대한 논의가 전략 선택을 둘러싸고 요구되고 있다.

그리고 개발과 환경보전의 선택 문제, 분산투자와 선택적 집중투자 중 어느 쪽이 효과적인가? 하는 문제에 대한 논리와 기준, 원칙 등에 관한 논의 등도 지역개발 전략 논의에서 중요한 의미를 띠는 영역이다.

종합하면 공장의 입지, 도시의 규모, 도시화 정책, 농촌개발, 균형성장, 집중과 분산 등의 문제를 다루는 기준과 원칙, 기법 등에 관한 논의는 지역개발 전략 논의에서 중요한 연구대상이 되고 있다.

# 제2절
# 지역개발론의 학문적 성격

영국의 리버풀대학(University of Liverpoor)은 일찍이 1910년에 대학원 과정에서 도시설계에 관한 강의를 실시하였으며, 1923년에는 미국의 하버드대학교(Harvard University)의 대학원에 도시 및 지역계획에 관한 강의가 개설되었다.

지역개발론은 경제학, 지리학, 사회학, 행정학 및 기타 관련 학문의 기초이론과 원리를 공간(지역)에 적용하는 이론 체계이다. 관련학문의 이론과 원리를 공간과 관련하여 탐구하고, 이것을 토대로 지역문제에 대한 해명과 지역정책의 합리성에 대한 논의를 하고 있다.

따라서 지역개발론은 사회과학의 한 분야로서 기본적으로 다양한 학문을 동시에 포괄하는 학제간(Interdisciplinary) 학문이다. 관련학문의 기초이론을 종합하는 종합사회과학으로서의 성격을 띤다는 의미이다.

나아가 지역개발론은 이러한 다양한 학문의 관련 기초이론을 지역에서 발생하는 실제 문제상황에 적용하는 응용과학이라고 흔히 말해진다. 순수과학이란 인과관계의 어떤 법칙 내지 원리를 규명하거나 탐구하는 것을 주된 목적으로 하는 학문을 일컫는다. 이에 반해 응용과학은 이러한 기초학문의 이론을 실제 인간생활에 적용하는 즉, 실천성을 주된 목적으로 하는 학문이라는 의미로 사용한다. 요컨대 지역개발론은 종합사회과학이며 응용과학으로 그 학문적 성격을 규정하고 있다.

지역개발론 논의에는 종합과학이라고 부르듯이 여러 학문에서 개발되고 축적된 원리들이 폭넓게 스며있다. 부연하면 먼저 경제학의 이론과 원리들이 지역이라는 공간과 관계를 맺으면서 지역개발론의 주요 내용을 이루고 있다. 경제학은 재화나 용역의 생산, 소비 및 분배 등 경제활동에 관한 원리들을 연구하는 학문인데, 여기서 개발된 경제원리들이 농촌이나 도시지역, 국가 등과 같은 공간적인 차원에서 적용되고 다루어진다는 뜻이다. 따라서 지역개발론에서는 일반적인 경제이론이 아닌 산업입지, 공간경제, 지역경제 성장 문제 등이 중요한 논의 대상이 되고 있다.

사회학은 일반적으로 인간 상호간의 관계, 인간이 사회환경에 적응하는 문제 등을 다룬다. 지역개발론에서는 이러한 사회학적인 관심사항도 마찬가지로 공간적 측면에서 보게 된다. 그래서 사회구조의 공간적 패턴 또는 이러한 패턴의 변천과정, 도시나 농촌사회의 구조 및 가치체계의 변화, 인구유출과 유입, 소득격차와 빈곤 문제 등을 중요시하고 있다.

또 지리학은 기본적으로 사물의 공간상 배치 질서를 규명하는데 연구의 초점을 두고 있다. 그래서 도면화와 입지문제, 지역의 개념화 문제에 높은 관심을 둔다. 지역개발론에서도 이러한 지리학의 기초이론을 직접 많이 원용하고 있다. 중심지이론, 확산이론, 도시화이론. 정주체계(Settlement Hierarchy)이론 등이 지역개발론에서도 강조되고 있다.

정치학은 사회집단 간의 갈등을 조정하는 논의에 주된 관심을 둔다. 지역개발 현장에서도 종종 구성원들 간에 이해가 대립되는 현상이 나타난다. 이러한 과정에서 개인이나 집단은 자신의 이익을 극대화시키려는 노력을 하게 된다. 지역개발 주체는 이러한 갈등을 합리적으로 조정하는 역할을 수행해야 되는데, 이러

**그림 2-2** 지역개발학의 종합사회과학적 성격

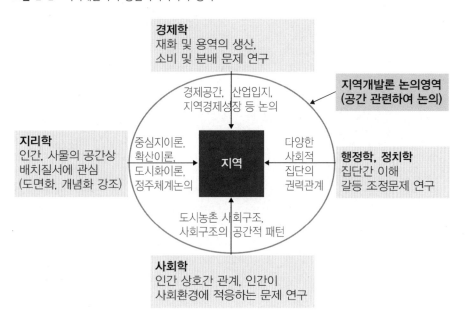

한 과정에서 정치적 과정을 분석하고 평가하는 정치학적 지식이 요구된다. 또한 지역개발의 추진주체가 국가 및 지방자치단체이고, 또 개발재원이 주로 공적자금인 예산이기 때문에 자연히 이러한 공공조직의 행·재정에 관해 논의를 하는 행정학적 지식이 요구되고 있다. 나아가 도시 및 지역정책이 주로 공공정책의 형태를 띠는 관계로 효과적인 대안의 탐색 및 분석과 정책과정에 대해 논의를 하는 정책학적 지식 또한 요구되고 있다.

# 제 2 편
# 지역 문제

# 제3장

# 지역문제의 유형과 성격

## 제1절
## 지역문제의 일반적 유형

지역 간 개발의 불균형문제, 대도시 비대 문제, 도시·농촌 격차 문제 등은 우리나라를 비롯하여 개발도상국가들에서 특징적으로 나타나는 문제의 유형이다. 국가발전 과정에 수반되어 나타나는 전형적인 문제로 이해한다. 또 선진국과 저개발 국가들에서도 정도의 문제이지 이러한 지역문제는 공통적으로 나타나고 있다.

### 1 개발의 지역 간 불균형 문제

어떤 나라든 잘 사는 지역과 급격히 성장하는 지역이 있는가 하면, 반대로 굉장히 낙후된 지역이나 지역 활력이 크게 침체된 지역도 동시에 나타나고 있다. 지역문제의 한 갈래가 개발의 지역 간 불균형 문제 즉, 모든 지역이 고르게 발전하지 못한 데서 비롯됨을 시사하고 있다. 개발의 지역 간 불균형으로 인해 어려움을 겪는 문제지역으로서는 흔히 상대적으로 소외된 낙후지역과 침체지역 등이 그 대표적인 유형으로 지목되고 있다.

문제지역은 흔히 건전한 상태로부터 일탈하여 비정상적인 상태에 처한 지역으로 이해한다. 이들 문제지역에서는 일반적으로 타 지역에 비해 실업률이 높다. 이러한 경제활동의 정체가 장기화되면 일자리를 찾아 다른 곳으로 이주하는 인구 또한 늘어나게 된다. 결과적으로 기존 투자시설이 유휴화되면서 경제적 비효율성 문제가 크게 야기되고 있으며, 나아가 고향을 등지는 이주자들이 겪는 정신적 고통 또한 큰 사회적 낭비로 간주된다.

## 1) 낙후지역

낙후지역은 인구의 자연증가율이 높고 노동력의 공급이 과잉상태에 있으며, 전통적인 농업이 지배적인 구조를 갖는 지역을 말한다. 개발도상의 제3세계국가들의 많은 지역들이 이러한 낙후지역에 해당한다. 1950~60년대 우리 농촌지역의 전형적인 모습이기도 하다. 이들 지역은 대부분의 경우 나쁜 토양조건, 전통적인 영농방법 등으로 단위토지 당 농업생산성이 낮다. 뿐만 아니라 과잉인구로 인해 농업인구 대비 경지면적도 협소하여 농업노동생산성도 낮은 것이 일반적이다. 농업활동은 단지 생계유지 차원에서 이루어지는 까닭에 가구소득은 타 지역 특히, 근대부문이 지배하는 도시지역에 비해 현저히 낮다.

선진국의 경우도 마찬가지로 낙후지역 문제가 존재한다. 오히려 산업화된 많은 선진지역과 공존함으로써 낙후지역 문제는 더욱 두드러지게 부각되기도 한다. 한편, 선진국의 낙후지역 문제는 후진국의 그것과는 다른 모습을 보인다. 인구증가율도 높지 않으며, 유출되는 많은 인구의 타 산업 흡수도 그렇게 큰 문제는 안 된다. 그럼에도 불구하고 타 지역에 비해 상대적으로 낮은 소득과 열악한 생활환경에서 오는 낙후지역 문제는 마찬가지로 드러나고 있다.

## 2) 침체지역

침체지역이란 한때는 경제적으로 성장을 이루었으나 여러 가지 외부적인 여건의 변화로 경제적 침체단계에 들어간 지역을 의미한다. 석탄, 철 등 풍부한 지하자원의 개발로 한때 호황을 누렸던 지하자원 채취 지역이나, 한때 수요가 많았던 제품을 생산했던 산업화된 지역이 여기에 해당한다.

우리의 경우 태백 탄광지역이 침체지역의 전형적인 사례로 나타나고 있다. 한때는 국민에너지였던 석탄에 대한 수요가 크고, 또 충분한 매장량이 있어 번성하던 지역이었는데, 석유와 같은 대체에너지의 개발로 그 수요가 급격하게 감퇴하면서 갑자기 경제적 침체국면을 맞게 되었다. 자원채취 산업의 경우에는 타 산업을 유인하는 힘이 약하기 때문에 특정자원채취 산업을 유일한 경제기반으로 하고 있는 경우가 흔하다. 이들 지역에서 이러한 외부적인 충격이 가해지면 장기적인 침체의 늪에서 벗어나기 힘들다.

경제적 침체는 비단 이러한 자원채취 지역에 국한된 것은 아니다. 한때 수요가 컸거나 여러 가지 기술개발로 꾸준히 산업의 경쟁적 이점을 견지해 왔던 지역에서도 나타나기도 한다. 수요의 감퇴 또는 기술혁신 애로 등으로 경쟁력을 상실하여 경제적 정체국면을 맞게 되는 이미 산업화된 지역이 여기에 해당한다. 이러한 경우 침체의 일반적인 원인은 산업자체의 속성에서 오는 경우도 있고, 지역자체의 속성에서 오는 경우도 있으며, 또는 이 양자의 결합에서 오는 경우도 있다. 예컨대, 우리 대구지역의 경우에서 보듯이 점차 퇴조하는 섬유산업의 비중이 높은 관계로 그 산업의 쇠퇴와 함께 지역경제가 크게 위축되는 침체현상을 겪기도 한다. 또는 입지적 조건에서, 혹은 진취적 기업가정신 및 노동력 조건과 같은 경제사회적 조건에서 상대적으로 불리하여 지역경제가 침체하는 경우도 있다.

## 2 대도시 과밀 문제

전형적인 지역문제의 또 하나의 유형으로서 대도시 과밀문제가 지적되고 있다. 대도시 과밀문제는 개발의 불균형문제로 어려움을 겪는 낙후지역이나 침체지역과는 달리 과도한 인구 및 산업의 집중과 이로 인한 지나친 성장으로 인해 야기된 문제이다. 인구유입은 빠른 속도로 진행되는데 반해 이러한 유입인구의 수용에 필요한 제반 기반시설의 구비는 여기에 따라가지 못하는 상황이 누적되어서 나타나는 문제이다.

개발도상국의 경우 일반적으로 산업화 과정을 거치면서 대도시로의 인구유입속도와 폭이 너무 급격하고 넓게 나타나고 있다. 때문에 당해 도시의 재정이나 개발능력으로는 대량의 유입인구의 수용에 필요한 제반 기반시설, 예를 들면 상수도, 하수도, 도로, 학교, 병원, 주택 등의 건설이 도저히 따라가지를 못한다. 그결과 무허가 주거지의 형성, 환경오염, 장시간의 출퇴근과 교통체증 등과 같은 심각한 도시사회적 문제들이 발생하고 있다.

이러한 배경에서 오래전부터 관심을 보여 온 분야 중 하나가 적정도시규모에 관한 논의이다. 그동안 적정한 도시규모를 찾으려는 이론적 또는 경험적 연구가 많이 시도되기는 했다. 그렇지만 아직 만족할 만한 해답을 주지 못하고 있는 그런 실정에 머물고 있다.

## 3 농촌·도시 격차 문제

대도시 과밀문제는 당해지역의 과밀문제뿐만 아니라 농촌지역과의 관계에서도 문제를 야기한다. 급격한 산업화 과정을 겪는 개도국이나 후진국에서 흔히 목격되듯이 대도시로의 과도한 인구유출로 인해 농촌지역은 일반적으로 과소(過疎)지역으로 전락하게 된다.

급격한 인구의 유출로 인해 나타나는 농촌의 과소화문제는 기본적으로 농업과 비농업부문간의 생산성 및 소득수준의 격차에서 비롯되는 문제이다. 보다 높은 소득을 가져다주는 일자리를 추구하는 이농향도(離農向都)형 인구이동의 결과라는 것이다.

인구가 크게 빠져나간 농촌지역은 궁극적으로 생활편익환경 수준이 악화됨으로써 삶의 질이 크게 저하되는 문제를 낳고 있다. 의료서비스, 교육서비스, 문화서비스 등 생활편익이나 복지서비스 수준이 도시지역에 크게 못 미침으로써 부각되는 농촌·도시 간 격차 문제가 바로 그것이다. 이러한 문제는 기본적으로 농촌지역에서 이들 서비스시설들을 유지하는데 필요한 최소한의 수요를 충족하기 어려운 데서 비롯되는 문제이다. 농촌인구 감소는 결과적으로 많은 생활편익시설들을 퇴출케 함으로써 농촌주민들의 삶의 질을 떨어뜨리게 되고, 그것은 다시 농촌지역을 떠나게 하는 요인으로 작용하는 순환적 메커니즘으로 빠져든다. 이러한 악순환 고리가 반복되는 가운데 농촌·도시 격차 문제는 더욱 심화되면서 농촌문제가 지역정책의 중요한 관심사항의 하나로 등장하게 된다.

# 제2절
## 지역문제의 성격

지역문제는 주로 지역 간 소득격차, 쾌적성 확보의 어려움, 열악한 생활환경 등 문제를 둘러싸고 제기되고 있다. 지역 간 소득격차 문제는 개발의 불균형 문제를 앓고 있는 낙후지역과 침체지역 논의에서 핵심적인 문제성격을 이루고 있다. 쾌적성 문제는 기본적으로 대도시 과밀에서 오는 혼잡의 문제에 다름 아니다. 그리고 열악한 생활환경수준의 문제는 생활편익 및 복지 서비스 수준의 도·농간 격차에서 오는 농촌주민들의 삶의 질 문제를 의미하고 있다.

### 1 지역 간 소득격차 문제

지역 간 소득격차는 개인 간 또는 계층 간의 소득격차와 마찬가지로 경제적인 관점에서는 물론이고 정치, 사회적인 관점에서도 우려의 대상이 된다. 지역 간 소득격차가 오래 지속되면 지역 간 위화감 내지 단절감을 유발하고, 극단적인 경우에는 분리 독립을 향한 정치운동으로 전개되기도 한다.

지역 간 소득격차는 곧 지역 간 임금과 자본이윤의 차이를 의미하는데, 이러한 현상은 근본적으로 생산자원 배분의 불균형에서 비롯되고 있다. 그것은 생산자원의 지리적 분포가 이상적인 상태로부터 이탈하고 있다는 것이며, 그래서 사회적 생산의 어떤 손실이 있음을 지적하고 있다.

바꾸어 말하면, 생산자원의 지역 간 재배치로 소득이 지역 간에 균등히 배분된다면 사회전체의 복지가 향상된다고 한다. 소득이 높은 지역의 소득감소에 따른 복지의 손실보다 저소득 지역이 얻는 복지증가가 그것을 상쇄하고도 남을 정도로 크기 때문이다. 아래 그림이 이러한 관계를 잘 보여주고 있다. 한계효용체감 법칙이 작용하기 때문에 늘어나는 소득으로 인한 저소득지역의 효용증가분이 줄어드는 소득으로 인해 희생되는 고소득지역의 효용감소분보다 높게 나타난다. 이러한 생각이 생산자원의 지역 간 재배치를 추구하는 지역정책 도입의 기본적인 배경을 이룬다.

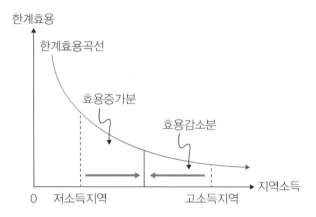

그림 3-1 고소득지역과 저소득지역의 효용증감 비교

한계효용

한계효용곡선

효용증가분

효용감소분

0  저소득지역          고소득지역

지역소득

생산자원의 지역 간 재배치를 추구하는 이러한 정책처방이 당위적으로 요구된다고 하더라도 그것을 실천하기는 현실적으로 용이하지 않다. 생산활동의 입지 문제는 이윤극대화 원리를 쫓는 기업가 행동의 결과로 나타나고, 그 과정에서 노동 및 자본 등 생산자원은 집적이익이 더 크게 기대되는 고소득지역을 선호하는 경향을 강하게 보이기 때문이다. 기업들은 집적이익이 큰 도시지역 입지를 선호하고, 그것은 다시 일자리를 찾는 노동력의 도시지역 집중을 가져오게 된다. 이러한 과정은 누적적으로 작용하여 생산자원의 집중이 더욱 심화되기에 이른다. 생산자원의 재배치를 요청하는 당위와 더욱 집중하려는 현실 사이에 풀기 어려운 모순구조를 보이고 있다.

## 2 쾌적성의 문제

과밀문제는 몇 개의 대도시에 인구 및 산업이 과도하게 집중한데서 비롯되는 혼잡의 문제이다. 빠르고 큰 폭으로 유입되는 인구를 수용할 수 있는 적정수준의 도시기반시설 즉, 주택, 상하수도, 도로, 학교, 병원 등이 확충되어야 함에도 도시 재정 여건 상 이러한 수준으로 도시기반시설을 정비해 가기는 현실적으로 어렵다. 주택부족과 함께 판자촌 같은 열악한 수준의 주거환경 문제, 과중한 사회경제적 비용부담을 초래하는 교통체증 문제, 육체적, 정신적 고통이 심화되는 공해문제 등이 혼잡으로 인해 발생하는 도시문제의 단적인 사례들이다. 결국 좁은 장소에 많은 사람들이 집중해서 살다보니 불가피하게 발생할 수밖에 없는 문제들이다.

몇 개의 대도시에 인구 및 산업의 과도한 집중은 나머지 지역의 공동화를 초래함으로써 양극화된 국토공간 패턴을 가져온다. 이러한 공간패턴은 효율성 차원에서도 하나의 문제로 지적되고 있다. 양극화 정도가 심하면 2중 구조가 고착화되면서 지역 간 단절현상마저 나타나기도 한다. 존 프리드만은 경제성장을 촉진하는 공간조직은 도시가 안정적인 계층구조를 이루고 있어서 쇄신의 공간적 확산을 촉진할 때라고 한다. 이런 관점에서 보면 과밀과 과소의 극화된 공간조직은 능률적이 아니다.

또한 산업과 인구가 한두 곳에 편재된 불균형적인 국토개발은 사회적 형평성이란 관점에서도 또 큰 문제로 부각된다. 사람은 누구나 자기 고장에 대한 대단한 애착심을 갖고 있다. 때문에 과소지역으로 남게 되는 지역에서 느끼는 과밀지역에 대한 상대적 불평등감이 사회적 분열의 한 원인으로 작용하기 쉽다.

### 3  열악한 생활환경 수준

인구가 급격하게 유출됨으로써 발생하는 경제사회적 기회의 부족이 과소지역이 겪는 주된 문제이다. 생활편익 환경이 열악한데서 오는 삶의 질 저하 문제가 이들 과소지역 문제의 한 단면으로 부각되고 있다. 주로 농촌지역에서 겪는 어려움의 하나다.

농촌지역의 경우 의료서비스, 교육서비스, 문화서비스 등 생활편익이나 복지서비스 수준이 상대적으로 크게 떨어지고 있다. 일상생활을 하는데 필요한 의료, 교육, 문화 등 여러 가지 생활편익이나 복지서비스 수준이 지역 간에 큰 차이가 있다면 그것 또한 정책적 문제가 아닐 수 없다.

생활환경 수준이 열악한 데서 오는 불편과 고통은 기본적으로 인구유출로 인해 과소(過疎)지역이 됨으로서 생겨나는 문제이다. 인구가 크게 줄어든 관계로 이들 생활편익시설을 이용하는 시장이 크게 위축되기 때문에 발생하는 문제라는 것이다. 이들 생활편익시설의 운영 및 유지에 필요한 최소시장의 크기인 임계치 확보가 어려워 기존의 관련시설들이 퇴출되거나 또는 필요한 시설들의 신규 입지가 제약됨으로 해서 초래된 문제이다. 또한 공공부문에서 개입하고 감당해야 할 생활편익 및 복지서비스 시설의 경우에도 마찬가지 맥락에서 문제를 제기하고 있다. 소수의 수혜자를 대상으로 과다한 투자를 하는데서 오는 투자효율성의 문제가 그것이다. 정책개입의 딜레마적 상황을 말해주고 있다.

높은 임금을 지불하는 일자리를 찾아 고향을 떠나는 것이 주된 인구이동 요인이지만 여러 가지로 살기가 불편하여 고향을 등지는 경우도 많다. 과소화에서 비롯되는 생활환경의 문제는 다시 더욱 과소화가 진행되는 과정을 밟게 함으로써 더욱 열악해질 수밖에 없는 문제로 나타나게 되고, 급기야 그곳에 사는 사람들의 삶의 질을 크게 떨어뜨리는 문제를 낳게 된다.

# 제4장
# 지역문제의 발생요인과 악순환구조

## 제1절
## 지역문제의 발생 요인

지역문제는 여러 요인들이 복합적으로 작용하여 나타나는 현상이다. 그 발생 요인을 일률적으로 제시할 수 없다는 의미이다. 예를 들면, 침체산업이 지역의 기반산업인 경우 산업구조요인으로 인해 지역이 침체되는 경우가 있으며, 산업구조가 양호하더라고 지리적 요인, 인구적 요인 등의 영향으로 침체될 수도 있다. 또한 시장과의 거리(입지조건), 기업가정신, 기술혁신 등 지역적 조건의 영향으로 침체될 수도 있다. 지리적 측면과 인구적 측면, 그리고 경제구조적 측면 등 다양한 측면에서 지역문제가 발생하고 있음을 말해주고 있다.

### 1 지리적 요인

지역마다 가지고 있는 자연자원의 조건이나 그 입지적 조건은 상이하다. 이러한 지리적 조건의 차이가 지역문제를 일으키는 한 요인이 되고 있다. 어떤 지역은 토질이 비옥하고, 석유·철광석 등 지하자원을 풍부히 가지고 있어 자연자원 조건의 이점을 누리고 있는가 하면, 어떤 지역은 대도시나 경제적 중심지와 가까운 거리에 위치하고 있어 입지조건이 양호하다. 또 어떤 지역은 다른 나라와의 교역에 필요한 항만을 가지고 있어 입지조건 및 자연조건의 이점을 동시에 갖고 있다.

입지조건이 좋고 자연자원 조건이 좋은 지역은 그렇지 않은 지역에 비해 경제활동이 활발하고, 그 결과로 소득수준 또한 높게 나타나기 마련이다.

## 2  인구적 요인

지역 간 인구적 특성의 차이 또한 지역문제를 일으키는 중요한 요인으로 작용한다. 일반적으로 인구규모, 성별, 연령별 구성을 비롯한 인구구조, 교육정도, 사회적 관습 및 가치관 등 인구적 특성이 지역문제를 가져오는 또 한 요인이 되고 있다.

인구규모가 적고 교육정도가 낮으며, 젊은 층에 비해 노년층이나 유년층이 많은 연령구조를 띠는 지역의 경우 상대적으로 지역문제가 발생할 소지가 크다. 그리고 사회적 관습 및 문화가 적극적이고 진취적이지 못하고 소극적이며 보수적인 특성을 보이는 지역의 경우 지역문제가 발생할 확률이 높음은 당연하다. 반면에 발전이나 성장에 유리한 가치관이나 문화적 특성을 가진 지역이 그렇지 못한 지역보다 더 빠른 속도로 발전할 것으로 믿는다.

높은 출산율을 선호하는 사회적 문화 및 관습과 가임여성 비율이 높은 구조를 갖는 지역의 경우에도 문제의 소지를 안고 있다. 높은 투자율과 일자리 증가가 따르지 못하면 높은 실업율과 낮은 소득수준으로 어려움을 겪게 되는 지역문제가 발생하게 된다.

인구적 요인에 의한 지역문제는 성장지역으로의 인구이동으로 지역 간 균형을 이루어가면서 지역문제가 완화되는 경향도 있다. 그러나 바람직한 방향으로의

표 4-1  성장지역과 문제지역의 인구적 특징 비교 ————————————

| 구 분 | 성 장 지 역 | 문 제 지 역 |
|---|---|---|
| 인 구 규 모 | 대 | 소 |
| 사회적 관습문화 | 적극적, 진취적 | 소극적, 보수적 |
| 교 육 정 도 | 높 음 | 낮 음 |
| 연 령 구 조 | 젊은층 비율 높음 | 노년층, 유년층 중심 |
| 성 별 구 조 | 가임여성비율 적정 | 가임여성비율 높음 |

인구이동을 제약하는 여러 가지 사회경제적 요인에 의한 공간마찰 또한 나타나고 있어 실제로 그렇게 되기에는 상당한 기간이 걸린다.

### 3 경제구조상의 요인

지역마다 특유한 산업구조를 갖고 있으며, 한 지역의 번영은 그 지역이 갖고 있는 산업의 구조적 특성에 의해 결정된다. 한 지역의 성장여부는 1) 무엇이 기반산업을 이루고 있느냐 2) 그 기반산업이 성장산업이냐, 침체산업이냐 3) 이 지역 산업이 타 지역 동종산업과의 경쟁에서 이기고 있느냐, 하는 것 등에 달려있는 문제이다.

만일 한 지역이 1) 전국적으로, 세계적으로 급속히 팽창하고 있는 산업을 더욱 많이 가지고 있고 2) 지리적, 인적 자원에서 경쟁적 우위에 있는 특정산업에 전문화되어 있으며 3) 타 지역의 동일 업종 산업에 비해 경쟁적 우위성을 확보하고 있다면 그렇지 못한 지역보다 빠르게 성장하고, 또 높은 소득을 올리게 된다.


## 제2절
# 지역문제의 악순환 구조

### 1 미르달의 누적적 인과관계

지역 간 불균형 문제가 일단 발생하면 시장의 자율적인 조절기능에 의해 균형상태를 회복하는 것이 아니라 오히려 시간이 경과할수록 더욱 악화되어 가는 경향이 있는데, 이러한 견해를 처음으로 밝힌 사람이 스웨덴의 경제학자 군너 미르달(Myrdal, G.)이다. 미르달은 1957년 발간한 그의 저서 *Economic Theory and Underdeveloped Regions*(경제이론과 저개발지역)에서 다음과 같이 기술하고 있다. '시장 힘의 자유로운 작용에는 지역불균형을 심화시키는 내재적 경향이 있으며, 그리고 이러한 경향은 빈곤국가일수록 더욱 지배적으로 나타난다. 이것은 자유방임 하에서 경제발전과 저발전을 결정짓는 가장 중요한 2개의 법칙이다'라고 쓰고 있다.

그는 이를 '누적적 인과관계(累積的 因果關係)'라는 용어로 개념화해서 불렀다. 사회체제에서 어떤 변수의 변화는 그 체제를 균형으로 되돌려 움직이게 하는 상쇄적(相殺的)변화를 유도하는 것이 아니라 대신에, 체제를 처음의 상태로부터 더욱 더 멀리 움직이게 하는 지원적 변화를 유도한다. 따라서 사회체제는 그 자체적으로 균형을 추구하는 것이 아니라, 오히려 순환과 누적적 인과관계에 의해 특징 지어지는 것이라고 한다.

그래서 그는 특정중심지에서 일단 개발이 시작되면 이유야 어쨌든 그 다음에는 누적적 인과관계 과정을 통해 그 자신의 성장여세를 강화시킨다고 한다. 예를 들면, 어떤 지역에 어떤 새로운 산업의 입지는 새로운 산업을 더욱 유인하려고 하는 연쇄효과를 유발한다는 것이다.

**그림 4-1** 미르달의 누적적 인과관계의 개념

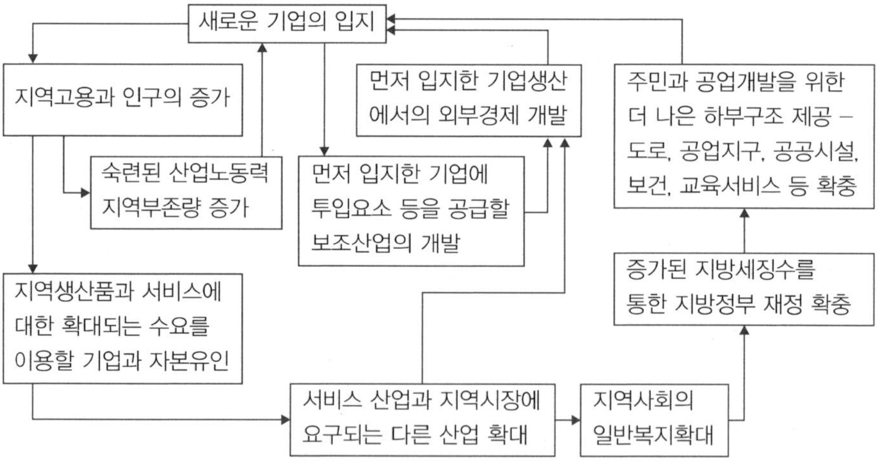

1930년대 세계대공황 이전까지만 해도 시장의 자동조절메커니즘에 대한 신뢰가 지배적이었다. 지역 간 불균형문제는 시장에서 발생한 일시적인 교란이며, 그래서 시간이 경과하면 노동과 자본 즉, 생산요소의 이동을 가져오는 시장의 자동조절메커니즘에 의해 곧 균형상태로 돌아온다고 한다.

만일 자본이 풍부하고 노동력이 부족한 성장지역 A와 자본이 부족하고 노동력은 남아도는 저개발지역 B가 있다고 하자. 노동력과 자본은 임금과 이자율이 낮은데서 높은 곳으로 이동하게 된다. 그러면 자본은 풍부하여 이자율이 낮게 형성되어 있는 성장지역 A에서 자본부족으로 이자율이 높은 저개발지역 B로 이동하고, 반대로 노동력은 임금이 낮은 저개발지역 B에서 높은 A지역으로 움직인다. 이렇게 생산요소의 가격이 낮은 곳에서 높은 곳으로 움직이면 임금과 이자율이 낮은 곳에서는 상승하는 결과를 가져오는 반면에 높은 곳에서는 낮아지는 효과가 나타난다. 이러한 과정을 거쳐 두 지역의 임금과 이자율이 같아지게 되면서 지역 간 균형을 회복한다고 한다.

**그림 4-2** 신고전학파의 지역 간 균형 메커니즘

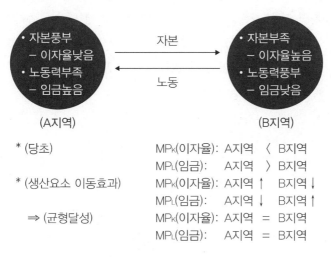

그러나 미르달은 생산요소의 이동성 즉, 노동이나 자본의 유동성이 신고전학파의 주장처럼 완전한 것이 아니라 불완전하다고 한다. 이어서 그는 생산요소 이동은 지역 간에 소득을 균형화하려는 방향으로 일어나는 것이 아니라 오히려 지역 간에 경제적 격차를 넓히고 성장을 지연시키는 메커니즘으로 작용한다고 한다.

미르달은 시장의 자동조절 기능을 제약하는 요인들로서 다음과 같은 것들을 들고 있다. 첫째 인구이동의 선별성을 지적하고 있다. 인구이동이 무차별적으로 진행되는 것이 아니라 교육수준이 높은 젊고 유능한 노동력이 선별적으로 성장지

역으로 흡수된다는 것이다. 그 결과 인구 유입지역은 더욱 성장하고, 반면에 기업가적이고 젊은 노동자를 잃게 되는 유출지역은 성장잠재력의 고갈로 더욱 위축되는 과정을 겪는다고 한다.

둘째, 자본의 역류현상을 지적하고 있다. 신고전학파의 주장과는 달리 성장지역에서 자본수익률이 더 높게 나타나기 때문에 투자수요 역시 더 크게 나타나며, 반대로 낙후지역은 자본수익률이 낮은 관계로 저축수요가 더 크게 나타나는 것이 일반적이라고 한다. 따라서 자본은 부유한 지역에서 빈곤한 지역으로 이동하는 것이 아니고 오히려 빈곤한 낙후지역 사람들의 저축을 빨아들여 부유한 성장지역에다 투자하는 모습을 보인다. 그리고 잘 발달된 금융시장 체계도 이러한 현상을 촉진하는 한 요인이 된다. 통상 성장지역에는 잘 발달된 자본시장이 집중하여 있고, 이것이 자본의 역류를 촉진하는 하나의 구실이 되고 있다.

요컨대, 지역 간 격차는 시장의 자율조정메커니즘에 의하여 좁혀지고 균형화되기보다는 심화되는 경향이 있으며, 그것은 경제적으로 위축된 저개발지역을 더욱 저개발되게 하는 성장지역의 누적적인 성장 힘에 종속되어 있기 때문이다. 지역문제가 정책적 관심의 대상이 되는 배경이 여기에 있다.

## 2  프리드만의 빈곤의 함정

미르달의 연구는 일반적으로 지역개발이론을 정교화하는 출발점으로 이해하고 있다. 또한 그의 생각은 아직까지 지역 불균형을 분석하는 기본적인 틀이 되고 있다. 프리드만(Friedmann, J)은 이러한 미르달의 생각을 발전시켜 전반적 공간조직 문제로 확대하여 적용하고 있다.

프리드만은 경제성장 과정에서 나타나는 공간조직 발전단계 모형을 제시하면서 공간조직(공간구조 또는 공간패턴이라는 용어로도 부름)과 성장 문제의 관계를 설명한다. 먼저 프리드만은 경제성장에 따른 공간조직 발전단계를 4개로 구분하고 있다. 공업화 이전 공간구조, 공업화 초기 공간구조, 공업화 성숙단계 공간구조, 그리고 최종적으로 도달할 '기능적으로 잘 연계된 공간구조' 등 4단계의 공간구조가 그것이다.

공간조직 발전 첫 단계는 사람이 살지 않는 곳에 바다를 건너온 세력이 해안을 따라서 정착을 하거나, 내륙지역을 탐사하고 점유해가는 과정에서 형성되는 공간조직이라고 한다. 이 과정에서 어떤 취락은 상업중심지로 발전하고, 어떤 취락들은 행정중심지로 발전하면서 비교적 자치적인 경제, 사회, 문화의 하부공간조직을 이루는 모습을 띠게 된다. 그들 행정 및 상업중심지들은 각각의 지역경제와 연결될 뿐 도시들 간의 상호의존적인 체계를 형성하지는 않는다.

다음 공업화 초기단계에는 한두 개 산업부문에 투자가 집중되는 이중경제 구조로 인해 공간패턴에 있어 드라마틱한 변화를 가져온다. 그것은 빠르고 강하게 발전하는 하나의 중심지와 이 중심지에 경제적으로 불완전하게 포섭되어 정체 또는 쇠퇴하는 주변지역으로 구성되는 형태로서 하나의 도시지역에 의해 전체 공간경제가 지배를 받는 공간패턴을 일컫는다. 프리드만은 공업경제로 이행하고 있는 국가에서 나타나는 중심지와 주변지역 관계는 식민지적이라고 주장한다. 주변지역의 자원, 인력, 자본이 역류하여 중심지를 향해 흘러가고, 그리고 주변지역의 위상은 농산물에 불리한 지역 간 교역조건으로 말미암아 더욱 더 악화된다.

그리고 공업화 성숙단계에 이르면 유일한 핵심지역의 우월성이 위축되게 되고, 이에 따라 지역 간 불균형 현상은 점차 사라지게 된다. 그리고 종국적으로는 크리스탈러의 중심지 이론이 제시하는 공간조직 즉, 기능적으로 잘 연계된 공간체계가 나타나고, 그래서 서비스되지 않는 나머지 지역이 없는 이상적 공간조직 형태가 형성된다.

한편 이러한 이상적인 발전단계에 도달하기에는 오랜 시간이 걸린다. 신고전학파의 주장처럼 공간균형으로 지역소득이 수렴하는 자동적인 경향은 없다. 오히려 불균형은 출발점부터 과도적 사회까지 커져간다. 한번 중심지-주변지역의 이중적인 구조가 형성되면 활기찬 시장의 힘은 중심지와 주변지역의 수렴에 역행하도록 작용하는 것으로 나타난다. 그것은 균형화의 힘이 상당한 기간 중심지-주변지역의 불균형을 되돌리기에는 너무 약하기 때문이다.

따라서 이러한 고착화되는 불균형 문제를 시정하는 지역정책은 농업경제에서 공업경제로 이행하는 과도기적 경제발전 단계에 도입되어야만 한다. 공업경제 이전 즉, 공업생산액이 GNP의 10%에 미치지 못하는 단계에서는 주된 정책관심이 국가경제 개발의 선행조건을 창출하는데 두어질 수밖에 없다. 이런 상황에서는 지역문제는 묻혀서 드러나지 않게 되고, 그래서 지역정책 개입의 필요성 또한 대두되지 않는다.

공업화 초기단계 즉, 공업생산액이 GNP의 25~50%를 차지하는 단계에 이르면 지역정책의 도입 필요성이 제기된다. 한편 이 시기의 지역정책은 오로지 낙후지역의 문제를 완화하고, 시장조직을 조정하는 것에만 관심을 갖는 실로 미미한 것이다. 그러나 프리드만은 사실 이 시기에 도입되는 지역정책은 매우 중요한 의미를 띤다고 한다.

**그림 4-3** 공간조직 발전단계 ──────────────────

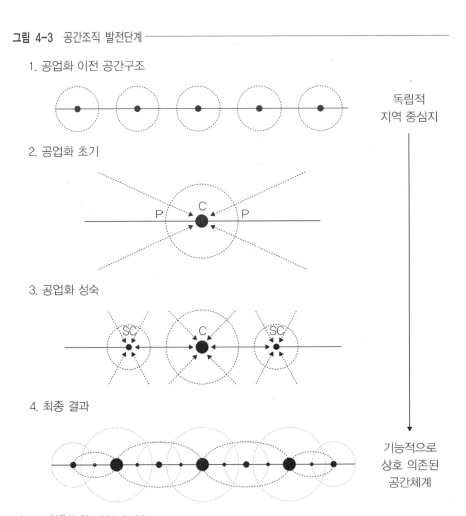

자료: 고영종외 역, 1997, P. 62

공간구조의 변화는 성장의 함수이며, 성장은 다시 공간구조에 의해 조건 지워진다고 한다. 기능적으로 잘 조화된 균형적이고 위계적인 도시체계는 국가발전의 필수적 조건이다. 이중적 중심지−주변지역 관계의 지속은 지역들 간의 극심한 복지 불균형을 가져오고, 자연자원의 이용률을 떨어뜨리고, 비효율적인 산업입지를 가져오는 등 극화된 공간패턴을 고착화시킴으로써 경제성장을 저해하는 요인으로 작용하고 있다. 프리드만은 이것을 빈곤의 함정이라고 불렀다. 이중적인 중심지−주변지역 구조에 의해 경제성장은 제약되고, 그리고 경제성장의 제약으로 이중적인 중심지−주변지역 구조는 다시 존속된다. 여기가 바로 지역정책의 개입을 통해 탈출해야만 하는 함정이며, 정확히 지역정책의 개입을 요구하는 곳이다. 여기서 지역정책의 중요한 역할은 산업화로의 원활한 이행을 유지할 수 있는 정도의 공간구조를 창조하는 것이다.

# 제5장
# 지역문제의 인식규범

　개발의 지역 간 불균형 문제, 대도시의 비대화 문제, 농촌·도시 격차 문제 등은 개발도상국가들을 위시한 모든 나라에서 공통적으로 보이는 전형적인 지역문제들이다. 이러한 문제들은 모두 공간배분의 불균형 문제를 언급하고 있으며, 그래서 지역정책의 목표는 지역 간 또는 도시·농촌간 불균형을 완화시킨다거나 대도시 성장을 억제한다는 것으로 나타난다.

　'불균형을 완화시킨다는 이러한 목표의 성취는 바람직하다'라고 너무 당연히 받아들여지곤 한다. 그러나 공간패턴이 비균형 상태를 나타내기 때문에 문제라고 하는 주장을 유지하기 위해서는 먼저 공간균형이 정확하게 어떤 모습이냐 하는 것을 결정하는 것이 필요하다. 공간불균형 상태라고 진단하기 위해서는 공간균형의 모습이 어떤 것인지 전제되어야 한다는 것이다. 그래서 먼저 규범적으로 제시되고 있는 공간균형 모습을 확인해보는 시도를 한다.

　공간균형 측면에서 제시되는 규범에 더하여 문제유형별로도 왜 그러한 공간패턴이 문제로 인식되느냐 하는 규범을 둘러싸고 또 다양한 논의가 이루어지고 있다. 하나는 형평성과 능률성이라는 두 가지 궁극적 가치 기준에서 공간패턴의 문제를 지적하는 여러 규범들이다. 다른 하나의 규범은 대부분 개발도상국가들의 식민지 경험에서 우러나오는 민족주의적인 관념이다. 다분히 부정적인 과거 역사의 청산이라는 감성에 호소하여 문제를 인식하고 있다.

　이러한 맥락에서 여기서는 먼저 공간균형의 이상적인 모습을 제시하는 대표적인 이론으로서 '중심지모형'과 '지역 간 소득균등화 모형'을 살펴보고, 이어서 개별 지역문제 유형별로 능률성과 형평성 관점에서 제시되는 구체적인 문제인식

규범에 대한 설명을 한다. 그 다음에 민족주의적인 관점의 지역문제 인식 규범을 소개하는 순으로 논의를 한다.


# 제1절
# 공간균형


## ■1 중심지 모형

비행기로 여행하며 지상을 내려다 볼 때 우리는 상당히 규칙적인 취락과 도시의 분포를 발견한다. 푸른 산과 숲을 지나면 논이나 밭과 같은 농작물 재배지가 보이고, 그 다음 조그마한 취락들을 보게 된다. 이러한 취락들은 대개 소도시를 중심으로 분포되어 있고, 그러한 소도시를 한참 지나면 그보다 좀 더 큰 도시가 나타나고 급기야는 대도시에 이르게 된다.

이와 같이 지표면에 인구와 경제활동이 분포되어 있는 모양을 정주(定住)패턴이라고 부르고, 그 분포가 어떤 규칙성을 가진 체계를 이루고 있을 때 정주체계(Human Settlements System)라고 한다. 그렇다면 우선 사람들이 왜 그러한 취락이나 도시라는 형태로 모여서 살게 되는가, 왜 크고 작은 도시들이 생성되는가, 그리고 취락과 도시들이 어떻게 일정한 모양의 규칙적인 분포를 하게 되는가 하는 흥미로운 질문을 해볼 수 있다.

크리스탈러(Chiristaller, W.), 뢰쉬(Lösch, A.)는 연속되는 지리적 공간에서 어떤 정주체계가 이상적인 일반균형의 모습이냐를 결정하기 위한 시도를 한다. 크고 작은 중심지들이 왜 발생하는가는 물론 취락분포 모습의 상당부분은 굳이 분석을 하지 않더라도 공간상 분포된 부존자원의 차이에 의하여 설명할 수 있다. 그러나 비록 모든 지역이 부존자원에 아무런 차이가 없는 균질적인 공간일지라도 경제적 요인으로 말미암아 인구밀도가 서로 상이한 취락분포가 발생하게 됨을 그들은 밝히고 있다. 여기서 경제적 요인이란 규모의 경제와 수송비, 집적경제를 가리키며, 이러한 요인들이 어떻게 일정한 모양의 정주체계를 형성하는가를 이론적으로 설명한 것이 이른바 중심지이론이다.

1930년에 월터 크리스탈러에 의해서, 그리고 그 이후 오거스터 뢰쉬에 의해 전개된 중심지이론은 1) 자연자원이 균일하게 분포된 평탄한 공간 위에 2) 동일 규모의 자족적인 농가가 균일하게 분포되어 있고 3) 모든 방면으로 수송비용이 같고, 그 비용은 거리에 비례한다는 세 가지 기본가정 하에, 첫째로 이들 농가들이 서로 교역을 할 것인가 또는 어떤 조건하에서 하게 되는가, 둘째로 만일 교역을 한다면 그들 시장의 공간적 한계는 어떻게 될 것인가를 밝히고, 더 나아가서 그러한 시장의 중심에 중심지라는 도시가 형성되는 과정을 밝혔다.

어떤 농가가 어떤 상품을 자기가 필요한 양보다 더 많이 생산하여 이웃의 다른 농가에 팔려고 하면 그 상품의 생산원가에 수송비를 더한 배달가격이 이웃 농가에서 생산한 그 상품의 자가생산 원가보다 싸지 않으면 안 된다. 이때 그 상품의 배달가격의 저렴도는 규모의 경제에 비례하고 수송비에 반비례한다.

바꾸어 말하면 한 농가가 대량생산을 하여 규모의 경제를 얻는다면 그렇지 못한 타 농가에 비해 저렴한 가격으로 생산할 수 있다. 즉, 생산원가가 규모의 경제 이점만큼 저렴할 것이므로 자가 필요량 이상의 잉여상품을 타 농가에 팔 수가 있게 된다. 이때부터 교역이 발생하는데 그 교역의 공간적 범위는 배달가격이 타 농가의 생산원가와 같아지는 지점 이내가 된다.

**그림 5-1** 배달가격과 시장권 형성

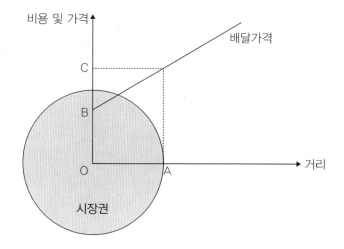

〈그림 5-1〉은 이러한 관계를 잘 보여준다. 여기서 OC는 식용빵의 자가생산 비용을 가리킨다. 만약 O지점에 위치한 농가가 식용빵을 대량 생산하면 규모의 경제가 발생하여 타 지점에서 자가생산하는 농가보다 저렴한 생산원가 즉, 공장도가격을 갖게 된다. OB가 공장도가격이 된다. 그러면 A지점에 위치한 농가에 배달되는 빵의 가격은 OC = OB + BC로서 공장도 가격에 수송비를 포함한 가격이 된다. A지점에서 배달가격과 대량생산을 하지 않는 농가의 자가 빵 생산가격이 동일하게 나타난다. 그러면 그 지점 밖의 농가는 O지점에서 생산된 빵의 배달가격보다 더 싸게 생산하므로 O지점 대량 생산 빵이 경쟁력을 잃는다. 따라서 O지점 생산 빵의 시장권은 OA를 반경으로 하는 원형의 면적이 된다.

**그림 5-2** 크리스탈러의 시장망 형성 과정 ────────────

1. 원형시장망과 수요 미충족지

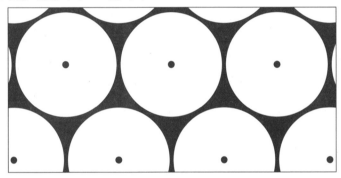

2. 수요 미충족지 해소와 육각형 시장망의 형성

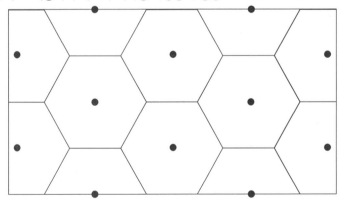

이때 같은 상품을 생산하는 경쟁자가 나타난다면 어떻게 될까? 처음에는 서로 경쟁이 안 되는 곳에 자리를 잡을 것이나 점차 새로운 경쟁자들이 나타나서 그 사이 사이에 위치를 하게 되고, 이러한 자유로운 입지경쟁은 서비스되지 않는 지역이 없어질 때까지 계속된다. 이때 동일 종류의 상품, 모든 공간상에서의 동일한 수요, 동일한 생산비 및 수송비를 가정한다면 그 상품을 생산하는 각 기업의 시장의 공간적 범위 즉, 시장의 크기와 모양은 동일하다. 이러한 상품의 시장망은 육각형으로 나타나며, 이때 모든 공간을 메우고 서비스를 받지 않는 지역은 없어진다.

사람이 사는 데는 여러 가지 종류의 재화나 용역이 필요한데, 이 많은 재화나 용역 중 서로 다른 종류의 것은 각각 다른 독특한 시장의 크기나 모양을 가질 것이다. 그런데 이러한 재화와 용역을 공급하는 생산자는 각기 따로 입지하는 것이 아니라 기왕에 형성된 어떤 생산활동이 일어나는 장소에 위치하게 된다. 서로 모

**그림 5-3** 중심지 계층의 확산 모형

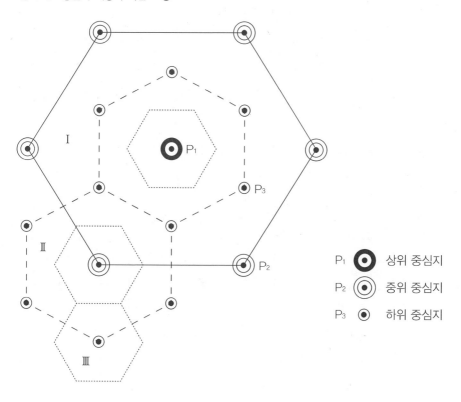

P₁  상위 중심지
P₂  중위 중심지
P₃  하위 중심지

여 있음으로 해서 얻게 되는 생산상의 이점인 집적경제를 얻을 수 있기 때문이다. 이렇게 여러 종류의 상품시장권의 중심이 한 곳에 겹치게 되면 그곳에 바로 중심지가 출현하게 된다.

이러한 중심지는 얼마나 많은 시장 또 얼마나 큰 시장의 중심을 갖고 있느냐에 따라 중심지의 크기와 중요도가 결정된다. 중심지의 계층이 발생한다는 것이다. 주유소만 갖고 있는 중심지와 주유소 이외에 교회와 중학교를 가진 중심지, 그리고 그 모든 것 이외에 은행까지를 가지고 있는 중심지는 그 규모와 기능적 중요도가 각기 다른 계층적 구조를 띠게 된다.

결론적으로 말하면 중심지모형의 기초가 되는 시장권의 크기는 1) 재화나 용역 생산에 있어 규모의 경제의 크기 2) 재화나 용역에 대한 수요의 밀도 3) 수송비용의 크기 등에 의해 결정되고, 또 중심지의 크기와 중요도는 그것이 포용하는

그림 5-4 크리스탈러의 시장원리에 의한 공간균형

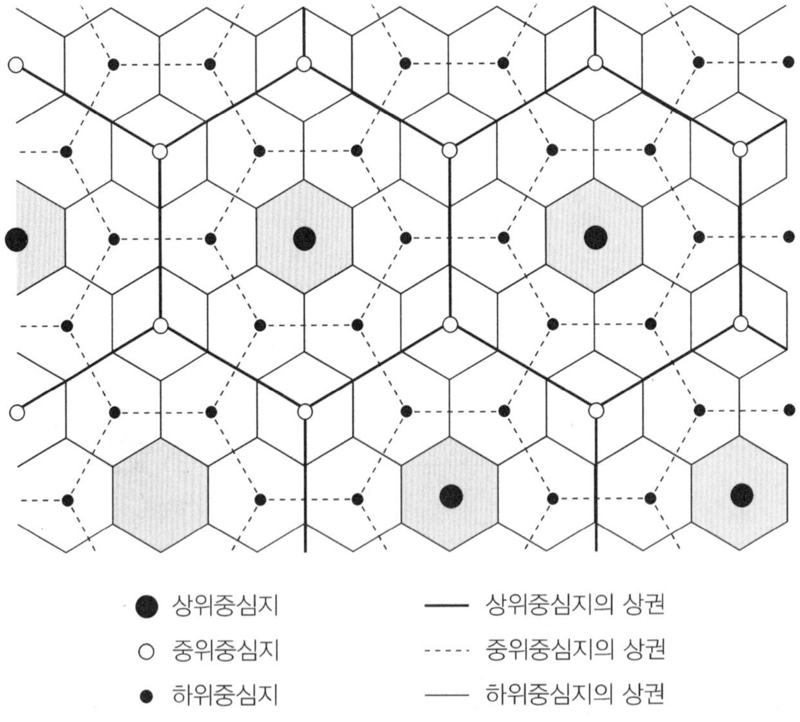

● 상위중심지      ── 상위중심지의 상권
○ 중위중심지      ····· 중위중심지의 상권
• 하위중심지      ── 하위중심지의 상권

시장중심의 수와 그 시장의 크기에 의해 결정된다. 규모의 경제가 크면 클수록, 수요밀도가 작으면 작을수록 그리고 수송비가 낮으면 낮을수록 시장권은 커진다. 그리고 중심지는 그가 포섭하는 시장중심이 많을수록, 그리고 그 시장의 크기가 크면 클수록 상위 계층의 중심지로 된다.

## 2 지역 간 소득균등화

오린(Ohlin, B.)은 그의 저서 *Interregional and International Trade*(지역간 및 국가간 무역, 1933)에서 국가간, 지역 간 교역의 효과를 분석하였다. 먼저 그는 분석을 위해 다음과 같은 가정을 설정하였다. 첫째, 생산요소의 지역 간 이동은 없으며, 지역 내에서는 자유로이 이동한다. 둘째, 지역 간 교역에서 수송비가 발생하지 않으며, 셋째, 생산함수 즉, 생산기술이 모든 지역에서 동일하다는 것이 그것이다.

이런 조건에서 보면 교역은 어떤 지역이 스스로 생산하는 것보다 더 싼 가격으로 다른 지역으로부터 구매 또는 수입하는 것이 가능할 때에만 발생할 것이다. 그리고 이러한 상황은 지역 간에 생산요소의 부존상태가 차이가 있을 때 발생한다. 오린은 이러한 생각에 입각하여 각 지역은 그 지역에서 값싸고 풍부한 생산요소를 갖는 상품생산에 우위를 가진다고 하며, 이러한 우위를 갖는 상품생산에 특화하여 교역을 한다면 교역에 참여하는 지역 모두의 경제적 편익이 극대화된다고 한다.

이때 달성된 일반균형의 모습은 상이한 지역들이 그들의 상대적 요소부존 조건에 따라 각기 다른 상품의 생산에 특화하는 지리적 노동 분화에 의해 특징지어진다. 나아가 수송비가 없고, 관세가 없다면 지역 간 무역은 상품가격을 동일하게 하고, 생산요소가격을 균등하게 하는 경향을 띤다.

생산요소 가격의 균등화 경향은 요소이동이 자유로운 경우나 요소이동이 없더라도 일어난다. 먼저 요소이동이 없더라도 생산요소 가격이 균등해지는 메커니즘은 다음과 같이 설명할 수 있다. 철강과 섬유 두 상품만 존재하는 경제를 가정하자. 철강은 고도의 자본집약적 산업이고, 섬유는 노동집약적이다. 그리고 북쪽지역과 남쪽지역 두 지역만 존재한다고 가정하자. 북쪽지역은 풍부한 값싼 자본과 부족한 비싼 노동력 조건을 갖고 있으며, 남쪽지역은 반대로 풍부한 값싼 노동력과 부족한 비싼 자본 조건을 갖는다.

지역 간 교역이 없다면 각 지역은 두 상품 모두를 생산해야만 한다. 그러나 교역을 상정하면 북쪽지역은 철강생산에, 남쪽지역은 섬유생산에 특화할 것이다. 이때 북쪽지역은 자본집약적인 생산구조로 변화하면서 노동의 수요가 줄어드는 관계로 노동가격이 하락하게 된다. 대신에 자본의 가격은 수요에 비해 공급이 적기 때문에 상승한다. 반면에 남쪽지역에서는 노동집약적 산업에 특화하는 생산구조로 바뀜으로써 같은 논리로 노동가격은 상승하고 자본가격은 하락하게 된다. 그 결과 북쪽지역에서는 노동가격이 하락하고 자본가격이 상승하는 반면 남쪽지역에서는 노동가격이 상승하고 자본가격이 하락함으로써 종국에는 두 지역에서의 생산요소 가격이 균등해진다.

다음에 자본과 노동이 자유로이, 그리고 가장 큰 대가를 주는 지역으로 움직인다고 가정하면 다분히 생산요소 가격이 균등하게 되는 경향을 읽을 수 있다. 아래 〈그림 5-5〉에서는 노동력 이동의 효과를 잘 보여주고 있다. 먼저 노동력 이동이 일어나기 이전에는 노동공급곡선이 두 지역에서 서로 다른 모습으로 나타난다. 그 결과 노동력이 부족한 북쪽지역에서 상대적으로 노동력이 풍부한 남쪽지역에 비해 임금수준이 높게 결정된다. 그러나 임금수준이 낮은 지역에서 높은 지역으로 노동력이 이동한다고 하면 노동의 공급곡선의 형태가 각 지역에서 변화하게 된다. 노동력이 풍부해서 임금수준이 낮은 남쪽지역에서 임금수준이 높은 북쪽지역으로 노동력의 이주가 일어남으로써 북쪽지역의 노동공급곡선은 오른쪽으로 이동하고, 반면에 남쪽지역은 이주해간 만큼 노동공급곡선이 왼쪽으로 이동하게 된다. 이러한 노동력의 이동은 두 지역의 임금수준이 동일해질 때까지 이루어질 것이다.

생산요소 가격의 균등화 경향은 바로 지역 간 소득균등화를 의미한다. 노동력의 대가인 임금이 소득수준을 알려주는 대표적인 지표이고, 자본의 보수인 이자 역시 또 하나의 소득지표로 해석되기 때문이다. 여기서 노동참여율이 지역 간에 동일하고, 노동과 자본이 자유롭게 이동하고, 이동비용이 또한 없으며, 상대가격에 대해 완전한 정보를 가지고 있다고 추가 가정을 하면 오린의 지역 간 소득균형화 모형은 각 지역의 1인당 평균소득이 동일해 지는 특성을 묘사하고 있다.

그러나 가정의 현실성에 대한 문제는 남는다. 이동비용이 없다는 가정을 하고 있으나 심리적 장벽마저 이동의 제약요인이 되고 있으며, 또한 자연자원의 경우에는 아예 이동성 자체가 없다. 나아가 생산요소 투입수준과 산출물의 관계를 나타내는 생산함수가 동일하다는 가정 또한 비현실적인 측면이 강하다. 이러한 가정의 비현실성은 전체 모델체계의 제약요소로 작용하고, 나아가 분석의 사실성에 대한 의문을 남긴다.

**그림 5-5** 두 지역 경제에서 노동력 이동의 균형화 효과

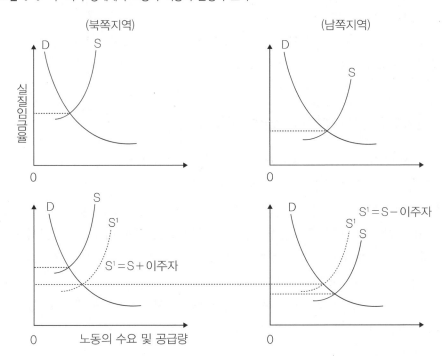

# 제2절
# 형평성과 능률성

이상적인 공간균형의 모습을 제시하고 있는 중심지 모형이 공간불균형 문제를 진단하는 하나의 규범으로서 우리의 인식 속에 널리 자리하고 있음은 사실이다. 더하여 공간패턴을 평가하는 또 하나의 기준으로서 몇 가지 다른 규범들이 제시되고

있다. 이러한 지역문제 인식규범은 궁극적으로 인류 역사가 추구해온 능률성과 형평성이라는 가치에 비추어볼 때 바람직하지 못한 현상이라는 데서 그 준거를 찾는다.

과밀지역이나 과소지역은 인구의 과도한 이출, 이입에 따라 사회적 비용부담이 증가하는 능률성의 문제를 제기하고 있다. 또한 지역 간 개발의 불균형 문제, 농촌·도시 격차 문제는 다 같이 형평성의 문제를 지적하고 있다. 형평성 문제는 성장지역과 낙후지역 간, 도시와 농촌지역 간 위화감을 낳게 하고, 나아가 이들 지역 간에 갈등을 유발케 함으로서 국민통합이 저해되는 문제를 안고 있다. 경제적 측면에서나 사회적 측면 즉, 정의의 측면 모두에서 문제라는 것이다.

## 1 개발의 지역 간 불균형 문제

개발의 지역 간 불균형 문제는 그러한 격차가 불평등하기 때문에 문제라는 것이다. 즉, 형평성 관점에서 문제로 인식한다는 것이다. 독일 헌법은 이러한 생각을 직접 표현하고 있다. '어느 누구도 태어나고 사는 장소로 인해 어떤 불이익도 받지 않는다'고 명시하고 있다. 따라서 개발이 몇 곳에 집중되는 공간패턴은 그것이 불공평하다는 점에서 문제로 진단될 수 있고, 그래서 균형을 추구하는 정책들이 추진되어야 한다고 한다.

흔히 지역 간 평등은 국가전체의 성장률을 희생함으로써 달성될 수 있다고 알고 있다. 이렇게 보면 능률성 관점에서는 오히려 불균형 현상을 바람직한 것으로 여긴다. 허쉬만은 그의 저서 *The Strategy of Economic Development*(경제개발전략, 1958)에서 성장의 극대화를 위해서는 소수 선도산업 부문에 집중적인 투자를 함으로써 그 부문의 병목현상을 신중히 조성하여야만 한다고 했다.

어떤 경제를 보다 높은 소득수준으로 끌어올리기 위해서는 하나 혹은 몇 개의 지역경제력 중심지에서 경제가 개발되어야 하고… 성장의 지역 간 불평등은 불가피한 성장의 부수물이자 조건이다.

빈곤한 지역에서 성장을 극대화하는 문제와 국가차원에서 전체의 성장을 극대화하는 문제 사이에는 갈등이 존재함을 말해주고 있다. 그래서 개발의 지역 간 격차를 줄이고자 하는 정책 형성은 결국 전체 능률과 지역 간 평등 사이의 상쇄

관계를 결정하는 문제로 귀결되고 있다.

한편, 지역 간 평등을 추구하는 정책은 그 지역 간 평등이라는 것이 과연 무엇을 의미하는지 되짚어볼 필요가 있다. 일반적으로 지역이론가들은 지역 간 평등을 지역 간 소득평등과 동일시하며, 다수의 분석에서 그것의 지표로 지리적으로 규정된 지역 내에서의 1인당 평균소득을 이용하고 있다. 문제는 지역 간 불평등을 측정하는 표준 공간단위가 없다는 것이다. 그래서 더 높은 수준의 지역 간 평등의 달성 여부는 단지 선정된 지역경계가 어떻게 되느냐에 달려있게 된다.

**그림 5-6** 지역경계에 따른 1인당 지역소득의 지역 간 격차

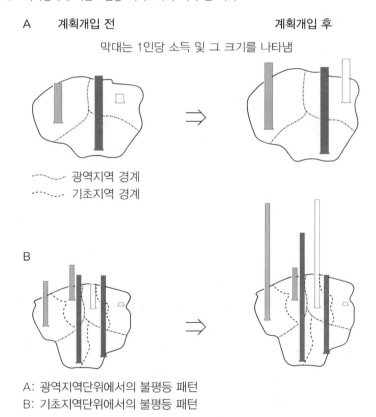

A: 광역지역단위에서의 불평등 패턴
B: 기초지역단위에서의 불평등 패턴

설사 지역평등을 측정하는 바람직한 지역구분 방법이 있다손 치더라도 이러한 지역구분을 토대로 측정한 지역 간 평등이 곧 사회적 평등을 의미하는 것이 아니

라는 데에 또 하나의 문제가 더 있다. 지역 간 평등이 바람직한 정책목표라는 배경에는 그것이 사회구성원 간의 평등을 의미하는 것이라는 전제가 깔려있다. 그러나 지역 간의 불평등을 줄이는 것과 개인 상호 간의 불평등을 줄이는 문제는 다르다. 사실 지역 간 불평등문제를 해소하기 위해 도입된 빈곤지역 성장촉진 정책은 빈곤지역 내부에서 더 불평등한 소득분포를 촉진하는 것으로 나타나고 있다.

지역 간 평등 정책은 보다 근원적 목표인 '주민의 번영' 대신에 '장소의 번영'을 추구하는 것으로 특징지어지고 왔다. 장소번영을 통해 기회의 부족과 인간적 곤경을 해결하고자 하는 것은 파리를 죽이기 위해 권총을 사용하는 것과 같은 것일 수도 있다. 공간적 평등과 사회적 평등 간의 관계에 대한 분석이 결여된 상태에서 지역 간 평등을 추구한다는 것은 의미없는 목표가 되기 십상이다. 개발에 있어 지역적 불평등은 사회적 불평등의 한 차원일 수 있다. 그러나 지역경제 격차를 줄이는 것이 좀 더 나은 평등을 달성하는 필수적 방법은 아니다.

## **2** 대도시 비대 문제

개발도상국가들의 대도시들은 모두 빠른 도시화로 말미암은 여러 가지 문제를 안고 있다. 불량 주거환경 판자촌의 급격한 팽창, 부족한 상·하수기반시설, 소규모 영세사업자와 임시노동자들이 겪는 한계 생존조건, 높은 실업율, 범죄, 교통혼잡 등의 문제들이 그것이다. 이러한 문제들은 일반적으로 대도시가 너무 크기 때문에 나타나는 문제로 이해되고 있다.

대도시들이 너무 크다는 생각의 근거가 되는 규범으로는 2가지를 들 수 있다. 하나는 절대적인 관점에서 제시되는 '최적 도시규모'의 개념이고, 다른 하나는 국가 전체 도시들 간의 상호 작용 속에서 나타나는 이상적인 패턴 즉, 다른 도시들과의 상대적인 관점에서 도시크기를 평가하는 규범인 '도시순위규모법칙'이다. 최적 도시규모 개념이나 도시순위규모법칙은 모두 능률성의 관점에서 대도시들의 크기를 진단하는 규범들이다.

### 1) 최적 도시규모론

도시규모가 지나치게 크면 과밀로 인한 각종 도시문제가 발생함으로써 주민들의 삶의 질이 낮아지게 된다. 반면에, 도시규모가 작으면 주민들의 보편적 생활에 필요한 생활편익시설들을 충분히 갖출 수 없어 소비기회 제약에 따른 삶의 질 문제를 마찬가지로 드러낸다. 그래서 많은 사람들이 도시생활의 이점이 극대화될 수 있는 도시규모의 적정수준이 과연 존재하는가, 있다면 구체적으로 어느 규모인가 하는 문제에 관심을 기울여 왔다.

도시를 하나의 거대한 생산단위로 유추하여 도시의 적정규모를 경제학의 생산자 이론을 원용하여 찾으려는 논의들이 한 때 활발하게 일어났다. 최소비용접근법과 최대순편익접근법이라고 부르는 시도들이 그것이다.

최소비용접근법이란 도시정부의 '주민 1인당 도시관리비용'이 가장 적게 드는 인구규모를 도시의 최적규모로 보는 접근법이다. 최소비용접근법에 의해 도시의 최적규모를 찾으려는 연구는 여러 번 시도되었다. 도시규모에 따른 지방정부의 지출규모를 연구한 결과에 의하면 주민 1인당 공공서비스 비용 곡선은 기업의 평균비용곡선처럼 처음에는 낮아지다가 일정규모 이상이 되면 오히려 증가하는 U자형 곡선형태를 나타낸다고 하였다. 여기서 최적도시규모는 주민 1인당 도시관리비용이 최소가 되는 바로 그 도시규모를 말한다. 〈그림 5-7〉에서 보면 도시규모가 S*일 때 도시관리 비용이 최소가 되므로 이 규모가 가장 능률적인 최적규모라고 한다.

**그림 5-7** 도시규모와 공공서비스 비용 ─────────────────────────

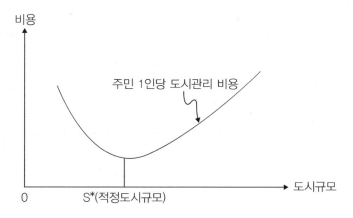

이런 생각에 의거하여 최적도시규모를 찾으려는 많은 실증적인 연구들이 이루어졌는데, 그 결과는 연구자별로 매우 다르게 나타나고 있다. 추정에 이용한 자료의 유형과 도시관리 비용의 내용, 추정연도 등이 각기 다른데서 오는 문제로 보인다. 그렇더라도 경제적으로 가장 능률적인 도시규모는 대체로 인구 10만에서 100만 사이에 있음을 강하게 암시해주고 있다.[1]

한편 최대순편익접근법은 도시가 창출해낸 총편익에서 그 도시가 부담하여야 할 총비용을 차감한 순편익이 극대화되는 수준을 최적규모로 본다. 최대순편익접근법은 그 논리적 적합성에도 불구하고 도시의 편익을 계측하는 것이 현실적으로 어렵기 때문에 실제로 적용된 사례는 없다. 다만 개념적으로 볼 때 도시기업들이 부담하는 사적 비용과 도시지역사회가 부담해야 하는 사회적 비용 간에 차이가 있을 것이라고는 여겨진다. 이러한 차이는 외부효과에 의해 발생한다. 예를 들면, 교통혼잡에 대한 대응 비용, 대기오염 방지를 위한 비용 등의 경우 이러한 문제를 발생시킨 개별 기업들이 그 비용을 부담하게 되는 것이 아니라 도시지역사회 전체가 부담하는 공적비용으로 나타나게 된다. 따라서 〈그림 5-8〉에서 보는 것처럼 사적기업들은 이러한 외부불경제를 발생시키면서 그 비용부담은 사회에 전가

그림 5-8 도시규모와 도시순편익

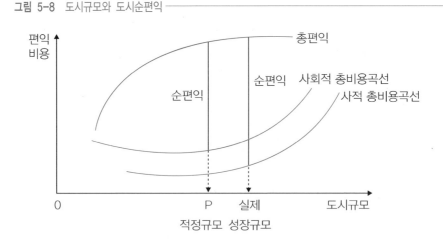

1 허재완, 『도시경제학』, 1993, 법문사, p.50.

하는 관계로 기업들의 사적총비용곡선은 언제나 그 외부불경제 비용을 흡수해야 하는 사회적 비용곡선보다 낮게 나타난다. 이때 사회적으로 순편익이 극대화되는 적정도시규모는 인구규모 P점의 규모이다. 그러나 사적기업들은 외부효과 비용을 제외한 비용곡선에 따라 행동하므로 사적기업 입장에서 순편익이 극대화되는 도시규모는 항상 사회적 최적규모보다 큰 규모로 나타나게 된다. 도시규모가 언제나 실제 순편익이 극대화되는 수준보다 더 크게 성장할 것임을 시사하고 있다.

## 2) 도시순위규모법칙

대도시들이 너무 큰지, 아닌지를 평가하는 기준으로 여겨져 온 것 중 가장 일반적인 규범은 도시순위규모법칙이다. 도시순위규모법칙이란 도시순위와 인규규모 사이에 존재하는 일정한 관계를 말한다. 얼핏 생각하면 많은 도시들은 모두 각기 서로 다른 환경적 요인에 의해 현재의 인구규모와 기능을 가지게 되었으며, 그래서 그들 사이에 별다른 관계가 있을 것 같지 않다. 그러나 실제 이들 도시들은 내재적인 규칙 하에 상호 밀접한 관계를 유지하면서 하나의 체계를 형성하고 있다.

미국을 사례로 도시순위와 인구규모와의 관계를 살펴보자. 아래 〈표 5-1〉은 1970년과 1984년, 2010년 등 3개 연도의 10대 도시를 대상으로 수위도시 뉴욕의 인구규모가 개별도시 인구규모보다 몇 배가 더 큰가하는 상대적 크기를 계산한 것이다. 1970년의 경우 수위도시의 인구규모는 2위 도시보다 2.3배, 3위 도시보다 2.8배, 5위 도시보다 5.2배, 그리고 10위 도시보다 10.5배나 큼을 나타내고 있다. 여기서 우리는 수위도시의 개별 도시 인구규모에 대한 상대적 배수와 그 개별도시의 순위가 거의 비슷하게 나타나고 있음을 알 수 있다. 나아가 이러한 사실은 1970년에만 국한되는 것이 아니라 1984년에도, 2010년에도 같은 모습을 보인다.

표 5-1 New York 시의 상대적 크기

| 도시순위 | 1(N.Y) | 2 | 3 | 4 | 5 | 6 | 7 | 8 | 9 | 10 |
|---|---|---|---|---|---|---|---|---|---|---|
| 1970 | 1 | 2.3 | 2.8 | 4.0 | 5.2 | 6.3 | 8.7 | 9.3 | 10.4 | 10.5 |
| 1984 | 1 | 2.3 | 2.4 | 4.1 | 4.4 | 6.5 | 7.4 | 7.5 | 8.4 | 9.4 |
| 2010 | 1 | 2.2 | 3.0 | 3.9 | 5.4 | 5.7 | 6.2 | 6.3 | 6.8 | 8.6 |

자료: 허재완, 『도시경제학』 법문사, 1993, p. 40에서 일부 인용.

이러한 결과는 도시순위와 도시규모 간에 늘 일정한 관계가 성립됨을 의미한다. 즉, 한 나라에서 수위도시인구수로 해당도시인구수를 나눈 값은 해당도시의 순위와 근사적 관계가 성립함을 말한다.

도시순위규모법칙은 한 나라에서의 수위도시 인구를 어떤 도시의 순위로 나누면 그 도시의 인규규모가 되는 관계를 지칭하며, 이것은 다음과 같은 공식으로 표현된다.

$$P_R = \frac{P_1}{R}$$

단, $P_R$: $R$순위 도시의 인구규모

$P_1$: 수위도시 인구규모

$R$: 도시순위임.

도시순위규모법칙인 위의 공식은 제2순위 도시의 인구는 가장 큰 도시인 수위도시 인구의 절반이 되고, 제3순위 도시의 인구는 수위도시의 3분의 1, 제4순위 도시의 인구는 수위도시 인구의 4분의 1 규모가 된다는 의미를 띤다.

이러한 관계가 유지될 경우의 도시체계는 순위규모법칙에 부합된다고 한다. 그러나 모든 국가에서 현실적으로 존재하는 도시순위와 인구규모의 관계가 이러한 법칙에 꼭 들어맞을 것이라고 기대하기 어렵다. 개개 국가에서 실제 일어나는 도시성장 문제는 그 나라에 특유한 복합적인 사회경제적 조건 및 정치, 역사적 조건 등에 달려있는 문제이기 때문이다. 도시순위와 규모 간에 맺고 있는 구체적인 관계의 모습이 상이한 것은 사실이다. 비록 그렇다 하더라도 중요한 것은 순위규모법칙에 가까운 어떤 관계를 보이는 경향은 분명 보여주고 있다는 것이다.

도시순위규모법칙이 대도시들이 너무 크다는 주장의 근거 규범으로 인식되는 배경은 무엇인가? 이러한 인식은 도시순위규모법칙에 일치하는 도시체계를 이상적인 도시 분포로 전제하고 있음을 의미한다.

이러한 인식을 하게 되는 근거로서는 대표적으로 지프의 연구(Zipf, G. K.: 1949)를 들 수 있다. 지프는 수위도시의 위축과 개발수준이 관련이 있다는 가설을 설정하고 이러한 관계를 검증하기 위해 시간경과에 따른 도시순위규모분포의 변화를 고찰하였다. 그는 1790년에서 1930년까지 매 10년 단위로 도시순위와 규모 간 관계의 분포 모습을 분석하였으며, 그 결과 시간이 흐를수록 도시체계가 점점 더 순위규모법칙에 순응해가고 있음을 발견했다. 1940년이 되면 미국의 도시체계는 순위규모법칙과 일치하게 된다. 이때 가장 큰 도시인 뉴욕의 인구는 11,690,000명이며, 한편 제5위인 보스턴 시 인구는 2,351,000명으로 나타나고 있다. 도시순위규모법칙에 의한 예측보다 단지 13,000명만이 더 많을 뿐이다.

이러한 사실은 도시순위규모법칙에 부응하는 도시체계가 이상적인 도시체계의 모습이라는 주장을 지지하는 근거가 된다. 다른 말로 하면 시간의 흐름에 따라 점점 더 사회가 발전하게 되면, 도시체계는 대도시들의 크기가 위축되면서 점점 더 순위규모법칙에 가까이 가는 모습으로 변화한다는 것이다. 발전된 사회에서 보이는 도시체계가 순위규모법칙에 가까운 모습을 띤다는 이러한 사실은 순위규모법칙이 현실의 도시체계를 진단하는 하나의 규범이 될 수 있음을 말해주고 있다. 현실 도시체계에서 대도시들이 지나치게 크다고 진단을 내리는 규범으로 도시순위규모 법칙이 자주 이용되는 논리적 배경이 여기에 있다. 실제로 어떤 나라의 도시체계가 이러한 순위규모법칙으로부터 크게 벗어나 있다면 그것은 대도시들, 특히 수위도시의 크기가 너무 크기 때문이라고 진단하는 근거로 도시순위규모법칙이 자주 활용되고 있다.

### 3  도시·농촌격차 문제

도시·농촌격차 문제는 기본적으로 사회 경제적, 문화적 제 기회의 부족에서 비롯되는 문제이다. 보다 구체적으로는 소득격차와 함께 생활환경 수준의 차이에서 오는 문제로 인식하고 있다. 농촌지역의 소득수준과 생활환경이 도시지역에 비해 상대적으로 열악한 문제는 다소 차이는 있을지언정 선·후진국을 막론하고 모든 국가들에서 보이는 공통적인 현상이다.

도시·농촌 격차가 사회적 문제의 하나로 인식되는 근거규범이 무엇이냐 하는 것은 농촌정책을 이해하는 데 있어 중요한 의미를 띤다. 그 판단 규범이 문제 해결 차원에서 필요한 지역정책적 노력의 방향과 좌표를 말해주기 때문이다.

먼저 도시와 농촌지역 간에 보이는 생활환경 수준의 차이를 문제로 진단하는 데 있어 광범위하게 이용되어 온 규범의 하나는 중심지 모형이다. 중심지 모형은 서비스활동의 이상적인 공간배열의 틀을 제시하는 이론이다. 이러한 생활환경서비스 시설의 이상적인 공간배분 패턴에 비추어볼 때 현실에서 보이는 도시·농촌 간 생활환경 격차는 그것으로부터 크게 벗어나 있다는 점에서 문제라는 것이다.

그리고 마이클 립톤(Lipton, M.)이 그의 저서 *Why Poor People Stay Poor* (빈곤정체의 이유, 1977)에서 제시하고 있는 '도시편향 명제'를 또 다른 하나의 규범으로 들 수 있다. 도시편향 명제는 농촌과 도시지역간의 자원배분이 가장 능률적이고 형평적인 것으로부터 벗어나 도시우선으로 편향되어 있다고 단언한다. 바꿔 말하면 농촌지역은 자원배분에 있어 가장 능률적이고 형평적인 상태에 크게 못 미치는 몫만이 배분되고 있다는 것이다. 그래서 능률성과 형평성이란 가치규범 모두에 비추어 문제로 진단한다는 것이다.

립톤은 능률성과 형평성 모두의 관점에서 도시·농촌 격차 문제를 평가하려는 시도를 한다. 그는 무엇이 능률이고 평등인가 하는 것을 구체화하는데 많은 관심을 기울였다. 여기서 '도시편향'이란 단순히 더 많은 자원이 농촌지역보다 도시로 흘러가는 것을 의미하지 않는다. 그 자원의 배분형태가 능률성 측면에서 성장률을 더디게 하면서 동시에 형평성 측면의 복지수준 격차를 심화시키고 있다는 것을 뜻한다. 농촌편향은 그 반대의 경우이다. 또한 능률성의 관점에서는 자원배분이 농촌편향이지만 동시에 형평성의 관점에서는 도시편향인 경우에는 회색지대라 불렀다.

립톤은 농촌부문에의 자원할당에 따른 능률성과 형평성 지수의 변화 형태를 〈그림 5−8〉과 같이 가설적으로 제시한다. 그림에서 도시편향 구간은 농촌지역에 자원배분이 증가하면 할수록 국가전체의 능률성과 형평성 모두가 증가해가는 모습을 보이고, 농촌편향 구간에서는 반대로 농촌지역에의 자원배분을 증가하면 할수록 능률성과 형평성 모두가 저하되는 형태를 띤다. 그 중간에 회색지대가 나타나는데, 여기는 농촌부문에 자원배분을 증가해가면 능률성은 떨어지는 반면에 형평성은 증가해가는 구간이다.

그리고 그는 대부분 개발도상국가에서의 농촌·도시 간 자원배분은 가장 능률적인 상태와 가장 평등적인 상태로부터 벗어나 명백하게 도시우선으로 즉, 도시편향적으로 배분되어 있다고 단언한다.

'도시편향'을 증명하는 립톤의 논의는 도시·농촌 격차에 대한 능률성과 형평성의 시사점을 가장 세련되게 평가하려는 시도이다. 그는 인구 1만 명 이상 지역을 도시로, 그리고 그 나머지 지역을 농촌이라고 구분하고, 개발도상국가들을 대상으로 도시·농촌간 자원배분의 비능률성과 비형평성을 분석하였다. 먼저 도시·농촌간 자원배분의 비능률성을 증명하기 위해 자본의 한계산출량을 분석지표로 삼아서 도시부문과 농촌부문에서의 자본의 한계산출량을 계산하여 비교하였다. 극대능률은 두 부문의 자본의 한계산출량이 같아지는 선에서 달성된다. 이들 두 부문의 한계산출량에 차이가 나면 한계산출량이 낮은 쪽에서 높은 쪽으로 자원배분을 변화시키면 전체 생산성이 높아지기 때문에 극대능률 상태에서 벗어나 있다는 것이다. 여기서 립톤은 농촌부문은 농업부문과, 도시부문은 비농업부문과 동일시해서 분석을 한다.

그래서 농업부문 자본의 한계산출량($MP_{KA}$)과 비농업부문 자본의 한계산출량($MP_{KNA}$)이 같아질 때를 극대능률 상태라 한다. 그리고 농업부문 및 비농업부문의 한계산출량 차이의 절대값이 능률성의 정도를 나타내는 능률지수가 된다. 그 차이가 크면 능률지수가 낮고, 차이가 줄면 능률지수가 높다는 것이다. 이러한 전제하에서 그는 자원배분의 능률지수를 실제로 분석하였다. 그리고 도시·농촌간 자원배분 형태의 다양한 경우를 수용하기 위해 서구, 라틴아메리카, 아시아, 아프리카 등 전 세계에 걸쳐 다양한 국가들을 상대로 분석하였다.

$$| MP_{KA} - MP_{KNA} | \uparrow \;\; => \;\; 능률지수 \downarrow$$
$$| MP_{KA} - MP_{KNA} | \downarrow \;\; => \;\; 능률지수 \uparrow$$

두 번째는 형평성 차원에서 도시편향을 증명하기 위해 개발도상국들에서 나타나는 도시·농촌간 복지 수준 격차의 심화현상을 확인하였다. 여기서는 복지수준의 측정지표로서 '구매력'을 선정하였다. 농촌과 도시지역의 구매력은 다시 농업부문과 비농업부문 종사자 1인당 노동의 한계산출량을 지표로 삼아서 계산하였다. 노동의 한계산출량은 개념적으로 임금을 의미하므로 구매력을 잘 표현하는 지표로 여겨진다.

마찬가지로 농업부문 노동의 한계산출량($MP_{LA}$)과 비농업부문 노동의 한계산출량($MP_{LNA}$)이 같아질 때를 극대평등 상태라 한다. 그리고 농업부문 및 비농업부문 노동의 한계산출량 차이의 절대값이 평등성의 정도를 나타내는 평등지수가 된다. 그 차이가 크면 평등지수가 낮고, 차이가 줄면 평등지수가 높다는 것이다.

$$| MP_{LA} - MP_{LNA} | \uparrow \;=> \; 평등지수 \downarrow$$
$$| MP_{LA} - MP_{LNA} | \downarrow \;=> \; 평등지수 \uparrow$$

이러한 과정을 통해 립튼은 다양한 국가를 상대로 농촌부문 자원배분 정도와 능률지수, 평등지수와의 관계를 분석하였다. 분석결과는 도시편향 현상이 실제 널리 퍼져있음을 보여주고 있다.[2]

**그림 5-9** 능률·평등과 도시·농촌 자원배분과의 관계 ───────────

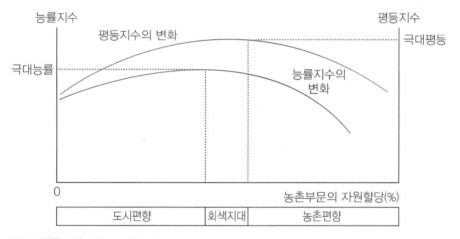

자료: 고영종외 역, 1997, p. 96.

---

2 Lipton의 논의는 그릇된 가정 위에 놓여 있다는 비판을 받는다. 그는 도시편향을 증명하기 위해 농업과 비농업 부문간 자원배분의 능률성과 형평성을 비교하고 있다. 즉, 농업과 비농업 부문 간의 자원배분과 인구 1만 명이 넘어서는 지역과 그렇지 않은 지역 간의 자원배분이 일치한다고 가정하고 있다. 그러나 비농업부문에의 자원배분이 도시지역에서만 일어난다는 가정은 오류이다. 따라서 립톤의 논의는 문제가 잘못 구체화되었을 수도 있다. 도시편향이 아니라 엄밀하게는 '비농업 편향' 또는 '공업편향'을 논증하는 것이다.

# 제3절
## 민족주의적 관념

앞에서 공간균형을 진단하는 규범들과 함께 공간형태의 능률성과 형평성을 평가하는 여러 규범들을 살펴봤다. 이번에는 개발도상국가들의 여러 공간형태를 묶어서 포괄적으로 문제로 인식하는 또 다른 규범에 대한 논의를 시도한다. 민족주의적인 의식이 바로 그것이다. 이 규범은 다음과 같이 주장을 싣고 있다. 경제활동과 인구의 공간배분 형태는 식민 착취목적에 따르도록 계획된 투자의 산물이며, 그래서 지금은 자주적 국가개발을 하는데 있어 역기능을 한다고 주장한다. 식민지 공간구조는 빠른 성장과 평등한 소득배분의 달성을 저해하며, 그래서 이러한 국가적 필요에 부응하기 위해서는 공간재편이 요구된다고 한다.

많은 개발도상국가의 현재 공간형태는 식민지역사에 뿌리를 두고 있다. 교통망은 상품 수출 및 수입을 용이하게 하기 위해, 또는 군사 목적을 위해 계획된 산물이다. 행정구역은 값싸고 효과적인 식민행정을 확보하기 위해 구분되었다. 그리고 초기에 개발된 자원은 식민종주국 대도시에서 수요가 있는 것이지 식민지였던 개발도상국 스스로의 자주적인 수요와는 거리가 먼 것이었다. 이렇듯 지역경제의 불균형 문제, 도시체계의 불합리한 문제 등은 식민시대에 구체화된 것이다.

우리의 경우를 보더라도 현 공간패턴의 골격이 식민시대의 유산임을 잘 보여주고 있다. 교통망을 보면 중심축인 경부선은 일본으로부터의 상품유입을 효과적으로 하기 위해서, 그리고 호남선은 일본으로의 쌀 방출을 효과적으로 하기 위해서, 또 경의선은 대륙으로 세력을 뻗기 위한 식민본국의 군사목적을 위해 부설된 것임은 부인할 수 없다. 그리고 현재의 행정구역은 그 기본적인 틀이 1914년에 마련되었는데, 이때 다양한 생활권을 반영하기보다는 군은 10,000호를, 면은 800호를 기준으로 획일적으로 구분하였다. 값싸고 효과적인 식민행정을 확보하기 위한 차원에서 이루어진 행정구역 개편의 성격을 잘 읽을 수 있다. 마찬가지로 그 당시 많은 금광이 개발되었으며, 또 양질의 쌀 생산을 위해 호남평야를 중심으로 대대적인 생산기반 정비가 이루어졌다. 이 역시 식민종주국 대도시에서의 수요가 있기 때문에 개발이 이루어진 자원들이었다.

이러한 공간형태가 능률적이고 평등한 국가성장의 달성을 방해한다고 추론할 수 있는가? 대답은 반드시 그렇지는 않다는 것이다. 다만, 이 중에서 수지형(樹支型) 공간패턴은 부정적인 효과를 갖는다고 일반적으로 받아들여지고 있다. 그와 같은 공간패턴은 수송망을 뜻하는 모든 가지들이 주 항구도시로 수렴되는 나무 모양을 띤다. 가지들 간에는 상호 연결망이 없어 모든 활동은 항구를 통할 수밖에 없다. 이렇게 해서 수송비는 증가한다.

그러나 다른 형태의 공간패턴은 그 효과를 평가하기 힘들다. 식민시대에 상업중심지로서 먼저 성장한 도시는 지금도 배후 농촌지역에 중요한 서비스 중심지로서 기능할 수도 있다. 식민목적에 이바지하도록 했다고 해서 지금의 시점에 와서 무조건 불합리하다고 단정 짓는 것은 옳지 않다. 따라서 공간재편 전략은 그것이 빠른 성장과 평등한 소득분배를 촉진할 것인지 아닌지가 분석되어야 하지 웅변적으로 주장되어서는 안 된다. 공간형태는 단지 그것의 기원이 식민시대라고 해서 불합리한 것으로 낙인찍힐 수 없으며, 그래서 과거 식민지 유산인 공간형태를 재편한다고 해서 무조건 바람직한 것이라고도 말해질 수는 없다.

**그림 5-10** 수지형 공간패턴의 개념도 ─────────────────────

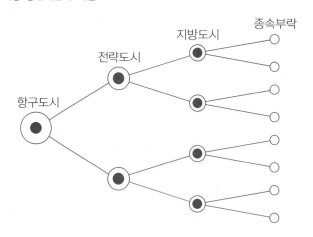

# 제 3 편
# 지역개발 관련이론의 조망

# 제6장

# 전통적 개발사고

지역개발전략이 전제하고 있는 여러 개발 가정과 과정을 이해하기 위해서는 먼저 그러한 생각을 담고 있는 관련 개발사고에 대한 이해가 선행되어야 한다. 이러한 생각들은 매우 광범위한 이론들에 걸쳐 나타나고 있다. 개발의 개념이 포괄적인 관계로 그것에 관련되는 이론 역시 매우 광범위하게 나타날 수밖에 없기 때문이다. 개발과 관련되는 모든 이론을 일일이 다 상세하게 논의할 수 없는 사정이 여기에 있다.

그래서 여기서는 지역개발 논의과정에 등장하는 여러 주장과 개념들의 이해를 도우는 차원에서 그 배경을 이루는 개발관련 이론들에 대한 윤곽을 그려보고자 한다. 먼저 이 시대 개발논의에서 주류를 이루는 일단의 생각들을 '전통적 개발사고'라는 이름으로 조망해본다. 한편, 이러한 전통적인 개발사고와는 다른 관점에서 개발 문제를 바라보는 몇몇 생각들이 나타나고 있다. 여기서는 이를 '대안적 개발사고'로 명명하고 그 개략적인 논의를 시도한다.

전통적 개발사고는 경제성장에 관한 논의가 그 중심을 이루고 있으며, 그 뿌리는 근대경제학이 성립하던 17~18세기로 거슬러가고 있다. 그러나 19세기 초반을 지나면서 한동안 명맥이 끊긴다. 그러다가 1950년대 이후에 저개발국 개발문제가 크게 부각되면서 경제성장 문제가 다시 활발히 논의되는 계기를 맞는다.

1950년대 이후 크게 발전하고 있는 이러한 주류적 개발사고에는 오랜 시간을 두고 논의된 광범위한 생각들이 축적되어 있다. 그래서 그 윤곽을 그려내기가 쉽지만은 않다. 관련이론과 주장들이 무수히 많은 관계로 전체적인 개발이론의 모습을 잘 드러내기가 만만치 않다는 것이다. 보다 체계적인 접근이 요구되고 있음을 말해주고 있다. 그래서 여기서는 우선 개발이론의 뿌리를 개략적으로 짚어보고, 이어서 개발의 원동력, 개발방식, 개발과정, 개발인자의 공간흐름 등으로 관점을 체계화해서 살펴보고자 한다.


# 제1절
# 개발이론의 뿌리

인류역사의 대부분을 차지하는 농경사회 기간 동안 경제는 대체로 같은 규모를 유지해 왔다. 물론 총생산은 증가했지만, 이것은 인구팽창과 정착지의 확대 덕분이었다. 1인당 생산은 정체상태였다. 사람들은 미래가 현재보다 나을 것이라고 믿지 않았다. 사람들은 보통 자기 시대보다 과거가 더 좋았으며, 미래는 현재보다 더 나쁘거나 기껏해야 지금과 같을 것이라고 믿었다.

개발문제를 다룬 체계적 논의들은 18세기 문헌에서 처음 나타나고 있다. 이당시는 중상주의와 중농주의 사상을 토대로 근대경제학이 성립하던 시기이다. 이시기를 대표하는 학자인 애덤 스미스(Smith, A.)와 흄(Hume, D.)과 같은 대학자들이 성장문제에 대한 논의들을 시도하고 있는데, 여기서는 대체로 농업잉여와 외국과의 무역, 또는 투자 등을 경제성장의 원동력으로 다루고 있다. 이러한 논의들은 오늘날 개발문제를 이해하는 데 꽤 유익한 출발을 제공한다.[1]


## 1 성장문제를 보는 중농주의자와 중상주의자들의 기본 시각

경제학이 눈부시게 발전하던 18세기 당시에는 주로 중상주의자와 중농주의자

---

[1] W. Arthur Lewis, "The Roots of Development Theory", *Handbook of Development Economics*, Volume I, Edited by H. Chenery and T. N. Srinivasan, Elsevier Science Publisher B.V., 1988 참조.

들이 각자의 관점에서 성장문제를 다루고 있다. 결론적으로 말하면 중농주의자들은 성장잠재력으로서 농업의 중요성을 강조하는 반면에 중상주의자들은 공업의 중요성을 강조하고 있다.

폐쇄경제를 가정하면 비농업부문 즉, 도시의 존립을 유지시키는 원천은 농업자신의 인구 유지에 필요한 양을 초과하여 생산하는 농업의 잉여생산이다. 그러므로 도시는 농업의 잉여생산 증대와 함께 성장할 수 있다.

그러나 폐쇄경제 가정을 완화하면 도시는 국내 농업잉여의 크기에 더 이상 의존하지 않는다. 대신에 수출 또는 수입에 의해 도시·공업의 존립에 필요한 원자재나 식량조달이 가능해진다. 이러한 생각은 애덤 스미스의 저서에서도 나타난다.

도시는 실제로 항상 모든 생계를 이웃 나라나 그가 속한 영토로부터 취하는 것이 아니라 아주 먼 나라들로부터도 취한다. 그리고 이것이 일반적인 법칙이라 하더라도 성장으로의 실제 진행과정은 서로 다른 시대나 다양한 국가들에서 상당한 차이를 보이고 있다(Lewis, W. A., 1988).

중상주의자들은 성장의 잠재적 원동력을 농업잉여의 크기에서 외국과의 무역에 따라 얻는 외화 및 외화보유고에서 찾는다. 외화부족은 궁극적으로 원료 및 기계류의 수입을 감소하게 하고, 그래서 공장은 문 닫고 실업은 늘어나는 결과를 가져온다. 근본적으로 중상주의자들이 전달하려고 한 메시지는 '수출산업 혹은 교역가능 상품이라고 부르는 것이 외국통화로 전환될 수 있기 때문에 비 교역상품보다 더 가치 있다'라는 것이다.

## 2 저축, 투자 및 성장문제

1776년 애덤 스미스는 근대경제학의 효시인 『국부론』을 썼는데, 여기서 그는 성장문제에 대한 새로운 주장을 폈다. 그는 개인의 이기심에 기초한 이윤추구가 공동체의 부를 늘리는 기초가 된다고 한다. 이윤을 생산에 투자함으로써 고용이 늘어나고, 나아가 생산 증대를 가져와 또 이윤이 발생하게 되며, 이렇게 창출된 이윤은 다시 재투자되는 과정으로 연속적으로 이어지면서 국부가 증대하고 경제가 성장한다는 것이다. 그래서 개인으로 하여금 자유로이 이윤을 추구할 수 있도록 하는 자유방임이 국부를 증대시키는 가장 효과적인 방법이라고 한다.

　　지주이거나 공장을 운영하거나, 구두공이거나를 불문하고 자기 가족을 먹여 살리는데 필요한 것보다 더 많은 수익을 내면, 그는 남는 돈으로 더 많은 사람을 고용해 생산을 증대하고 이윤을 더욱 늘리려 한다.

스미스의 이러한 주장은 인류역사에서 가장 혁명적인 아이디어에 속한다. 스미스는 사실상 이기심을, 탐욕을 선한 것으로 보고 있다. 내가 부자가 되면 나만이 아니라 모두에게 이득이 된다고 한다. 그는 경제는 윈-윈 상황으로 생각하라고 사람들에게 가르쳤다. 나의 이익이 곧 너의 이익이기도 하다는 것이다. 부자는 사회에서 가장 쓸모 있는 사람으로 인정된다. 모두에게 이익이 일어나도록 성장의 바퀴를 돌리는 사람이기 때문이다.

하지만 여기에는 전제가 있다. 부자가 자기의 수익을 비생산적인 활동에 낭비하지 말고 공장을 새로 세우고 사람들을 새로 고용하는데 써야 한다는 것이다. 이윤은 생산에 재투자되어야 한다는 의미이다. 재투자는 더 많은 수익을 가져오게 하고, 이것은 다시 생산을 위해 투자되어서 더 많은 이윤을 낳게 하는 일련의 과정으로 무한히 되풀이되면서 성장이 이루어진다고 한다. 자본주의경제 성장이론의 핵심은 생산에 따른 이윤은 생산증대를 위해 재투자되어야 한다는 데서 찾는다.

"생산에 따른 이윤은 생산증대에 재투자해야 한다."는 아이디어는 사소한 것처럼 보일지 모른다. 하지만 이것은 역사를 통틀어 대부분의 사람들이 들어보지 못한 소리였다. 근대 이전의 사람들은 생산이 어느 정도 일정하다고 생각했다. 그렇다면 무슨 짓을 하든 생산이 크게 늘지 않을 텐데 왜 이윤을 재투자하겠는가? 그래서 중세 귀족들은 관대함과 과시적 소비라는 윤리를 신봉했다. 이들은 수입을 시합, 연회, 전쟁, 자선, 궁궐이나 큰 성당을 짓는데 썼다. 수익을 투자해 영지의 생산량을 늘리거나 밀의 신품종을 개발하거나, 새로운 시장을 알아보는 경우는 드물었다.[2]

---

2 유발하라리 저, 조현욱 역, 『사피엔스』, 김영사, 2017, p. 443.

이러한 생각 속에서 스미스는 생산적 노동과 비생산적 노동으로 구분하여 성장을 설명한다. 생산적인 노동은 그 노동이 '이윤을 가져다주는 활동에 고용된 노동'을 의미하며, 비생산적 노동은 그 반대로 '이윤을 가져다주지 않는 활동에 고용된 노동'을 지칭한다. 어떤 사람이 만약 그가 경영하는 호텔에서 하녀를 고용하면 그 노동은 생산적 노동이지만, 그의 집에서 고용하면 비생산적 노동이다. 그래서 생산적 노동이 비생산적 노동으로 바뀌면 단기적으로는 고용수준에 변화가 없으나, 장기적으로는 자본축적 속도를 느리게 하여 성장률이 떨어지게 된다고 한다.3

오늘날 '농한기에 관개수로나 농산물 반출로, 학교 건설 등 지역의 사회간접자본을 확충하는데 잉여노동이 유용하게 이용되어져야 한다'라고 하는 제안도 이러한 맥락에서 성장문제를 보고 있는 한 사례이다. 잉여노동이 기꺼이 보수 없이 일하려고 할 때 그 임금만큼 바로 저축으로, 그리고 저축이 바로 투자로 전환되는 결과를 가져온다. 임금 명목으로 별도의 과외적 식량과 다양한 소비재들이 지불되는 경우에도 같은 맥락에서 잉여노동을 투자로 흡수하는 결과에 다름 아니다. 비생산적인 노동을 생산적인 노동으로 전환하는 전형적인 방식이다.

그러나 흄을 비롯한 많은 학자들은 이러한 가정이나 주장을 받아들이지 아니한다. 그들은 완전고용을 유지하려면 소비의 지원도 필요하다고 한다. '과도한 사치는 많은 병의 근원이지만, 통상 그 자리에 머물게 해서 개인이나 공공 모두에 해가 되는 게으름과 나태보다는 낫다'라고 하는 흄의 주장에서 이러한 생각을 쉽게 읽을 수 있다.

투자 및 저축에 관한 논의를 전개하기 위해서는 임금 이론이 필요하다. 임금수준이 소비 및 투자에 이용 가능한 잉여의 크기를 결정하기 때문이다.

흄은 '순저축은 상업활동을 통한 이윤소득에서만 이루어지지 지대나 임금으로부터는 이루어지지 않는다'고 한다.

---

3 이어서 그는 '임금으로 지불된 총액'은 다음 단계에 고용규모를 결정하게 된다고 하면서, 국민소득구조의 어떤 변화는 이러한 생산적인 노동과 비생산적 노동의 비율을 변하게 하여 장기적으로 성장률을 높이거나 낮출 것이라는 것이다.

상업을 제외하면 국가는 주로 지주와 농민으로 구성된다. 지주의 낭비와 지출은 꾸준한 차입수요를 만들고, 농민은 그 수요를 충당할 돈을 갖지 못한다. 궁극적으로 지주의 부는 무익한 과시나 허세로 낭비되거나 통상적 생필품을 구매하는데 사용되어질 것이다. 그 결과 상업 홀로 상당한 돈을 모은다 (Lewis, W. A., 1988).

그리고 그는 노동자는 게으르므로 임금이 떨어졌을 때 완전한 고용을 달성할 수 있다고 한다. 임금이 생존임금 수준 이상이 되면 게으르므로 그 여유만큼 일하지 않고 실업상태를 선호할 것이기 때문이다. 그래서 임금수준은 생계유지 차원으로 되는 것이 바람직하다고 한다.

한편 무역에 집착하는 다른 중상주의 경제학자들 역시 가능한 한 임금을 생계수준으로 유지하기를 바랐다. 그럼으로써 수출은 촉진되게 되고, 또 낮은 국내 소득 수준으로 인해 수입은 억제될 것으로 생각하였다. 이러한 생각은 산출물 비용 증가가 경쟁상대국보다 빠르지 않게끔 가격 및 소득정책을 구사하는 20세기 학자들의 입장과 다르지 않다.

그러나 애덤 스미스는 반대로 생각한다. 노동자는 임금이 오르면 더 많이 노동하려고 한다고 생각했다. 그래서 경제가 빠르게 성장하려면 임금이 생계수준 이상으로 상승하여야 할 것이라고 하면서, 높은 임금을 가져오는 것은 국부(國富)의 실제 크기가 아니라 지속적인 성장여하에 달려있다고 한다.

## **3** 고전적 성장이론

고전적 성장이론이란 18세기 말엽에서 19세기 초반에 이르는 기간에 애덤 스미스, 맬더스(Malthus, T. R.), 밀(Mill, J. S.) 등 일련의 경제학자들이 자유시장주의, 분업의 원리, 자본축적이론, 비교우위이론 등을 주요 구성요소로 하여 형성했던 최초의 경제성장이론을 일컫는다.[4] 오늘날 보이는 주류 성장이론의 골격도 여기

---

4 고전경제학은 원래 당시 유럽 각국의 기본 경제정책이었던 중상주의 정책에 대한 비판과 더불

고전적 성장이론에 그 뿌리를 두고 있다.

고전적 성장이론은 경제성장은 기본적으로 자본축적이 있어야 가능하다고 하며, 또 궁극적으로는 자본축적이 종식되기 때문에 경제성장도 종식된다고 한다. 그리고 노동력의 크기와 국민총생산량을 연결하는 총생산함수를 상정하고, 이 생산함수에 의지하여 노동고용량의 크기가 그 나라의 총생산량 수준을 결정한다는 생각으로 성장문제에 접근한다.

고전적 이론에서는 임금은 최소한의 생존만을 허용하는 최저생계비수준에서 결정된다고 한다. 그리고 총생산량과 총임금과의 차이가 이윤이라는 형태로 자본가들의 소득이 되고, 자본축적의 원천이 된다고 한다. 이렇게 축적된 자본은 경제성장의 원동력으로서 노동의 고용규모를 확대하고 총생산량을 증대시키게 된다.

한편 경제성장 과정에서 임금수준이 생존임금 수준 이상으로 상승할 수 있다. 그러나 맬더스의 인구론에 의하면 임금상승에 따른 부양능력의 증대로 인구증가를 가져오게 되고, 인구증가는 동시에 노동력의 공급확대로 이어져 그 나라의 총생산량을 증대하게 된다. 하지만 증가하는 인구를 부양할 총임금이 그보다 빠른 속도로 상승함으로써 결국 본래의 임금수준으로 하락하게 된다. 그래서 궁극적으로는 총생산량과 총임금이 일치하게 되어 이윤이 영(零)이 되고, 자본축적은 더 이상 불가능해지게 된다. 결국에는 경제성장이 이루어지지 않는 장기정체 상태에 도달하게 된다고 한다.

지속적인 경제성장을 이어가기 위해서는 이러한 장기정체 상태에서 빠져나와야 하는데, 이것을 가능하게 하는 것이 '자유무역'이고, 또 '분업화에 따른 기술혁신과 생산성 향상'이라고 한다. 자유무역은 노동자에게 필요한 식량 및 생필품을 수입할 수 있게 함으로써 이들 생필품 가격을 하락하게 하고, 이는 다시 생존임금

---

어 그 대안으로 제시되었던 경제이론이다. 중상주의 체제에서 정부는 경제활동 전반에 걸쳐 강력한 통제력을 행사하였고, 일부 특권층에게는 배타적인 영업권을 주어 정부의 비호 하에 대기업으로 성장할 수 있게 했으며, 수출은 적극 장려하고 수입은 극도로 억제하는 정책을 추진했었다. 고전경제학은 이와 같은 정부의 경제활동에 대한 편파적인 개입을 비판하고, 소비자나 기업가 모두가 자유롭고 경쟁적으로 경제활동을 수행할 수 있는 경쟁적 시장체제가 유지될 때 경제적 효율성이 최적화되고 사회적 이익도 극대화된다고 주장한다.

수준의 하락으로 이어짐으로써 이윤을 새로 발생하게 한다. 이윤발생은 나아가 다시 자본축적으로 이어지는 일련의 연쇄고리를 이루면서 경제성장이 재개된다고 한다.

또 수출증대로 시장수요가 확대되면 규모의 경제와 분업화가 촉진됨으로써 생산의 전문화와 기술혁신이 이루어지게 된다. 기술혁신은 생산성 향상을 의미하므로 총생산곡선을 상향으로 이동시켜 이윤을 발생하게 한다. 그러면 자본축적이 다시 이루어지고, 이어서 경제성장이 재개되는 메커니즘이 새로이 작동된다고 한다. 요컨대, 자유무역이 생존임금 수준 하락에 따른 자본축적과 함께 분업과 전문화에 따른 기술혁신 또한 가져오게 함으로써 경제성장은 재개되고, 또 계속 이어지게 된다는 것이다.

임금수준과 인구증가를 직접 연결시키는 '맬더스식 인구이론'은 역사적 경험에서 볼 때 타당성이 없는 것으로 판명되었다. 기술혁신의 중요성을 과소평가했다는 비판을 받고 있다. 그럼에도 불구하고 오늘날의 성장이론들이 담고 있는 핵심요소들을 그대로 포함하고 있을 뿐만 아니라, 성장문제에 접근하는 기본적인 시각을 제공해 주고 있다는 점에서 그 유용성이 널리 인정되고 있다. 전후 널리 알려진 제3세계 경제성장 이론에서도 이미 고전적 성장이론에서 성장 핵심요소로 다루었던 자본축적과 기술혁신, 무역 등 3개 요소를 역시 핵심적인 성장 원동력으로 지목하고 있다.


## 제2절
## 개발의 원동력


### 1 자본축적을 강조하는 이론

자본주의적 경제성장의 핵심이 자본축적에 있다는 고전적 생각은 모든 경제학자들에게 큰 영향을 미쳐 왔다. 마르크스(Marx, K. H.)도 자본축적이 자본주의 경제의 물질 생산능력을 인류역사 상 최대로 발전시켜준 요인이라고 시인하였다.

아무튼 2차 대전 후에 개발되기 시작했던 경제성장 이론 중 다수가 자본축적 과정을 그 논의의 중심과제로 삼고 있다.

현대의 경제성장론은 케인즈학파와 신고전학파의 둘로 대별되고 있다. 여기서는 이들 주류경제학의 대표적인 성장이론인 신케인즈학파의 헤로드-도마 모형과 신고전학파의 성장모형을 중심으로 개발사고의 일단을 살펴본다. 신고전학파는 생산요소 공급에서 성장의 동력을 찾고 있고, 이에 반해 케인즈학파 성장모형에서는 유효수요의 원리가 그 기초를 이루고 있다.

## 1) 헤로드-도마 모형

전후 가장 많이 논의되었고 큰 영향을 끼친 대표적인 성장이론이 헤로드-도마 모형이다. 이 모형은 영국의 헤로드(Harrod, R. F.)와 미국의 도마(Domar, E. D.)가 2차대전 기간 중에 각각 독자적으로 개발한 이론으로서 케인즈의 국민소득결정이론을 동태화하여 성장이론으로 발전시킨 것이다.

모형은 주로 거시경제변수인 총투자(I), 총저축(S), 총생산 또는 총소득(Y), 총자본(K) 간의 상호작용 분석을 통해 균형성장 경로를 제시하고 있다. 여기서 가장 중요한 개념은 국민소득 1단위를 생산하는데 소요되는 자본의 수량을 뜻하는 자본계수($v$)이다. 그래서 투자에 따른 생산능력 증가 즉, 국민소득 증가($\triangle Y$)는 투자를 자본계수로 나눈 값이 된다. 이를 수식으로 표현하면 다음 (1)식과 같고, (1)식으로부터 투자와 생산량 증가간의 관계를 유도하면 (2)식과 같다.

$$\triangle Y = \frac{I}{v} \quad \text{......................} (1)$$

$$I = v \cdot \triangle Y \quad \text{..........................} (2)$$

그리고 저축은 다음 식 (3)과 같이 나타낼 수 있다. 여기서 s는 저축성향이다.

$$S = s \cdot Y \quad \text{................................} (3)$$

국민소득 균형조건은 투자(I) = 저축(S)이므로, (2)식과 (3)식으로부터 다음 (4)식과 같은 등식을 얻고, 이를 정리하여 식(5)와 같이 균형성장률(G)를 유도한다.

$$v \cdot \triangle Y = s \cdot Y \quad \text{..........................} (4)$$

$$G(\frac{\triangle Y}{Y}) = s / \upsilon \quad \cdots\cdots\cdots\cdots\cdots\cdots (5)$$

예를 들어 자본계수가 3이고 목표성장률이 5%라면 저축성향 즉, 저축률이 15%가 되어야 한다는 점을 말해주고 있다. 경제성장률은 저축성향과 자본계수에 달려있다는 것이다. 헤로드－도마 모형은 결국 자본축적을 성장의 원동력으로 보고 있음을 시사하고 있다.

## 2) 신고전학파 성장모형

신고전학파 성장모형은 생산함수에 이론적 근거를 두고 있다. 생산함수란 생산요소 투입량과 산출량과의 관계를 표현하는 함수식을 일컫는다. 노동과 자본만이 생산요소의 전부라는 가정 아래 생산함수는 일반적으로 다음과 같이 나타낼 수 있다. 여기서 K는 자본스톡량을, L은 노동고용량을 말한다. 국민소득은 부존자원 즉, 생산요소 공급량에 따라 결정된다는 점을 표현하고 있다.

$$Y = f(K, \ L) \quad \cdots\cdots\cdots\cdots\cdots\cdots\cdots\cdots\cdots (1)$$

(1)식을 노동투입량(L)으로 나누면 노동자 1인당 생산액(Y/L)이 된다.

$$Y/L = f(K/L, \ 1) = f(K/L) = f( k ) \quad \cdots (2)$$

여기서 k 는 자본스톤량을 노동고용량으로 나눈 값이므로, 그것을 여기서는 노동자 1인당 자본장비율이라 부른다. 그러면 (2)식은 노동자 1인당 생산액은 노동자 1인당 자본장비율의 함수임을 말해주고 있다.

다음 거시경제 균형은 저축(S)과 투자(I)가 같아지는 데서 이루어지므로 균형조건은 다음과 같이 나타낼 수 있다.

$$S = s \cdot Y = \triangle K(\equiv I) \quad \cdots\cdots\cdots\cdots\cdots (3)$$
(단, s: 저축성향임)

(3)식에 (2)식을 대입하면 다음 (4)식으로 나타난다.

$$\triangle K = s \cdot f( k ) \cdot L \quad \cdots\cdots\cdots\cdots\cdots\cdots (4)$$

그러면 균형성장율은 다음과 같이 정리할 수 있다.

$$균형성장률(\triangle K / K) = (s \cdot f(k) \cdot L) / K = s \cdot f(k) \cdot (1/k)$$
$$= s \cdot [(Y/L) \cdot (L/K)]$$
$$= s \cdot (Y/K)$$
$$= s \cdot [1/(K/Y)]$$
$$= s \cdot (1/\upsilon) = s/\upsilon$$

요컨대 신고전학파의 성장모형은 1인당 자본장비율에 의해 성장이 결정되는 것으로 보고 있다. 나아가 이 모형은 성장을 자본계수와 저축성향의 함수로 보는 케인즈학파의 성장이론과 같은 맥락에서 보고 있음을 역시 시사하고 있다. 신고전학파의 성장모형 역시 성장의 원동력이 자본축적에 있음을 말해주고 있다.

## 2 무역을 강조하는 이론

고전적 성장이론은 경제가 장기정체의 늪에 빠지지 않고 계속 성장할 수 있게 하는 가장 효과적인 방법이 자유무역이라고 한다. 이러한 고전적 논리 중에서 자유무역의 장점과 혜택에 관한 부분은 오늘날의 주류경제학에 계승되어 정교한 무역이론으로 발전되고 있다. 그 핵심내용은 비교우위에 근거한 자유무역이 세계 전체의 총생산량과 총 복지수준을 자유무역 이전의 상황에 비해 더 증가시킬 수 있으며, 무역에서 얻어지는 이익은 시장원칙에 따라 무역당사자에게 배분되기 때문에 모두에게 유익하다는 것이다.

1950년대까지만 하더라도 비교우위 상품을 토대로 하는 자유무역주의는 제3세계국가들의 성장전략의 하나로 강조되었다. 그들이 가지고 있는 제1차산품의 수출을 통해 경제성장을 도모하고, 나아가 점진적으로 경제구조의 근대화를 가져오게 하는 전략으로 받아들여지고 있었다. 비교우위론의 명제를 가장 단순한 형태로 명백히 보여주는 전략이다. 제1차산품의 수출을 성장의 추진력으로 삼는 성장전략은 오스트레일리아, 덴마크, 캐나다 등 일부 농업 선진국들에서 그 선례를 찾을 수 있다. 제3세계국가 중에서도 콜롬비아, 말레이시아처럼 이 성장전략에 따라 초기에 상당한 정도의 경제성장을 달성할 수 있었던 사례들도 찾아볼 수 있다.

그러나 오늘날과 같은 국제경제 현실에서는 자유무역이 이론과 같이 그렇게 적용되지 않는다고 일부 경제학자들은 주장한다. 그러면서 그들은 제1차산품 수출전략은 선진공업국에 일방적으로 유리한 반면 제3세계국의 경제성장에는 도움이 되지 않는다고 비판한다. 제1차산품의 수출신장세가 공산품에 비해 낮고, 나아가 제1차산품의 산업연관 관계가 단순하여 수출을 통한 연관성장 효과가 낮다는 점이 문제점으로 지적되고 있다.

그들은 자유무역 대신에 수입을 규제하고, 그 수입을 대체할 수 있는 산업을 국내에서 보호하고 육성하여 독자적인 공업화를 추진해야 한다고 주장한다. 이 입장을 수입대체공업화전략이라 부른다. 수입대체공업화전략은 국제무역을 최소화하면서 보호된 국내시장을 대상으로 하여 공업을 육성하려는 폐쇄적 공업전략이다. 비교우위론에 입각한 수출전략과는 달리 공업화를 경제발전의 핵심으로 인식하고 있다. 초기단계에는 중간재나 부품을 수입하여 최종소비재를 국내에서 조립 생산하면서 자본과 기술을 축적하며, 그 다음에는 중간재와 부품의 수요 창출에 대응하여 점진적으로 국산화 단계에 진입한다. 그 후 공업화가 확산되면서 자본재와 중공업부문의 국산화를 추진하고자 하는 것이 바로 수입대체공업화전략이다. 이 전략은 실제 남미를 중심으로 광범위하게 채택되어 시도되기도 하였다. 그러나 그 성공사례를 찾기는 어렵다. 초기단계는 비교적 순조롭게 진행되나, 2단계, 3단계로 넘어가기는 매우 어려운 것으로 드러나고 있다. 보호된 국내시장에서 안이하게 기업활동을 하는 비효율적인 독과점 기업을 양산하고, 동시에 정부의 과도한 시장 개입에 따른 정경유착과 이로 인한 부패가 만연하여 경제효율성이 떨어진다는 것이 문제점으로 지적되고 있다.

그와는 달리 수출을 경제성장의 기관차로 생각했던 고전적 성장전략을 오늘날 제 3세계국 여건에 적용시킨 '대외지향적 성장전략'이 이어서 등장한다. 이 전략은 실제로 여러 나라에서 채택되어 그 효과가 입증되기도 했다. 대외지향적 성장전략은 외국자본 도입을 환영하고, 수입을 자유화하는 등 대외관계를 개방적으로 운용함과 동시에, 여러 가지 수출촉진책을 마련하고 있다. 1950년대에는 거의 모든 제3세계국가들에서 수입대체공업화 전략을 시도하였다. 그러나 그중 일부는 1960년대에 와서 수출촉진공업화 전략으로 바꾸게 된다. 성공적으로 공업화를 이룩한 아시아의 4마리 용으로 불리는 한국, 대만, 싱가포르, 홍콩 등이 그들이다.

이들의 괄목할만한 성장경험에 비추어 대외지향적 공업화 전략이 성공할 가능성이 가장 높다는 것이 최근의 통념이다.

## 3 기술혁신을 강조하는 이론

고전경제학 성립 이래 많은 경제학자들은 기술혁신이 자본축적이나 무역 못지않게 경제성장의 동력으로서 중요하다는 것을 지적하여 왔는데, 이러한 생각을 경제성장 이론에 본격적으로 도입한 사람은 슘페트(Schumpeter, J. A.)이다.

슘페트는 경제개발을 창조적 파괴과정이라 부르고, 균형이 깨어지고 순환적 경제활동 규모가 확대되는 것이 경제성장의 시작이라 했다. 경쟁적 시장에서 모든 경제활동이 균형화된 순환의 흐름에 따라 움직이는 상황이 되면 경제적 이윤은 사라지게 된다. 경제성장이 시작되는 곳에는 새로운 혁신기술이 기업 활동에 이용됨으로써 새로운 경제적 이윤을 창출하는 기업이 나타나게 된다. 혁신적 기업에서의 초과이윤 출현은 다른 기업들로 하여금 기술혁신을 모방하게 만들어 기술혁신이 모든 기업으로 확산되게 된다. 순환적 경제활동규모가 확대되면서 경제성장이 시작된다는 것이다.

기차의 발명, 승용차의 발명과 같은 역사적으로 중요한 기술혁신이 일어나게 되면 철강업, 기계공업 등 관련 산업분야에서 2차적인 기술혁신이 물결처럼 이어서 나타나게 되어 관련 산업들이 성장하게 되고, 그것이 또 다른 산업분야에 파급되는 과정을 거치면서 경제성장이 일어난다. 슘페트는 세계의 경제발달사를 쇄신과 연결시켜 분석하였다. 1770년에서 1842년 기간은 산업혁명 시기로서 증기기관의 발명과 함께 섬유산업에서 쇄신이 일어났으며, 1843년에서 1897년 기간에는 철도와 증기기관차가 등장하면서 관련산업인 철강산업에서 2차적 쇄신이 연쇄적으로 이루어졌다. 그리고 1898년에서 1930년 기간에는 전기, 화학, 내연기관의 발달에 따른 쇄신으로 경제가 발달하였으며, 1950년대 이후에는 전자산업의 혁명이 경제성장을 이끌고 있다고 하였다. 나아가 슘페트는 이러한 경제성장과정 분석을 통해 쇄신은 불연속적으로 일어나며, 그 주기는 대개 50년이라고 밝히고 있다.

또한 슘페트는 기술혁신을 넓게 해석하여 기업이윤을 창출하는 근원이 되는 모든 것을 망라하여 포괄적으로 규정하고 있다. 새로운 제품의 개발 외에도, 기존

제품의 새로운 생산방법 개발, 새로운 원료공급원의 개발, 새로운 시장의 개척, 새로운 기업조직 방법의 개발 등 모두를 기술혁신이라고 하였다.

## 제3절
## 개발방식: 균형성장론과 불균형성장론

균형성장론과 불균형성장론은 모두 저개발국 경제발전을 위한 전략이론으로서 전개되었다. 균형성장론을 주장한 넉시(Nurkse, R.)와 불균형성장론을 주장한 허쉬만(Hirschman, A. O.)과의 대립과 논쟁은 개발경제학이 발전해 오는데 있어서 특기할 만한 역사적 사실이다.

### 1 균형성장론

제3세계 저소득국이 경제성장을 이룩하지 못하는 이유를 빈곤의 악순환에서 찾고, 그것을 타파하기 위해서는 모든 산업부문에 걸쳐 일제히 동시에 투자해야 한다는 성장전략을 내세우고 그 타당성을 이론화한 것이 넉시(Nurkse, R.)의 균형성장이론과 로젠스타인－로단(Rosenstein－Rodan, P. N.)의 대약진이론(Big Push)이다.

넉시는 1953년 발표한 그의 저서 *Problems of Capital Formation in Under-developed Countries*(후진국에서의 자본형성 문제)에서 균형성장론의 전형을 제시하였다. 그는 외국자본에 의해 특정산업만을 급속히 발전시키는 불균형성장보다 국내자원에 의존하면서 각종 산업을 병진시키는 균형성장이 바람직하다고 주장한다.

넉시는 빈곤이 악순환되는 과정을 자본의 공급 및 수요측면에서 조명하여 성장저해 요인을 '저개발의 균형'에서 찾고 있다. 그는 저개발이 순환되는 악순환 메커니즘을 다음과 같이 설명한다. 국민들이 빈곤하기 때문에 저축이 부족하여 자본축적이 되지 않고, 그래서 생산성이 낮아 다시 소득이 낮을 수밖에 없다고 한다. 그리고 저소득은 다시 낮은 구매력으로 말미암아 시장수요를 제약하게 되고, 그것은 이어서 투자유인을 가로막는 장애로 작용함으로써 자본형성이 부진해진다고 한다. 그 결과 국민들의 생산성이 낮을 수밖에 없어 소득이 낮으며, 그래서 다시 빈곤이 지속되는 악순환구조에 빠져있다고 한다. 빈곤이 되풀이될 수밖에 없는 이러한 상태를 저개발의 균형이라고 불렀다.

그림 6-1  저개발의 균형 메커니즘

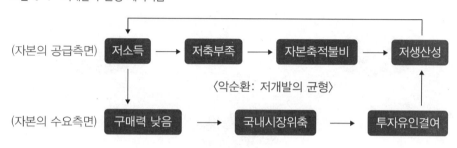

넉시는 이러한 '저개발의 균형' 상태로부터 벗어나는 데 요구되는 투자방식을 제안하고 있다. '저개발의 균형' 상태에서는 어느 특정 산업부문에 투자하여 신규기업이 설립되고, 그 기업의 근로자들이 추가적인 소득을 얻게 되어도 그 소득은 여러 산업분야에 분산 지출될 것이기 때문에 그 기업의 제품에 대한 충분한 구매력을 창출할 수 없어 결국 기업은 문을 닫게 된다고 한다.

그러나 여러 산업분야에 걸쳐 일제히 신규투자가 이루어지면 이들 분야에서 창출되는 소득이 서로의 상품에 대한 보완적인 수요로 작용하기 때문에 충분한 시장수요가 창출되고, 그래서 모든 기업들이 다 성장함으로써 결과적으로 경제성장이 이루어진다고 한다.

이러한 논리에 따라 넉시는 이종(異種) 생산부문에 동시에 투자하여 서로가 서로의 고객이 되게 함으로써 전면적 시장확대를 꾀하는 균형성장전략을 제시하고 있다. 이 전략의 골자는 소비자 수요의 소득탄력성에 기초하여 각종 최종소비재 부문에 동시적, 보완적 투자의 필요성과 유효성을 강조하는 것이다. 소득탄력성은 수요량(Q)의 변화율(%)을 소득(Y)의 변화율(%)로 나눈 값($\triangle Q / Q \div \triangle Y / Y$)을 의미한다. 소득창출에 따른 수요변화 모습이 각 산업에서 다르게 나타날 것이므로 여기에 효율적으로 대응하고자 하는 의도를 담고 있다.

대약진이론은 대규모 투자를 추진하여 상호보완적 시장수요의 근거를 마련하

그림 6-2 균형성장론의 개념도

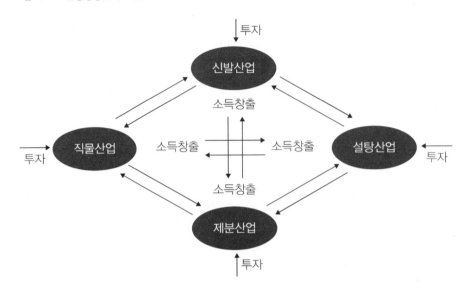

고자 하는 것이 그 핵심 개념을 이룬다. 로젠스타인—로단은 이러한 생각을 진흙탕에 빠진 차가 그 수렁을 벗어나기 위해 엔진의 출력을 한 순간에 최고로 높이는 상황에 비유하여 설명한다. 모든 산업분야에 동시적이고 균형적으로 투자하여 산업의 균형적 성장을 도모하고, 이에 따른 상호보완적 시장수요 창출효과도 동시에 얻으려고 하는 균형성장론과 기본적으로 같은 논리에 입각하고 있다.

이러한 균형성장론의 약점은 제3세계국가들이 처하고 있는 현실로 미루어 볼 때 무엇보다 대규모 자본을 동시에 동원할 능력이 없다는 데에 있다. 그리고 그와 같은 전략을 추구하게 되면 자연히 정부의 경제계획 기능이 강화되면서 시장기능이 약화된다는 점도 또 다른 하나의 약점으로 지적되고 있다.

## 2 불균형성장론

균형성장론은 생산요소의 공급조건을 경시하고 있다는 비판에 직면하게 된다. 생산요소 부존량은 한정되어 있으며, 그래서 그 수요를 둘러싸고 산업들 간에 늘 경합이 이루어지고 있다. 균형성장론은 이러한 사실을 간과하고 있다는 것이다.

허쉬만(Hirschman, A. O.)은 제한된 자본 동원능력을 가지고 있는 제3세계국가들을 대상으로 효과적인 성장전략을 제시하고 있다. 그는 정부의 최소한 시장개입으로 민간기업의 투자가 활성화되도록 유도한다는 불균형성장론을 제시한다.

허쉬만은 성장저해 요인을 주체적 투자능력의 부족에서 찾는다. 저개발국에서 가장 필요한 것은 잠재적으로 존재하는 저축을 생산적 투자기회로 끌어넣는 주체적 투자능력이라고 한다. 그래서 그는 투자는 후방연관효과와 전방연관효과를 갖는데, 이러한 연관효과가 극대화되는 부문을 거점으로 하여 거기에 희소한 투자능력을 집중시킬 필요성과 유효성을 역설한다. 후방연관효과란 그 산업에 부품이나 원자재를 공급하고 있는 산업의 성장에 미치는 효과 즉, 투입재공급 효과를, 전방연관효과는 그 산업의 생산물을 이용하는 산업에 미치는 즉, 산출재이용 효과를 의미한다.

불균형성장론의 초점은 정부는 산업간 불균형을 의도적으로 창출하고, 그로 인해 발생되는 확대된 이윤기회를 민간기업들이 포착하여 투자활동을 하도록 유도한다는데 있다. 의도적으로 창출된 불균형을 투자유발 기회로 활용하는데도 2가지 방식이 제시되고 있다. 하나는 사회간접자본부문과 민간부분을 잇는 모형이다. 사회간접자본에 집중 투자함으로써 민간산업 부문의 생산원가를 감소시켜 자발적 투자가 유발되도록 하는 방법이 그것이다. 다른 하나는 부문간 불균형성장 모형이다. 산업연관효과가 큰 산업부문을 의도적으로 집중 성장시킴으로써 그에 따른 후방연관효과와 전방연관효과 등 투자유발효과가 크게 확산되도록 하는 것이다.

또한 불균형성장론은 이러한 실물투자 능력문제 외에도 기업가의 의사결정 능력 부족을 제3세계국가들에서 겪는 또 하나의 경제성장 저해요인으로 지적하고 있다. 그래서 불균형성장론에서는 이러한 능력개발을 추가적으로 또한 강조하고 있다.

### **3** 균형성장론과 불균형성장론의 비교

균형성장론이나 불균형성장론은 기본적으로 시장을 토대로 하면서 정부를 경제성장의 추진주체로 삼고 있다는 점에서, 또한 모두 투자와 자본형성을 주요 성장요인으로 파악하고 있다는 점에서 공통점을 갖는다.

그러나 균형성장론은 전 산업분야에 균형적으로 동시에 투자할 계획을 정부가 추진해야 하는데, 이는 광범위한 정부의 시장개입이 전제되는 의미를 띤다. 한편 불균형성장론에서는 정부역할을 산업간 불균형을 의도적으로 일으키고, 이로 인하여 창출되는 이윤기회를 시장기구가 활용할 수 있게 하는데 그친다. 그래서 정부역할이 상대적으로 작게 나타난다.

대부분의 제3세계국가들에서 대규모 자본을 동시에 동원한다는 것은 현실적으로 어렵다. 때문에 균형성장이론이 비현실적인 것으로도 지적되기도 한다. 그러나 전략부문 선정 및 육성에 따른 정치적 특혜 논쟁과 사회적 갈등을 고려하면 가용 투자재원을 균형적으로 배분하는 것이 정치적 합리성을 띨지도 모른다.

또한 불균형성장론은 현실적인 단기 성장전략을, 그리고 균형성장론은 장기 성장전략을 의미하는 상호보완적 이론으로도 이해할 수 있다. 단기적으로 볼 때는 제3세계국가들의 자본동원 능력 한계로 한정된 재원이 우선순위가 높은 전략산업에 선별 투자할 수밖에 없을 것으로 보인다. 한편 장기적으로는 균형성장론이 설득력을 갖기도 한다. 모든 산업부문이 균형적으로 성장하여 광범위한 구매력을 바탕으로 하는 시장수요가 형성되지 않는다면 지속적인 경제성장을 기대할수 없을 것이기 때문이다.

# 제4절
# 개발 과정

## 1 근대화론

개발과정을 뜻하는 용어로서 근대화라는 단어만큼 널리 사용되고 또한 매력적인 유행어도 없으나 그 개념이나 내용에 대해서는 일치된 견해가 없다. 근대화 이론은 1950년대 말에서 60년대 초에 걸쳐 미국의 사회과학자들이 제3세계의 발전문제를 논의하는 과정에서 등장하게 된다. 1945년 이후 20여 년 간 미국사회는 암묵리에 유토피아가 실현된 사회로서 인식되었다. 높은 1인당 국민소득으로 상징되는 경제적 성과와 함께 평화적 갈등극복에 있어 그 우위성이 증명된 민주주의의 발전이 그 배경이다. 그래서 이 2가지 즉, 경제성장과 민주주의의 실현을 하나로 묶어 근대화라는 이름으로 부르면서 이것을 제3세계 국가들이 보편적으로 추구하는 발전목표로 설정하는 일련의 논의가 전개되게 되었다. 그러나 근대화론은 월남전쟁, 도시문제의 심화, 미국 내부에서의 심각한 빈곤문제의 등장 등으로 인해 당초의 매력과 가치는 많이 실추되기에 이른다.

근대화론은 초기에는 근대화의 개념에 대한 객관적 기준 설정이 없이 전개되었다. 학자들의 전문분야 차이와 그들이 갖는 가치의 차이 등에서 비롯된 특수한 접근방법으로 각기 근대화의 개념을 설정하였다. 예컨대, 경제학에서는 공업화, 사회학에서는 진취적인 사회적 태도, 정치학에서는 민주적 정치체제를 근대화의 핵심개념으로 보았다.

그후 근대화이론은 지속적인 논쟁을 거치면서 세련되고 변형되는 결과를 가져오게 된다.[5] 근대화의 개념은 단순하게는 공업화 내지 경제적 발전과 동일시하며, 자본주의화와 같은 것으로 보고 있다. 특히 공업화 중심의 경제성장론에 많은 관심을 갖는 후진국에서의 근대화 논의는 단적으로 이런 맥락에서 근대화를 인식하고 있다. 로스토우의 경제발전단계설이 그 대표적인 경우이다. 한편 호세리츠(Hoselitz, B. F.)는 근대화를 다음과 같은 특성을 띠는 개념으로 이해하고 있다. ① 업적위주(Achivement) ② 사회적, 경제적 기능을 모든 구성원에게 개방하는 보편주의(Universialism) ③ 사회적, 경제적 기능의 분화와 전문화(Specifity) ④ 공동이익의 존중(Collectivity Orientation) 등이 그것이다. 그는 이상의 네 가지를 특징으로 하는 사회로의 발전을 근대화라고 하였다. 또 파이(Pye, L. W.)는 근대화의 공통요소로서 ① 능력의 존중 ② 합리적 정신 ③ 혁신 ④ 보편적 시민정신 ⑤ 대중참여 등과 같은 특징을 들고 있으며, 홉스봄(Habsbawm, E. J.)은 근대화 과정을 시민혁명과 산업혁명을 포괄하는 2중 혁명의 과정으로 보고 있다.

이러한 논의들은 근대화 이론이 경제적 관점을 특별히 취하지 않고 있음을

---

5 임채원, "한국의 근대화와 새마을운동의 역할", 『새마을운동이론체계 정립』, 새마을운동중앙본부, 1984, pp. 136-137.

보여준다. 그렇지만 1950년대에는 경제성장론이 근대화 논의의 중심에 서 있었던 것이 사실이다. 그때의 논의를 보면 근대화 개념에서 중요한 의미를 갖는 사회적, 정치적, 문화적 제 조건은 주어진 조건의 하나로 취급되었다. 그러나 개발도상국의 경험에 의하면 이들 비 경제적인 전제조건이 보다 우선적으로 고려되어야 할 근대화 변수로 나타나고 있다. 근대화의 개념이 보다 포괄적으로 발전해가는 하나의 배경을 이룬다. 근대화라는 개념은 이렇듯 일반적이고 다의적이며, 무정형의 속성으로 인해 매력적으로 들리게 되고, 그 때문에 또 많은 긍정적인 연상을 불러 일으키기도 하였다. 1960년대에는 이러한 개념이 널리 보급되어 보편화되기에 이르게 된다.

실제 근대화론의 일부는 단일의 결정적 변수 즉, 경제성장이나 합리성, 기술 등 변수에 중심을 두고 근대화 효과를 논의하기도 한다. 그러나 대부분은 포괄적 입장을 취하여 전통과 근대의 극단적 특성을 여러 측면에서 제시하고 있다. 18세기 말 및 19세기에 걸친 당시의 위대한 사회 사상가들은 사회발전의 대칭법적 2분법을 견지하고 있었다. 발전의 출발점은 '전통'의 이념형에 의해 규정되고, 지향된 변화의 목표는 '근대'의 이념형에 의해 규정되었다.6 전통적인 것과 근대적인 것을 구분하는 여러 지표들을 종합하면 다음 〈표 6-1〉과 같다. 여기서 제시된 여러 지표들은 모두 사회시스템 내부에서 상호의존성을 띠는 것들이기 때문에 전통에서 근대로의 이행은 이들 모든 지표에서 동시적이고 동 방향으로 진행하는 것으로 가정된다. 그것은 결과적으로 최고도로 발달한 공업국가를 이상적인 모습으로 설정하고, 근대화 과정은 전통성을 극복하면서 바람직한 근대성을 실현해 가는 것으로 말해진다. 그래서 근대화 과정은 그 구성요소로서 다음과 같은 6개의 특징을 특히 강조하고 있다.

1) 공업적 팽창과정이 누적적으로 경제성장을 지속시킨다.

---

6 스펜서(Spencer, H.)의 '동질성과 분화', 막스 베버(Weber, M.)의 '전통과 합리화' 뒤르켐(Durkheim, E.)의 '기계적 연대와유기적 연대', 퇴니스(Tönnis, F.)의 '공동사회와 이익사회' 메인(Maine, H. S.)의 '신분과 계약' 등이 전통과 근대의 이념형을 2분법적으로 구분짓는 구체적인 개념으로 제시된 것들이다.

2) 구조적 분화 즉, 개인의 권력에 의한 지배로부터 초개인적인 국가조직이 분리되고 또 공적생활에서 시민적이고 사적인 내면적 영역이 분리된다.

3) 가치의 변동 즉, 특수주의적이고 무한정적인 것에서 보편주의적이고 기능적으로 특정화된 것으로 이행한다.

4) 공간적으로 사회적으로 유동성이 확대되면서 자원과 수단들이 자유로이 처분될 수 있는 과정으로 이행한다.

5) 그리고 참여와

6) 분쟁조정의 제도화가 이루어지는 것 등이 그것이다.

나아가 근대화론자들이 제시하는 일반적인 주장과 그 한계를 보면 다음과 같다.

1) 전통적인 사회는 정태적이다. 여기에 대해서는 최근의 논의에서 의문의 여지를 남기고 있다.

2) 전통적 문화는 규범과 가치와의 밀접한 통일체를 형성하고 있다. 그러나 전통적 문화에서도 정통파와 이단 간에, 각 계층 특유의 생활이념 사이에서, 또 민중문화와 귀족문화 사이에 충돌도 있었다.

3) 전통사회는 동질적 사회구조를 가지고 있었다. 그러나 농민전쟁이나 산업혁명은 전통사회의 이질성을 증명하는 것이다. 사회구조의 상대적 동질성은 전통사회보다도 산업사회의 특질인 것이다.

4) 전통과 근대성은 항상 충돌한다. 그러나 전통과 근대성이 병존하는 경우도 있다.

5) 전통은 항상 근대적인 변화를 통하여 밀려난다. 그러나 때로는 상호의존 또는 그 결합이 장기적으로 성립하는 때도 있다.

6) 어떤 경우에도 근대화는 전통을 약화시킨다. 그러나 실제로는 양자 간 불안정한 공존 혹은 전통에 봉사하기 위한 도구로 근대적인 것이 존재하기도 한다.

한편, 근대화이론에 대한 과학적 유효성을 둘러싸고 문제가 제기되기도 한다. 근대화이론이 설득력을 가지고 있는가의 여부는 복잡한 현상 분석을 통하여 규명되어야 할 문제라는 것이다. 예컨대, 근대화 이론에서 받아들여지고 있는 공업화

**표 6-1 전통성과 근대성의 지표들**

| 지 표 | 전 통 성 | 근 대 성 |
|---|---|---|
| 문자해독율 | 낮 다 | 높다 |
| 직 업 | 단순·고정적 | 유동적 |
| 사회적 운동 | 고정적 | 유동적 |
| 사회적 분화 | 낮 다 | 높 다 |
| 소 득 | 낮고, 격차가 크다 | 높으며 평준화 경향 |
| 감정이입 | 낮 다 | 높 다 |
| 가 족 | 커다란 제1차집단의 지배 | 핵가족·집단적 영향의 경쟁 |
| 기 능 | 무한정적 | 전문적 |
| 지 배 | 지방적·개인적 | 중앙집권적·익명적 |
| 커뮤니케이션 | 개인적 | 메디아의 존재 |
| 분 쟁 | 무제한적·파괴적 | 제도화·frame—work화 |
| 사회적 통제 | 직접적·개인적 | 간접적·관료적 |
| 평균수명 | 낮 다 | 높 다 |
| 유동성 | 낮 다 | 높 다 |
| 조직의 정도 | 낮고, 비공식적 | 높고 공식적 |
| 정치참여 | 낮 다 | 높 다 |
| 지위보충 | 폐쇄적·귀속적 | 개방적·획득적 |
| 생산성 | 낮 다 | 높 다 |
| 법 | 종교적·인격적 | 추상적·형식적 계약 |
| 종 교 | 교의적 국가의 원조 | 국가와 종교의 분리 |
| 역 할 | 일반적 | 전문적 |
| 거주양식 | 농촌적 | 도시적 |
| 사회구조 | 동질적·고정적인 지역적 집단 | 이질적·고도의 유동성 |
| 사회계층 | 공순(恭順)을 원리로 한 공동체 신분 | 직업적 업적에 기초하는 평등주의적 사회계층화 |
| 기 술 | 낮 다 | 높 다 |
| 태 도 | 내면 지향 | 외면 지향 |
| 가 치 | 특수주의적 | 보편주의적 |
| 경 제 | 농촌적 생활유지 양식 | 공업적 테크놀로지 |

와 민주화의 연관성이 실제 경험적으로 유지되지 못하고 있다. 그래서 만약 양자가 전적으로 독립적으로 움직인다면 사회구조와 정치적 질서간의 관계는 정의할 수 없는 상관관계에 빠진다. 그렇다면 근대화가 민주화를 촉진하느냐의 여부는 역사적으로 매우 상이한 대답이 나올 수 있는 미해결의 문제이다.

또한 근대화론은 이제까지 전통과 근대의 형식적 구별이나 구조적 이분법을 구성하는 이념적 대칭개념의 논의에 지나치게 치중했다는 비판을 받기도 한다.

## **2**  루이스의 이중경제 모형

경제성장은 전통부문과 근대부문과의 접촉과 교류를 통해 이루어진다고 하는 생각이 근대화 이론의 주요 관점의 하나로 자리하고 있다. 이러한 관점에서 경제성장 메커니즘을 설명하는 대표적 이론이 루이스(Lewis, W. A.)의 이중경제 모형이다. 이 모형은 근대적 도시공업부문과 전통적 농업부문과의 상호작용을 통해 경제성장이 일어나며, 한편 이러한 경제성장 메커니즘 속에서 전통부문의 성장 또한 일어나고 있음을 시사한다.

루이스는 근대적 산업부문과 전통적 농촌부문간의 2중구조적인 경제 상황을 전제로 경제성장 과정을 이론화 하였다. 그는 노동력이 과잉상태에 있고 생계유지에 급급한 농업위주의 전통적인 농촌부문과 근대적 공업활동이 지배하고 노동력이 항상 부족하며, 그 결과 임금수준도 노동생산성과 일치할 정도로 높은 도시부문으로 구성된 2중경제를 가정하여 이론을 전개하고 있다. 1950년대 개발된 루이스의 2중경제 모형은 과잉노등으로 특징지어지는 제3세계국의 성장과정을 밝혀주는 가장 대표적인 이론의 하나로 받아들여지고 있다.

그는 저개발경제의 전통적 농촌부문을 과잉노동과 낮은 생산성으로 인해 최저 생계수준을 겨우 유지하고 있는 공동체사회 성격의 경제부문으로 규정하고 있다. 과잉노동은 일부 노동력을 철수시키더라도 총농업생산량이 감소하지 않는다는 의미이다. 이들 노동력의 한계생산성이 영(零)이라는 뜻이다. 그렇지만 현실적으로 일을 나누어 하는 사회이기 때문에 겉으로는 실업현상이 나타나지 않는다. 이러한 노동은 총생산량에 실질적인 기여를 하지 못하는 관계로 위장실업 또는 잠재실업이라고 부르기도 한다. 공동체사회란 분배가 생산에 대한 기여도와는 관계없이 모든 사회구성원들에게 평균적으로 나누어지고 있는 사회를 의미한다. 평균원칙이 적용되는 사회이며, 평균배분몫은 그들의 최저생활수준을 겨우 유지할 수 있는 정도라는 뜻에서 생존임금으로 표현되기도 한다.

근대적 산업부문은 도시 공업부문을 중심으로 하는 점차 확대되는 자본주의적 산업부문이다. 이 부문의 팽창속도는 주로 자본가들에 의해 이루어지는 저축과 투자의 규모에 의해 결정된다. 또한 이 부문에 대한 노동의 공급은 무제한적이며, 그래서 노동의 공급곡선은 무한대의 탄력성을 갖는 수평선으로 나타난다. 무제한으로 부존된 한계생산성이 0인 농업부문의 과잉노동력을 이용할 수 있기 때문이다. 자본가들은 이윤극대화 원칙을 쫓기 때문에 이윤발생 여지가 있는 한 그들은 창출된 이윤을 계속 재투자하게 된다. 이에 따라 생산능력과 노동고용량이 계속 확대됨으로써 전통부문에서 이 부문으로 노동력이 계속 이전해 오게 된다.

〈그림 6-3〉은 이러한 성장 메커니즘을 잘 보여주고 있다. 먼저 그림에서 농촌부문에서의 노동공급곡선은 $W^s - W^s$의 직선형태로 나타나고 있다. 유휴노동력이 풍부하기 때문에 임금 $W^s$ 수준에서 얼마든지 노동자를 고용할 수 있기 때문이다. 한편 생계유지 수준의 임금을 받고 있는 농촌부문 유휴노동력의 경우 그들이 타 지역으로 이주할 경우 받게 될 불이익 즉, 고향을 등지는데서 오는 정신적 고통과 도시에 살면서 받게 될 고통, 소외감 등이 보상되면 도시의 공업부문에 취업하게 될 것이다. 루이스는 도시의 임금수준이 농촌의 경우보다 30% 이상 높은 수준 즉, $W^*$가 되어야 이것이 가능하다고 한다. 이 경우 도시지역에서는 임금 $W^*$ 수준에서 얼마든지 농촌의 유휴노동력을 고용할 수 있게 되고, 따라서 도시기업가가 직면하는 노동공급곡선은 $W^* - W^*$가 된다.

도시부문 기업가는 노동을 고용하는데 드는 비용이 노동의 생산성보다 낮은 한 고용을 계속할 것이다. 따라서 노동의 한계생산성 곡선이 $MP_L$로 주어질 경우 기업가는 이윤이 극대화되는 조건인 $W^* = MP_L$이 성립하는 $N^*$까지 고용을 늘릴 것이다. 그만큼 농촌노동력의 도시집중을 초래함을 말해주고 있다. 이때 도시의 총산출능력은 □$OACN^*$ 수준이 된다. 이중 임금으로 지불되는 부분은 □$OW^*CN^*$이며, 따라서 기업가의 이윤은 △$AW^*C$로 주어진다.

이윤동기에 따라 행동하는 기업가는 다음 단계에 이 이윤을 재투자하게 되며, 그러면 자본의 도움으로 노동의 한계생산성은 증가하게 되어 한계생산성곡선이 위로 이동하게 된다. 이제 노동의 한계생산성 곡선이 $MP_{L1}$으로 주어지므로 새로운 균형은 $W^* = MP_{L1}$이 성립하는 D점에서 이루어진다. 이런 메커니즘 속에서 농촌노동력은 $N^*\,N'$만큼 다시 도시부문으로 추가이동이 일어나게 된다. 이때 총산출은 ⌐OBDN′로 늘어나고 기업가의 이윤은 추가적으로 ⌐ABDC 만큼 발생한다. 다음 단계에도 추가이윤을 재투자하게 되고, 그러면 이러한 과정이 반복되면서 총산출이 계속 증대해가는 경제성장의 과정을 밟게 된다.

그림 6-3  루이스의 경제성장 모형

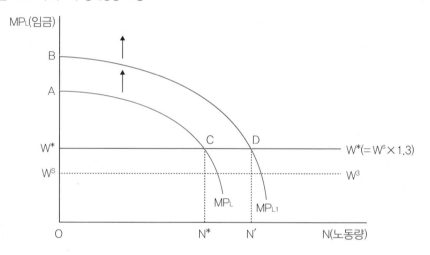

루이스는 경제성장을 전통적 산업부문으로부터 근대적 산업부문으로 노동력이 이동하는 현상으로 파악하고 있다. 한편, 노동력 이동이 계속되면 전통적 산업부문의 과잉노동력이 소진됨으로써 농촌부문 노동공급곡선의 기울기가 정(正)의 값을 가지게 된다. 근대부문에 대한 농촌노동력의 공급곡선이 오른쪽 위로 올라가는 정상적인 형태로 변형된다는 것이다. 노동의 공급곡선이 수평선에서 우상향으로 바뀌는 그 점이 경제의 이중구조가 해소되기 시작하는 전환점이다.

요컨대, 루이스는 경제발전은 처음에는 소규모의 근대적 산업부문에서 시작될 수밖에 없다고 한다. 근대부문의 생산성과 이윤수준이 전통적 산업부문보다 높은 이중경제구조가 온존하는 조건 속에서 근대부문이 이렇듯 확장되는 것이 성장의 필연적인 과정이라고 한다. 루이스 이론은 제3세계국의 근대적 경제성장의 핵심과정을 가장 잘 밝혀주는 이론의 하나로 평가되고 있다.

### 3 로스토우의 발전단계설

　제3세계국의 근대적 경제성장 과정을 역사적인 경제발전 단계의 하나로 이해하려는 접근방법이 로스토우(Rostow, W.)의 경제발전단계설이다. 로스토우는 그의 저서 『경제성장단계: 반공산주의 선언』에서 모든 사회는 일정한 단계를 거쳐 발전한다고 한다. 경제적으로 정체된 전통적인 사회로부터 시작해서 도약을 위한 준비단계에 돌입하게 되고, 도약단계를 성공적으로 거치게 되면 성숙단계로 진입하는 과정을 거친 후 종국에는 고도의 대중소비단계로 들어간다고 설명한다.[7]

　로스토우는 연구의 초점을 근대적 경제성장 과정에 두었다. 그는 오늘날 제3세계국가들로 하여금 선진국들이 걸어온 유사한 경제성장 과정을 다시 거치게 하자면 어떤 조건들이 충족되어야 하는지를 발견하고자 하였다.

　결론적으로 로스토우는 제3세계국가들이 경제성장을 이룩하기 위해서는 앞서 선진국들이 걸어온 경제성장의 역사적 과정을 마찬가지로 다시 반복해서 걸어가야 한다고 한다. 그는 18세기 말엽과 19세기 초에 영국에서 일어난 공업화 과정이 19세기 중엽 이후 독일과 미국 등지에서 비슷한 양상으로 진행되었고, 19세기 말엽에는 일본 등지에서 되풀이 된 사실을 발견하였다. 나아가 이와 유사한 공업화 과정이 20세기 후반에 많은 제3세계국에서도 또한 진행될 것으로 기대하였다. 여러 선진국에서 진행된 경제성장 과정은 각국마다의 특수한 여건과 상황 때문에 그 구체적인 진행과정이 다르기는 하다. 그렇더라도 단계별로 진행되는 그 과정들은 식별될 수 있다고 한다. 나아가 그와 같은 단계적 구분은 경제성장에 대한 이해와 정책적 함축성을 도출하는 데 있어 큰 의미가 있다는 것이 그의 주장이다.

　로스토우가 제시하는 첫 번째 단계는 전통적 사회이다. 전통적 사회는 농촌 중심의 전근대적 사회로서 생산성과 국민소득 수준이 매우 낮고, 그 성장률도 매

---

7 Rostow, W., *The Stage of Economic Growth: A Non Communist Manifesto*, Cambridge: Cambridge University Press, 1960.

우 낮은 모습을 전형적으로 보여준다. 몇백 년, 몇천 년을 큰 변화없이 비슷한 상황에서 머물러 온 정체된 사회를 가리킨다.

두 번째 단계는 도약을 위한 선행조건을 준비하고 마련하는 단계이다. 이 단계에서는 외부와의 접촉이 늘어나면서 무역과 상업이 발달하고, 농업부문에서도 생산방법 개량으로 생산성이 증가한다. 나아가 국민들의 소득수준이 향상되기 시작하며, 도로, 항만 등 사회간접자본에 대한 투자가 이루어지는 시기이기도 하다. 약간의 자본이 축적되어 생산성 향상을 위한 투자도 가능해지고, 전통적 사회가 치관이 변화하기 시작하면서 새로운 사회계급과 정치세력이 서서히 자라는 것도 이 시기이다. 이 단계는 전통적 사회가 급격한 산업혁명적 과정에 진입하기 위해 필요한 준비를 하는 과도기라 할 수 있다.

세 번째 단계는 산업혁명적 변혁이 실현되는 단계인 도약단계이다. 이 단계에서는 혁명적 의미를 띠는 중요한 정치, 사회적 변화의 계기를 맞는다. 성장이 본격적으로 진행되는 것이 이 시기의 일반적인 현상이며, 현대적 과학기술이 주요 제조업 부문에 보급되고 적용되면서 생산성과 소득수준이 급격하게 늘어난다. 또한 공업을 중심으로 하는 산업구조로의 변화가 단기간 내에 급진전되는 기간이기도 하다. 로스토우는 이 단계를 특징짓는 조건으로서 세 가지를 제시하고 있다. 첫째, 그 사회의 생산적 투자가 국민소득의 10% 이상 수준으로 급상승하고, 그 수준이 상당 기간 유지될 수 있어야 한다는 것이다. 둘째, 경제성장을 선도하는 추진력 있는 제조업 부문이 나타나고 급성장해야 한다고 한다. 셋째, 이와 같은 산업혁명이 전 경제부문에서 진전될 수 있도록 지원하고, 또 그 과정에서 야기되는 제반 문제들을 수용할 수 있는 정치, 사회적 제도가 마련될 수 있어야 한다는 것이다.

네 번째 단계는 도약과정을 성공적으로 완료하기 위한 성숙단계로 진입하는 과정이다. 이 단계에서는 과학기술의 적용이 모든 산업으로 일반화되어 현대화되고, 새로운 주력산업이 연속적으로 나타나게 됨으로서 경제성장이 자동화된다.

다섯 번째 단계는 고도의 대중소비단계로 규정하고 있다. 성숙단계를 거치면서 현대적 생산력을 갖춘 사회는 고도의 소비사회로 옮겨가게 된다. 이 단계에서는 생산문제보다는 분배와 복지문제에 관심이 더 집중되게 된다. 혹은 방대한 생산력을 군사적인 목적으로도 사용할 수도 있는 등 여러 가능성을 선택할 수 있는 단계이기도 하다.

로스토우의 경제발전단계설은 근대적 경제성장 과정을 역사적인 관점에서 조명함으로써 여러 가지 경제외적 요인들 또한 경제성장 과정에서 중요한 역할을 담당했음을 밝히고 있다. 근대적 경제성장 과정을 촉진시키기 위해 어떤 정책적 노력이 시도될 수 있는지를 폭 넓게 보여주고 있다는 점에서 유용한 가설로 평가되고 있다. 반면에 모든 단계설이 그렇듯이 '기계적 도식화로 역사를 단순화한다'는 약점은 여전히 극복하지 못하고 있다.


# 제5절
# 개발인자의 공간흐름


## 1 노동력의 이동

### 1) 인구이동 이론의 개요

지역성장을 가름하는 중요한 변수의 하나로 그 지역의 부존 노동량의 크기가 지적되고 있다. 한편, 지역의 부존노동량은 지역 간 인구이동에 의해 크게 좌우된다. 지역 간 인구이동이 궁극적으로 인구 유입지역과 유출지역 모두에 지대한 영향을 미치는 요인임을 말해주고 있다. 지역 간 인구이동 문제에 대한 많은 연구들이 일찍부터 이어져오는 배경을 여기서 찾는다.

가장 고전적인 인구이동에 관한 연구로는 일반적으로 라벤슈타인(Ravenstein, E. G.)의 "인구이동의 법칙(The Law of Migration)"을 들고 있다.[8] 1885년과 1889년 두 차례에 걸쳐 영국 통계학회지에 발표된 그의 연구는 다음과 같은 5가지 명제로서 요약될 수 있다.[9]

---

8 E. G. Ravenstein, "The Law of Migration", *Journal of Royal Statistical Society*, London, June 1885 및 "The Law of Migration", *Journal of Royal Statistical Society*, London, June 1889.
9 황명찬, 『지역개발론』, 1994, 법문사, pp. 75-76.

① 인구이동과 거리: 두 지역 간의 인구이동율은 두 지역 간의 거리에 반비례한다.

② 단계적 인구이동: 지역 간 인구이동은 농촌에서 근처의 소도시로, 소도시에서 가장 빨리 성장하는 다른 도시로 이동하는 단계적 이동의 형태를 일반적으로 취한다.

③ 도·농간 이동성향의 차이: 일반적으로 도시출신은 농촌출신보다 이동 성향이 낮다. 따라서 지역 간 순인구이동의 흐름은 농촌에서 도시로의 방향이 지배적이다.

④ 교통·통신기술과 인구이동: 교통·통신수단의 발달 및 상공업 발달로 인구이동은 시간의 흐름에 따라 증가하는 내재적 경향을 갖는다.

⑤ 경제적 동기의 지배: 탄압적인 입법, 과중한 조세, 나쁜 기후, 비우호적인 사회분위기 등이 인구의 이동을 일으키지만 인구이동의 가장 지배적인 동기는 경제적인 것이다.

이와 같은 라벤슈타인의 기념비적인 연구에 이어서 인구이동의 규모, 흐름, 이동자의 특성 등을 분석하여 보다 일반적인 이론체계를 정립한 사람은 리(Lee, E. S.)이다.[10] 리는 모든 인구이동은 출발지와 목적지에 관련된 요인들과 함께 그 두 지역 간에 놓여있는 장애요인에 의해 결정된다고 보았다. 모든 출발지와 목적지는 그 지역 내에 거주하는 자들을 붙잡아두는, 그리고 그 지역 밖에 있는 사람들을 그 지역으로 끌어들이는 긍정적인 힘 또는 흡인요인(Pull Factors)을 가지고 있는가 하면 반대로 그 지역으로부터 사람을 밀어내는 부정적인 힘 또는 압출요인(Push Factors)을 가지고 있다.

높은 임금, 더욱 많은 취업기회 또는 보다 양호한 편익시설들은 대부분의 사람들에게 흡인요인으로 작용할 것이고, 반대의 조건들은 밀어내는 압출요인으로 작용할 것이다. 인구이동 연구에 있어서 중요한 것은 이러한 요인들을 찾아내고, 그 영향의 정도를 측정하는 것이다. 사람들은 대체로 출발지의 조건에 관해서는

---

10 전게서, pp. 77-78.

보다 정확한 지식을 가지고 있다. 그러나 가려고 하는 목적지의 조건들에 대해서는 정확하고 많은 정보를 가지고 있지 못한 관계로 이동에는 불확실성과 위험부담이 항상 따른다. 따라서 목적지에 대해 가족, 친지, 또는 다른 개인적인 접촉을 가지고 있는지의 여부가 이동자의 목적지에 대한 인지사항에 큰 영향을 미친다.

인구이동의 설명에 있어 또 한 가지 빠뜨릴 수 없는 것이 그 사이에 놓여있는 장애요인의 개념이다. 출발지와 목적지간의 거리, 교통비용 등과 같은 마찰적 장애요인이 있는가 하면 인구이동에 관한 물리적 통제나 제도적 제한과 같은 극복할 수 없는 장애도 있다.

이러한 인구이동에 관한 관념적 틀을 배경으로 그는 인구이동의 양, 흐름, 이동자의 특성 등에 관한 일반적인 가설을 제시하고 있는데, 그 중요한 몇 가지를 보면 다음과 같다.

① 인구이동의 양: 인구이동량은 지역의 다양성, 인구의 다양성에 비례하고 중간개입 장애요인의 극복곤란성에 반비례한다. 그리고 인구이동의 양과 비율은 시간의 경과에 따라 증가하는 경향이 있다.

② 인구이동의 흐름: 인구이동은 대체로 농촌지역에서 지역중심도시로, 중심도시에서 대도시로 향하는 흐름을 보인다. 그리고 순이동은 출발지의 '밀어내는' 요인의 힘에 지배적으로 의존하고 있으며, 그 규모는 이러한 힘에 비례한다. 목적지의 '끌어들이는' 요인보다는 출발지의 '밀어내는' 요인이 상대적으로 더 크게 작용하고 있음을 말해주고 있다.

③ 이동자의 특성: 인구이동은 선별적이다. 즉, 젊고 교육정도가 높은 사람들의 이동성향이 더 높다. 나아가 목적지의 끌어들이는 요인에 따라 움직이는 이동자들은 긍정적인 의미에서 선별성이 높다. 즉, 그들은 출발지의 사람 중에서 상대적으로 교육정도가 높고 건강하고 의욕적이다. 반면에 출발지의 밀어내는 요인에 의하여 움직이는 이동자는 부정적인 의미에서 선별성이 높다. 즉, 그들은 별다른 기술도 없는 농민들이다.

이러한 리의 이론은 간명하면서 직관적 타당성을 가지고 있기 때문에 상당한 설득력을 지니고 있다.

## 2) 토다로의 인구이동 모형

지역 간 인구이동에 관한 가설들을 검정하기 위해 많은 모형들이 여러 학자들에 의해 제시되었다. 여기서는 대표적으로 토다로의 인구이동모형을 살펴보고자 한다.[11] 토다로는 이 모형을 통해 제3세계 국가들에서 전형적으로 나타나는 이촌향도형(離村向都型) 인구이동 현상을 경제적인 요인으로 설명하고 있다.

토다로는 인구의 이동은 도시와 농촌지역 간에 존재하는 실제 소득보다는 기대소득의 차이 때문에 발생한다고 한다. 루이스의 이중경제모형은 도시부문은 노동력이 항상 부족하고, 그래서 도시 실업이 존재하지 않는 경우를 가정하여 도시지역과 농촌지역과의 실제 소득의 차이가 인구이동의 요인임을 밝히고 있다.[12] 그러나 개도국의 대도시들은 실업상태에 있는 빈민이 많이 있음에도 불구하고 농촌으로부터의 인구유입 때문에 골머리를 앓고 있는 것이 현실이다. 그러면 왜 높은 소득이 현실적으로 보장되지 않는데도 불구하고 농촌에서 도시로 이동하는가? 토다로는 루이스가 주장하는 현존하는 도·농간의 절대소득 격차가 아니라 장래에 기대되는 임금격차 즉, 기대소득과 현재 받는 농촌소득과의 차이가 인구이동 요인이라고 주장한다. 따라서 토다로 모형은 기본적으로 다음과 같이 표현된다. 즉, 인구이동량은 도시에서 취업되었을 경우에 받게될 것으로 기대되는 예상소득과 현재 받는 농촌에서의 평균소득과의 차이에 따라 결정된다는 것이다.

$$M = f(Y_u^e - Y_r) \quad \cdots\cdots\cdots\cdots\cdots\cdots\cdots (1)$$

$M$ : 도시로의 인구이동량

$Y_r$ : 농촌에서의 평균소득

$Y_u^e$ : 도시에서 취업이 되었을 경우 예상되는 기대소득

여기에서 도시에서의 기대소득이 농촌에서의 평균 절대소득보다 크면 도시로

---

11 허재완, 전게서, pp. 21-22.
12 앞서 본 루이스의 이중경제모형은 경제성장 모형으로 평가하는 동시에 인구이동 모형으로도 평가하고 있다. 자세한 루이스 모형에 대한 설명은 본 제6장 4절을 참조할 것.

의 인구이동이 증가한다. 즉, $Y_u^e > Y_r$ 이면 $M > 0$ 이다.

한편 도시의 기대소득은 도시의 공식부문에 취업이 되었을 경우 받게 될 실제소득($Y_u$)에 도시에서의 취업확률(p)를 곱한 값으로 정의할 수 있다.

$$Y_u^e = p \cdot Y_u \cdots\cdots\cdots\cdots\cdots\cdots\cdots\cdots\cdots (2)$$

여기서, $p$: 취업할 확률

      $Y_u$: 도시에 취업이 되었을 경우의 실제 소득임

그리고 도시공업 부문에의 취업확률은 다음과 같이 정의된다.

$$p = \frac{b \cdot E}{(N-E)} \cdots\cdots\cdots\cdots\cdots\cdots\cdots\cdots (3)$$

여기서 $b$: 도시에서의 새로운 고용창출률

      $E$: 도시의 총 고용규모

      $N$: 도시의 총 노동인구

      $b \cdot E$: 도시에서 늘어나는 새로운 일자리 수

      $(N-E)$: 실업자 수임.

이상의 정의에 의해 식 (1)에 (2), (3)식을 대입하면 식 (1)은 다음과 같이 나타낼 수 있는데, 이를 토다로 모형이라 부른다.

$$M = f[(\frac{b \cdot E}{N-E}) \cdot Y_u - Y_r]$$

토다로 모형인 위 식에 의하면 비록 도시에서 실업이 존재한다 하더라도 즉, $\frac{b \cdot E}{(N-E)}$의 값이 1보다 적다고 하더라도 도시 공식부문에 정식으로 취업되었을 경우 받는 실제 소득($Y_u$)이 아주 높으면 도시에서의 기대소득이 농촌의 절대소득보다 높아지기 때문에 도시로의 인구이동이 일어나고 있다. 따라서 토다로 모형은 도·농간 소득격차가 심한 개발도상국가에서 대도시의 실업율이 높음에도 불구하고 도시로의 인구집중이 심화되는 현상을 잘 설명하고 있다.

한편 토다로 모형은 도시정책의 딜레마를 상징하는 이른바 '토다로 역설'을

읽게 한다. 예를 들어 도시정부가 실업문제를 해소하기 위해 고용증대를 위한 각종 시책을 시행하여 b의 값을 증가시켰다고 하자. 그러면 식 (3)에 의해 취업확률 p의 값이 높아지고, 이에 따라 결국 도시에서의 기대소득이 높아져 농촌소득과의 격차($Y_u^e - Y_r$)가 커지게 된다. 그러면 결국 도시로의 인구이동이 증가하게 되어 도시의 실업은 또 다시 증가하게 된다. 환언하면 도시에서의 실업 감소를 위한 정책이 오히려 더 많은 도시실업을 야기시키게 된다는 것이다. 이것이 바로 토다로 역설이다. 이 역설은 도시문제는 구조적으로 농촌문제와 밀접히 관련되어 있으므로 농촌문제의 해결 없이는 도시문제의 근원적인 해결을 기대하기 힘들다는 매우 중요한 정책적 시사점을 던지고 있다.

## 2 자본의 흐름

자본의 이동은 수익률의 지역 간 차이에 달렸으므로 자본수익률이 낮은 지역에서 높은 지역으로 이동하게 된다. 자본의 이동이 지역 간 소득격차를 균형화하는 방향으로 작용할 것인지 아니면 불균형을 더하는 방향으로 작용할 것인지는 부유지역과 빈곤지역 중 어떤 곳에서 자본수익률이 더 높고 낮은가에 달려있다.

신고전학파는 자본이 부족한 빈곤지역의 자본수익률이 부유지역의 그것보다 높기 때문에 노동력과는 달리 자본은 부유지역에서 빈곤지역으로 이동한다고 한다. 그래서 빈곤지역의 노동 대비 자본의 비율을 높이고, 그 결과 노동생산성을 향상시킴으로써 빈곤지역의 소득을 높이는 균형화의 요인으로 작용한다고 한다. 이에 반해 미르달(Myrdal)은 발전하는 부유지역에서의 자본수익률이 누적적 인과관계 속에서 더욱 더 높게 나타나고, 그래서 자본의 흐름은 빈곤지역으로부터 부유지역으로 오히려 역류한다고 주장한다.

자본이동은 노동의 이동과는 달리 이동비용이 거의 들지 않기 때문에 노동이동보다는 더 자유로울 것으로 생각되기 쉽다. 그러나 자본의 특성 자체에서 비롯되는 본질적 제약 이외에도 이동에 여러 가지 현실적인 제약조건들이 존재하고 있다. 자본이동이 지역소득 격차를 균형화시키는 힘으로 작용한다는 신고전학파의 주장에 대해 많은 회의를 제기하는 대목이다.

자본의 자유로운 이동을 제약하는 요인으로는 첫째, 자본 자체의 특성을 들 수 있다. 자본은 일단 투자되면 토지에 고정되고, 일단 입지가 고정되면 쉽게 이전하기 어렵다. 입지를 한번 정하고 나면 그것을 다시 옮기는데 엄청난 비용이 들기 때문에 오랜 시간이 경과한 후에야 이전을 생각하게 된다. 공장건물, 기계설비 등도 그렇지만 공공투자의 대부분을 점하는 도로, 항만과 같은 간접자본 시설은 더욱 그렇다.

둘째로, 자본이 한번 한 지역에 투자되면 그것을 대체하는 투자, 확장하는 투자 등은 자동적으로 동일한 지역, 동일한 장소로 따라가게 된다.

셋째로, 많은 비중을 점하는 공공투자는 투자의 수익성이 아닌 다른 기준 예컨대, 정치적 기준 등에 따라 지역적 배분이 이루어지는 경우가 많다.

넷째로, 새로운 투자는 기술혁신, 정보의 흐름. 그리고 위험부담과 불확실성과 같은 동태적 요인들에 의해 크게 영향을 받는데, 빈곤지역은 이러한 동태적인 면에서 특히 불리하다. 이와는 달리 부유한 지역은 빈곤지역보다 기술혁신이 쉽게 이루어지며, 필요한 정보에 쉽게 접할 수 있는 교통통신시설을 갖추고 있으므로 투자의 위험부담이 적다고 한다.

끝으로 투자는 고전적인 입지론이 주장하듯 반드시 이윤의 극대화 관점에서 이루어지는 것이 아니라 '이 정도면 괜찮다'라는 만족화 모형을 따르는 경우가 일반적이다. 공장의 입지를 선정할 때 물론 수익률을 고려하겠지만, 이외에도 개인적 연고관계, 사회적 분위기, 기후, 교육문화시설, 환경 등 여러 가지 비경제적 요인들 또한 큰 영향을 미치는 것이 사실이다.

### 3 쇄신의 확산

1) 쇄신확산의 의의

쇄신이란 새로운 아이디어나 새로운 기술, 또는 새로운 지식, 기술에 의하여 생산된 새로운 제품 등의 성공적인 사회적 수용을 가리킨다. 가축의 신종 예방접종, 새로운 농사기술, 수세식화장실, TV 수상기, 전기 및 전화 등의 보급이 모두 쇄신이 확산되는 구체적인 사례이다. 이러한 쇄신은 국민경제나 지역경제의 성장은 물론 지역발전에 있어서도 매우 중요한 요인으로 간주되고 있다.

지역적 차원에서 볼 때 한 지역의 쇄신 속도는 그 지역내부의 쇄신 창출능력과 함께 다른 지역에서 창출된 쇄신을 흡수하여 채택하는 능력 등에 따라 좌우된다. 내부적 쇄신능력이 모든 지역에서 동일하지도 않거니와 한 지역에서 일어난 쇄신이 다른 지역에 즉시 확산되지도 않는다. 확산된다 하더라도 그 정도나 시간 또한 다르다.

한 지역의 발전이나 지역 간 격차를 초래하는 요인으로서 자본이나 노동의 이동이 중요하게 다루어지는 것과 마찬가지로 지역 간 쇄신의 확산도 중요한 영향을 미치는 한 요인으로 제시되고 있다. 따라서 일찍부터 쇄신의 확산은 무엇에 의하여 영향을 받고, 또 확산의 공간적, 시간적 패턴은 어떤 것인지에 대해 상당히 많은 연구들이 진행되어 왔다.

## 2) 쇄신확산 패턴의 특성

쇄신확산에 관한 연구의 하나는 쇄신확산의 과정, 특히 그 중에서도 확산의 공간적, 시간적 패턴을 밝히는 데 초점을 두고 있다. 이 분야의 대표적인 학자로서는 모릴(Morill)의 연구를 들 수 있다. 그는 쇄신의 채택율은 어떤 지역에서나 도입 직후가 가장 높고, 쇄신의 발원지에 가까울수록 확산과정이 일찍 일어나며, 멀수록 늦게 일어나고 그 채택율도 낮다는 경험적 사실을 수리모형으로 설명하려 하였다.13 이하에서는 일반적으로 받아들여지는 쇄신확산 패턴의 특성을 공간적 측면과 시간적 측면으로 구분하여 설명하고 있다.

### 2.1) 공간적 특성

쇄신의 확산은 〈그림 6-4〉에서 보는 것처럼 거리에 따라 그 채택율이 체감하는 특성을 가진다. 거리는 정보 전달에 있어 장벽 또는 마찰 요인이 되기 때문이다. 쇄신의 확산은 직접적이든 간접적이든 주고받는 사람 상호간의 접촉이나 연락이 있어야 하므로 거리가 공간적 마찰로 작용함은 당연하다. 거리가 가까우면 쇄신을 주고받는 자들 간의 접촉은 그만큼 많아지고, 거리가 멀어지면 그만큼

---

13 H.W. Richardson, *Regional Growth Theory*, London: Macmillan Press, 1973, pp. 115-118.

쇄신의 확산을 위한 접촉빈도가 줄어들 것이라는 사실을 반영하는 의미이다.

거리에 따라 체감하는 정도를 나타내는 쇄신채택율 함수의 기울기는 지역의 여건에 따라 다양한 모습을 보인다. 예컨대 첨단기술이나 사치성 소비와 관련된 쇄신의 확산은 빈곤지역에서보다는 부유한 지역에서 기울기가 더 크게 나타난다. 부유지역에서 더 빠르게 쇄신확산이 진행됨을 말해주고 있다. 마찰요인으로서의 거리의 역할이 부유지역에서 그만큼 줄어든다는 의미이다.

그림 6-4 거리와 쇄신채택율

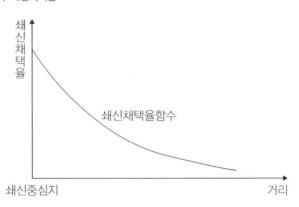

2.2) 시간적 특성

어떤 지역에 쇄신이 도입되면 초기에는 몇 사람의 쇄신적인 사람들이 이를 채택한다. 그리고 얼마 후 다수가 초기에 쇄신을 채택하고, 이어서 다수가 또 후기에 이를 채택한다. 마지막으로는 낙오된 얼마의 사람들이 쇄신을 채택하게 되고, 그렇게 됨으로써 쇄신채택의 한 주기가 끝나게 된다.

이러한 쇄산확산의 모습을 시간상에서 그리면 아래 〈그림 6-5〉와 같이 종모양의 정규분포곡선으로 나타난다.

**그림 6-5** 쇄신의 확산주기

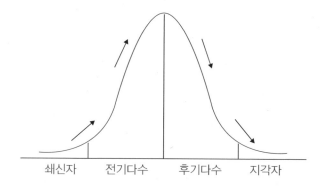

쇄신자　　전기다수　　후기다수　　지각자

## 3) 쇄신확산의 유형

### 3.1) 전염확산과 계층확산

쇄신의 진행과정 측면에서 확산유형을 분류하면 전염확산과 계층확산으로 구분할 수 있다. 전염확산은 접촉에 의해 전염병이 옮겨가는 모습과 같은 확산과정을 일컫는다. 전염확산은 접촉에 의해 이루어지는 만큼 거리마찰 효과에 가장 큰 영향을 받는다. 따라서 교통망 확충이 미흡하여 거리 마찰력이 크면 쇄신의 전염확산은 아주 느린 속도로 진행된다. 일본의 농부들이 쌀 경작에 소형트랙터를 이용하게 되는 과정, 인도의 부녀자들 간에 산아제한을 위한 루프 피임법이 전파되는 과정이 전염확산의 전형적인 예이다.

계층확산은 대도시에서 쇄신이 창출되거나 쇄신의 정보가 전달되면 도시계층을 따라 그 아래로 건너뛰는 유형의 확산패턴을 말한다. 따라서 계층확산에서는 도시계층의 형태 또는 구성이 큰 영향을 미치며, 거리는 상대적으로 중요한 영향인자가 되지 않는다. 여성의 의류패션이나 각종 유행이 대도시로부터 중소도시로 전파되는 과정이 계층확산의 단적인 사례이다.

### 3.2) 이전확산과 팽창확산

쇄신의 확산모습을 정보전달 방법이라는 측면에서 보면 이전확산과 팽창확산으로 구분할 수 있다. 이전확산은 사람과 함께 쇄신적 정보가 확산 또는 이동하는 것을 말한다. 따라서 이전확산은 인구이동을 통하여 주로 일어나기 마련이다. 예컨대, 선진외국에서 오래 살다가 돌아온 사람들이 외국의 새로운 문화를 확산시키는 경우가 여기에 해당한다.

팽창확산은 사람은 움직이지 않고 쇄신적 정보만 확산되는 것을 말한다. 예컨대, 새로운 농작물 재배기술이 농촌에 전파되는 것이나 어떤 쇄신적 소문이 공간상에 전파되는 것이 여기에 속한다.

### 4) 헤거스트란드의 쇄신확산 모형

쇄신확산이론에 획기적인 기여를 한 연구로는 헤거스트란드(Hagerstrand, T.)의 연구를 대표적으로 꼽을 수 있다. 그는 쇄신의 공간적 확산을 과학적 법칙에 의하여 결정되는 것이라기보다는 인간의 사회적 의사전달과정으로 파악하고, 농업기술의 혁신과 자동차의 보급, 또는 로타리클럽과 같은 새로운 사회제도 등이 어떻게 공간적·시간적으로 전파되고 확산되었는지에 대해 실증적인 연구를 하였다.

그는 이러한 연구를 통하여 쇄신의 공간확산은 다음과 같은 3가지 단계를 거친다고 밝혔다. 최초의 단계는 쇄신중심지의 주변지역에서 쇄신을 채택하는 초기

그림 6-6   헤거스트란드의 쇄신확산 모형

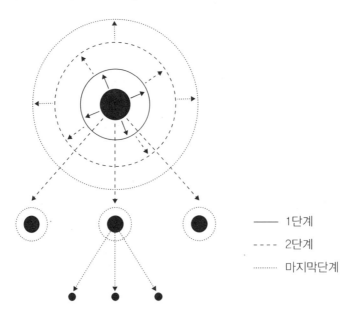

———  1단계
----  2단계
········  마지막단계

단계이고, 그 다음 단계는 2차적인 쇄신중심지가 출현함과 동시에 초기 쇄신중심지에서 계속적으로 쇄신이 외연적으로 확산되는 단계이다. 마지막 단계는 포화단계로서 쇄신중심지에서 멀리 떨어진 지역의 쇄신채택율은 아직 저조하지만 쇄신중심지의 쇄신채택율은 포화상태에 이른다고 한다. 이와 같은 쇄신의 공간확산과정은 점진적으로 진행되는 최초의 쇄신채택기를 지나고, 이어서 더욱 빠른 쇄신채택율을 보이는 과도기를 거치며, 그 다음에는 다시 점진적으로 진행되면서 포화상태에 이르는 S자형의 시간경로와 일치하는 것이다.

특히 그는 많은 쇄신이 도시계층체계를 따라 계층적으로 확산된다는 사실을 보여 주었다. 그것은 새로운 지식이나 기술을 전달하는 즉, 쇄신확산의 통로인 교통·통신네트워크의 중심지들이 도시라는 점을 생각할 때 지극히 당연한 견해라고 할 수 있다. 이러한 헤거스트란드의 연구는 아무튼 그 이후 이어지는 계층확산이론 발전에 많은 공헌을 한 것이 사실이다.

그 외에도 헤거스트란드는 쇄신확산에 관해 다음과 같은 몇 가지 가설을 제시하고 있다. 첫째, 쇄신은 수도나 다른 대도시에서 일어나는 경향이 크고, 둘째, 국경이 쇄신의 확산과정을 제약한다. 셋째는, 초기의 확산은 도시계층 체계를 따르는 경향이 있으나 하위도시계층에 이르면 확산경로가 차단된다고 하며, 넷째, 하위도시 계층으로 갈수록 쇄신확산에 거리 마찰이 지대한 영향을 끼친다고 하였다.

## 5) 쇄신확산의 지역정책적 시사

쇄신확산 논의에서 지역개발 문제와 관련하여 우리의 관심을 끄는 것은 계층적 확산패턴이다. 이미 경제적으로 발전된 사회에서는 대도시에서 점차 작은 도시로 도시계층을 따라 쇄신이 확산되는 패턴을 취한다고 일반적으로 말해지고 있다.

일반적으로 다음과 같은 사실들이 이러한 주장을 지지하는 배경으로서 지적되고 있다. ① 공식적인 의사전달채널인 통신네트워크의 대부분이 대도시간 많은 흐름을 보이는 도시간 네트워크라는 점 ② 대도시의 개방적 사회구조와 심리적 성향이 새로운 아이디어나 쇄신의 채택을 더욱 용이하게 한다는 점 ③ 쇄신과 그 확산에 결정적인 영향을 미치는 엘리트나 기업의 분포가 도시계층에 따라 결정된다는 점 등이다.

그러나 교통통신이 고르게 발달되어 있지 못하고, 또 쇄신의 창출과 채택에 직접 관련이 있는 엘리트나 기업이 대도시에 집중되어 있으며, 뿐만 아니라 대도시 편중의 왜곡된 도시계층 구조를 가진 후진국에서는 쇄신의 채택과 확산이 대도시와 그 주변지역에 집중되는 경향이 강하다.

이러한 사실은 이들 후진국들에 있어서의 지역개발 논의와 관련하여 시사하는 바가 크다. 먼저 쇄신의 공간확산을 촉진시키기 위해서 중간규모 도시를 육성할 필요가 있음을 지적하고 있다. 일반적으로 중소도시에 비해 대도시가 상대적으로 크게 발달한 단절된 도시체계 하에서는 쇄신의 효과적인 확산을 기대하기 어렵기 때문이다.

다음은 효과적인 지역개발 수단의 하나로 교통망과 통신망을 확충하는 문제가 강조되고 있다. 쇄신의 확산모습은 거리체감함수 형태를 띤다. 교통망의 확충을 통해 쇄신 중심지인 도시와 배후지역 간의 접근성을 제고시키고, 통신망 확충을 통해 쇄신정보 흐름의 공간마찰을 극복하는 것이 바로 지역개발의 요체임을 말해주고 있다.

# 제7장
# 대안적 개발사고

전통적 개발사고들이 개발논의의 중심에 자리하고 있는 가운데서도 그것에 대비되는 서로 다른 개발 사고들이 끊임없이 제기되어 왔다. 개발의 목표, 개발과 정에 대한 가정, 개발방법 등을 둘러싸고 뚜렷이 다른 관점을 내 보이는 생각들이 다. 전통적 개발사고와 다른 개발관점을 갖는 이들 개발관련 사고들을 묶어서 여 기서는 '대안적 개발사고'라고 부른다. 개발논의의 장에서 큰 영향을 끼친 대표적 인 대안적 개발사고로서는 크게 신인민주의적 개발사고와 사회학습사상 그리고 종속이론적 시각과 최근의 생태환경친화적 개발사고 등을 꼽을 수 있다.

## 제1절
## 신인민주의적 개발사고

### 1 인민주의적 개발사고의 원형

전통적 개발사고가 개발전문가들에게 큰 호응을 받고 있던 그 기간 동안에도 어떤 사람들은 공업뿐만 아니라 농업부문에도 투자자원을 배분하는 것이 필요하 다고 주장했다. 이러한 주장은 1970년대 초반기에 '개발을 단지 국가의 성장률을 증진시키고 경제의 구조변화를 가져오게 하는 것'만이 아니라는 주장이 제기됨으

로써 그 중요성이 더욱 강하게 역설되었다.[14]

이러한 생각을 '신인민주의'라고 부른다. 19세기 초엽에 공업화와 도시화의 비인간화에 대한 반작용으로 제기된 바 있는 소위 '인민주의'라고 부르는 사고에 그 생각의 뿌리를 두고 있다고 해서 그렇게 부른다.

인민주의는 1870년대 제정 러시아에서 일부 지식인들이 제창한 농본주의적 급진 사상을 일컫는다. 그들 지식인들은 자신들이 누리는 지위와 혜택은 농부들의 희생 위에서 이룩된 것이라는 자각을 하면서 농민들에 대한 일종의 부채 의식을 갖고 있었다. 그들은 제정 러시아 고유의 농촌공동체 '미르'를 통하여 자본주의 단계를 거치지 않고도 사회주의적이고 평등한 민주사회에 도달할 수 있다고 생각했다. 그래서 그들은 농민들에 대한 부채를 갚기 위해 '민중 속으로'라는 캐치 프레이저를 걸고 농촌으로 내려가 봉사하고, 선전 선동을 통해 계몽운동을 전개하였는데 이를 인민주의 운동이라고 불렀다.

인민주의 운동의 특징은 다음과 같이 요약할 수 있다. 먼저 러시아 전제주의적 전통을 선호하며, 반면에 서구 자본주의 사회질서의 착취와 불평등을 분명히 거부하고 있다. 그리고 인민주의 운동은 인민대중의 자주적 힘에 대한 무한한 믿음을 운동의 근원적 동력으로 삼고 있다. 인민대중의 힘을 결집시킬 수만 있다면 무슨 일이든 할 수 있다는 믿음을 갖는다. 그리고 도덕적 의무와 자기희생 정신을 바탕으로 지식인이 인민대중의 열기를 이끌어 낼 수 있다고 본다.

이러한 인민주의적 사고에 뿌리를 둔 농촌부흥운동은 전 세계적으로 뻗어나가 20세기 전반을 수놓는 개발사고의 한 축을 형성하기에 이른다. 나아가 그 생각의 일단은 최근까지도 다양한 형태를 띠는 농촌개발운동에 면면히 이어오고 있다. 우리나라에서도 1960년대까지만 하더라도 인민주의적 사고에 젖어 '민중 속으로'라는 기치를 걸고 농촌운동에 헌신하는 사례가 폭넓게 나타나고 있었다.

"눈뜬 소경에게 글자를 가르쳐 주는 것은 두말할 것 없이 필요합니다. 계몽

---

[14] 시어즈(Seers)와 세계은행, ILO 등의 활동이 대표적이다. 자세한 내용은 후술하는 '지역개발 패러다임의 변화' 논의를 참조할 것.

운동이 우리에게 있어서 가장 시급한 사업 중의 하나인 것도 사실입니다. 그러나 이 땅의 지식분자인 우리들이 이러한 기회에 전 조선의 농촌, 어촌, 산촌으로 방방곡곡에 파고 들어가서, 그네들과 똑같은 생활을 하면서 어떻게 하면 그네들이 그 더할 수 없이 비참한 생활에서 벗어날 수가 있을까하는 문제를 머리를 싸매고서 생각해봐야 합니다. 지금부터 육칠십 년 전 노서아의 청년들이 부르짖던 브 나르도('민중 속으로'라는 말)를 지금 와서야 우리가 입내 내듯하는 것은 더할 수 없이 슬프고 부끄러운 일입니다. 그렇지만, 우리는 남에게 뒤떨어진 것을 탄식만 할 것이 아니라, 높직이 앉아서 민중을 관찰하거나 연구의 대상으로 삼으려 하는 태도를 버리고, 그네들이, 즉 우리 조선 사람이 제 힘으로써 다시 살아나기 위한 그 기초공사를 해야겠습니다. 오늘 저녁 이 자리에 모인 바로 여러분의 손으로 시작해야겠습니다. 물질로, 즉 경제적으로는 일조일석에 부활하기가 어렵겠지만 무엇보다도 먼저 모든 것을 지배하고 온갖 행동의 원동력이 되는 정신, 요샛말로 이데올로기를 통일하기 위해서 전력을 기울여야 하겠습니다!"(심훈, 『상록수』, 1935: 15)

인민주의적 사고는 산업화의 역효과에 대응하여 생겨난 사조로서 무엇보다 물질주의적 개발에서 인간중심주의적 개발로의 전환을 역설하고 있다. 핵심내용은 낭만주의 문학, 미술, 시에서 보여주듯이 농촌에서의 아름다운 삶의 장점을 찬양하며, 또한 소규모 농업생산이나 장인(匠人)산업에 기초한 촌락사회에서의 사회복지 진척을 주장하고 있다. 그 주장의 저변에 깔린 의도는 '다수의 빈곤을 무시한 대규모 공업화 전략에 비해 효과가 동일하거나 아니면 이보다 더욱 효과적이고, 그리고 비용도 적게 드는 경제개발 궤도의 대안적 유형을 제시하고자' 하는데 있다.[15]

---

[15] 1970년대에 전통적 개발사고를 반박한 신인민주의적 사고는 인민주의적인 논의를 되풀이하는 것이다.

## 2  오덤의 지역주의

이러한 인민주의적 개발사고는 1930년대 미국의 지역계획 논의의 발전과정에서 중요한 역할을 한 오덤(Odum, H. W.)의 연구에 그 맥을 잇는다.[16] 노스 캐로리나 대학의 사회학자인 오덤은 문화적 평준화를 초래하는 산업화의 일방적인 영향에 맞서고 저항하는 문화적 지역주의를 옹호한다. 그는 영역적으로 통합된 지역사회에 미치는 산업화의 위협을 알았고, 그래서 '지역적' 혹은 '국가적 계획'을 통해 이러한 힘을 제한하고 이동시키기를 원했다.

오덤과 그를 추종하는 일단의 남부 사회학자들은 북부의 공업적 이해와 대도시 문화의 침탈로부터 남부 농촌적 가치를 지키기를 원했고, 나아가 그들은 농민의 빈곤과 인종적 차별을 완화하고자 하였다. 그들은 농촌지향적이었으며, 또한 그들의 논의는 주로 저개발, 한계지역, 빈곤 등 문제에 집중되었다.

오덤과 그의 동료들은 머잖아 서구 문명의 퇴조가 닥칠 것임을 감지할 수 있다고 했다. 이것은 도시화 및 공업화, 대도시 지배, 지역 불균형 등 문제가 심화되면서 불가피하게 초래될 수밖에 없는 역사적인 사건이라고 하였다.

그들은 산업화의 폐해를 다음과 같이 적고 있다. 농촌에 기반을 둔 전통 사회와 문화는 소위 '기술적 양식'에 의해 파괴되어 왔다. 부연하면, 기술적 양식을 대표하는 과학과 기능적 조직은 지역의 전통적 삶의 방식과 사회통합의 영역적 양식을 대체하였다. 그 영역적 양식의 전형적인 형식인 지역공동체가 해체되고 이익사회로 변화했다는 것이다. 기술적 양식이 철저하게 인간행동의 전통적 양식을 변화하게 만들었으며, 자연적으로 발전해 온 공동체적 제도가 도시·공업화의 비인간적인 사회관계로 대체되었다고 느꼈다.

어느 지역도 농촌적 삶에서 산업사회로, 또 농촌문화에서 도시문명으로의 전환보다 더 뚜렷한 어떤 변화를 겪은 것은 아니다. 실제 세계적 경향을 띠는

---

16 H.W. Odum & H.E. Moore, *American Regionalism: a Cultural Historical Approach to National Integration*, New York: Henry Holt, 1938.

도시화는 한 국가의 전반적 문화경관을 변화하게 하였으며, 그래서 거대도시 문화를 기술적 양식과 가장 가까운 의미로 여기게 되었다(오덤, 1939; 86).[17]

그들은 기본적으로 서구사회의 지배적인 경향 즉, 거대도시화, 농촌붕괴, 대량의 이촌향도 인구이동, 사회적 분극화 등에 반대하는 입장이다. 또한 그들은 기능적 시장질서가 들어서게 되면 곧 사라져버릴 사회통합의 영역적 원리를 옹호하려고 하였다.

나아가 오덤은 미국사회는 중요한 과제에 직면하고 있다고 생각했다. 그것은 농촌을 도시화하는 것이 아니라 반대로 도시를 농촌화함으로써 농경문화로 재통합하는 것이라고 했다. 미국 남부와 북부 사이의 식민적 상황에서 일어나는 대도시의 무차별한 습격에 대한 저항의식이 남부학자들의 연구의 출발점이다. 그들은 그들의 관점을 '지역주의'라고 이름 붙였다.

지역주의는 각 지역단위가 그들 스스로의 부존자원과 잠재력을 완전히 개발하는 문제와 관련하여 시사점을 갖는 자조적(Self-Help), 자립적(Self-Development), 자주적(Initiative)인 기술과 철학을 표방한다(오덤, 1939; 10-11).

지역주의자들의 이러한 논의에서 기능적 조직에 대비되는 영역적 조직이라는 관념, 대도시에 대비되는 지역, 지역균형, 지역계획이라는 관념을 발견하게 된다. 이런 생각을 취할 때 계획의 초점은 물리적 계획에 두어지지 않는다. 대신에 먹는 것, 입는 것, 자는 것 등과 같은 기본수요, 직업적 기회 및 생산수단들 등에 대한 공평한 접근을 제공하는 제도 형성에 두어지게 된다. 이것은 문화부흥이라기보다는 오히려 사회재건을 지향하는 과제로서의 성격을 띤다.

남부 지역주의자들에 있어서 '지역균형'이란 용어는 총체적 의미를 갖는다. 문화들 사이의 균형, 직업들 사이의 균형, 도시와 농촌의 균형 등 다양한 의미를 갖는다. 오덤은 균형문제의 핵심은 다른 지역과의 문화 및 경제관계에 적절히 대

---

17 H.W. Odum, *American social problem: an introduction to the study of people and their dilemmas*, New York: Henry Holt, 1939.

응하고, 그들이 사는 장소에서 모든 사람들이 그들의 자원을 보존하고 개발하고 이용하는 과정에 균등한 기회를 보장하는 데 있다고 한다. 교육, 공공위생과 복지에서, 직업의 예측범위에서 문화수준이 상이한 사람들과 집단들 간에 존재하는 차별을 제거하고 기회균등이 실현되는 그 어떤 것을 균형이라고 보았다.

지역불균형 문제는 사회재건으로 극복될 수 있다. 오덤에 따르면 이것은 지역 및 국가차원의 사회계획을 통해 이룩할 수 있다고 한다. 그리고 그는 1934년 7월 UCLA에서 행한 연설에서 지역계획 전략에 관한 6가지 가설을 제시하였다. 처음의 두 가지는 새로운 국가적, 지역적 의식을 일깨우는 것이다. 첫째, 미래 지향적 태도로의 변화가 요구되고 있으며, 이와 함께 지역불평등, 인종차별, 문화의 절충, 농촌과 도시의 갈등해결, 연방과 지역 간의 협력 등 관련 문제들을 적극적으로 인식하는 방향으로 태도 변화가 필요하다고 했다. 둘째, 태도는 또한 지역참여를 강조하는 방향으로 변화하여야 한다고 했다.

다음 4가지 전략은 오늘날 지역계획가들에게 보다 익숙한 것들이다. 첫째, 미국 남부 농업을 개발하고 재조직하는 실용적인 프로그램이 제안되었다. 그것의 목표는 지역 내 소비에 부응하고, 지역 내에서 원료조달이 가능한 상품을 지역에서 생산하는 것이다. 둘째 전략은 수출을 활성화하기 위해 남부 농업생산품의 선별적 개발을 제안하고 있다. 셋째는 지방정부의 철저한 재조직화와 함께 물리적인 지원정책의 도입필요성을 제시하였다. 마지막으로는 보다 높은 지적 기반을 갖도록 남부의 제도들을 발전시키는 데 역점을 둘 것을 강조한다.

나아가 그는 수출작물 종속 패턴의 악순환을 끊고, 아울러 식량작물 생산의 다양화와 소작농의 종식을 지역계획 목표로 제시하고 있다. 이를 위해 소작체계를 재편하고 적절한 금융을 제공하며, 재배패턴을 다각화하고 소비재에 대한 접근을 용이하게 해야 한다고 하였다. 나아가 기술지원 시설을 확충하고 한계농지를 농가에 재분배하며, 그리고 교역과 수출을 증가시키기를 원했다.

그는 또한 2가지 계획목표를 제시하였는데, 하나는 남부의 전체 농업체계를 생산부터 판매 및 분배단계까지를 포괄하는 상업농 체계로 재편하는 것이며, 다른 하나는 소작인과 소농을 한계수준 이하로 내모는 널리 퍼져있는 착취적 소작체계를 완전히 혁신하는 것이다.

소농지원 프로젝트의 실행단계에서는 다분히 공동사회적이고, 집산주의적인 수단들이 제시되고 있다. 공공서비스 제공을 위한 농촌노동력의 공동화, 카운티 또는 지역사회 단위에서 농업기계 이용의 공동화, 농업자재를 공급하는 특수 지방기업의 설립, 농업토지이용을 합리화하기 위한 농촌계획 수립 등이 그것이다. 이러한 두 가지 계획목표달성을 통해 발전된 농업과 농촌 전통문화의 지원 하에 공업은 확장되어질 것이라고 하면서 다음과 같이 적고 있다.

> "산업분산을 위한, 마을 및 지역사회 공업을 위한, 많은 새로운 소규모 기업을 위한, 그리고 농장과 농가의 부흥을 기대하는 준 민간 혹은 준 공공사업 프로그램에 대한, 조림과 사방사업에 대한, 주택부족에 대한 것들을 포괄하는 종합계획과 그리고 흑인의 교육, 위생시설 확충을 위한 특별계획 등이 포함되는 농업의 재조직화로 전 공업지역을 통합할 것이다."(오덤, 1934: 21)

## 3 슈마허의 인간중심주의

인민주의적 개발사고는 서구 근대화 사상의 근간인 거대주의와 물질주의에 정면으로 도전하는 슈마허의 사상에 깊이 접목되어 있다. 슈마허(Schumacher, E. F.)는 1973년 발간한 그의 저서 '인간중시의 경제학 연구(A Study of Economics as if people mattered)'라는 부제가 붙은 『작은 것이 아름답다(Small is Beautiful)』에서 전통적인 개발사고에 대한 신랄한 비판과 함께 '인간중심의 개발'이라는 비물질적인 개발방식에 대한 논의를 하고 있다.

그는 먼저 전통적 개발사고에서는 개발을 물질적인 기회를 제공하는 것으로 인식하며, 비물질적인 요인들은 간과하고 있다고 비판한다. 빈곤의 원인으로 지적되는 자연자원의 부족, 자본의 부족, 사회간접자본의 부족과 같은 물질적인 요인은 사실상 이차적인 것이고, 오히려 비물질적이고 비가시적인 요인 즉, 교육, 조직, 그리고 훈련 등이 개발의 가장 중요한 전제가 된다고 한다.

나아가 그는 여기에 바로 개발의 중심 문제가 있다고 역설하고 있다. 빈곤의 첫째 원인이 이들 3가지 측면 즉, 교육, 조직, 훈련의 결함에 있다면 빈곤의 극복은 주로 이들 결함을 여하히 제거하느냐에 달려 있다. 이러한 생각은 결국 무엇보다도 인간에게 관심을 기울여야할 것임을 말하고 있다. 인간이야말로 모든 부(富)

의 일차적이고 궁극적인 근원이기 때문이다.

> 개발은 물질에서 출발하는 것이 아니라 인간과 그 교육, 조직, 그리고 훈련
> 에서 출발한다. 이들 세 가지가 없으면 모든 자원은 잠재적인 것에 불과하다.
> 자연자원 조건이 열악한데도 오히려 번영하는 사회가 있다. 우리는 제2차 세
> 계대전 이후 비가시적인 요소의 중요성을 일깨우는 많은 경우를 봐왔다. 아무
> 리 자원이 황폐하더라도 높은 수준의 교육, 조직, 훈련 기반을 갖는 나라는
> 경제적 기적을 이룩했다(슈마허 저·원종익 역, 1992; 182).

슈마허는 또한 기술을 단지 주어진 것으로 여기는 경향에 대해 반박하고 있
다. 그리고 그는 개발도상국들의 실제 조건에 적합한 기술을 소위 '중간기술'이라
고 부르면서 그것의 중요성을 강조하고 있다.

오늘날 이 세계의 많은 곳에서는 부유한 자는 더욱 부유해지고, 그 반면에 빈
곤한 자는 더욱 빈곤해지고 있다. 이른바 개발도상국가에 속하는 모든 나라에는
선진국과 유사한 생활 및 노동양식을 갖춘 현대적 분야와 생활 및 노동양식이 매
우 뒤처져있고, 가속도로 쇠퇴과정을 겪는 비현대적 분야가 공존하고 있다. 전 인
구의 대다수는 이러한 비현대적 분야에 속해 있다.

대부분의 개발도상국가들이 겪는 빈곤은 전형적으로 일할 기회가 제한되고,
그래서 일을 할 수가 없기 때문에 생기는 문제이다. 그들은 일자리를 얻었다 하더
라도 불완전 취업이거나 아니면 거의 실업인 상태에 놓여있다. 이러한 사실은 기
존의 개발방식에 회의를 갖게 한다. 기존의 전통적 개발사고는 일자리가 왜 증가
되지 않는가 하는 물음에 자본이 없기 때문이라고 대답한다. 그래서 대도시로 생
존의 길을 찾아 떠나게 된다고 한다. 그러나 대도시에는 이들을 위한 일자리도,
거주지도 없다. 그래도 일자리가 전혀 없는 농촌보다는 일할 기회가 많을 것 같기
때문에 도시로 계속 몰려들면서 지역문제가 악순환 되는 구조로 빠져들게 된다.
그래서 슈마허는 개발노력의 중요한 부분이 농촌지역을 떠나는 이주 행렬을 붙잡
거나, 대도시까지 가지 않도록 농촌과 중소도시에 일자리 창출을 위한 '농업·공
업병진산업구조'를 창설할 필요가 있다고 한다.

슈마허는 일자리 부족이 자본부족 때문이라는 생각을 거부한다. 그는 자본은
원래 인간의 노동으로부터 생겨난 것이기에 자본의 결여는 저생산성을 설명할 수

는 있으되 노동기회의 결여는 설명할 수 없다고 한다. 그래서 우선적으로 필요한 것은 일자리 창출을 위해 노동기회를 최대화하는 것이다. 완전한 것보다는 적용범위를 넓히는 것이 선결과제이다. '가장 새로운 것이 가장 좋다'라는 생각은 빈곤한 나라의 실제적 조건에 적합하지 않다. 근대산업은 자본이 풍부하고 노동력이 부족한 사회에서 발생한 것이므로 자본이 부족하고 노동력이 풍부한 사회에는 적합하지 않다는 것이다. 보수가 적더라도 일을 시작하고, 그러면서 생산과 노동이 가치있는 것임을 경험하게 되며, 나아가 더욱 가치있는 것을 만드는데도 관심을 갖게 된다. 따라서 소수의 사람이 많은 량을 생산하는 것보다 모든 사람이 얼마간의 것이든 생산하는 것이 더욱 중요하다.

개발을 보는 이러한 생각은 다음과 같은 4가지 주장으로 요약할 수 있다. 첫째, 일터는 사람들이 이주하려는 대도시 지역이 아니라 사람들이 지금 사는 곳에 마련되어야 한다. 둘째, 이러한 일터는 돈이 별로 들지 않고, 또 쉽게 달성하기 어려운 자본형성이나 수입을 필요치 않은 것으로 만들어야 한다. 셋째, 비교적 단순한 생산방식을 채택해야 하며, 생산공정 뿐 아니라 조직, 원료공급, 금융, 판매 등 그 밖의 문제에서도 높은 수준의 기술은 최소한으로 요구되도록 해야 한다. 넷째, 생산은 주로 현지의 원료를 사용하고 현지에서 수요가 있는 제품을 대상으로 이루어져야 한다. 이들 주장은 결국 '지역적 접근'과 '중간기술'이라고 불리는 것을 의식적으로 개발하고 적용하려는 자각적 노력이 있을 때 충족될 수 있다.

전형적인 개발도상국의 토착기술에 선진국의 기술이 도입되면 두 기술 사이의 격차는 너무 커서 한쪽에서 다른 쪽으로 이전이 불가능하다. 토착기술을 위험에 빠뜨리게 하고, 그래서 근대적 공장이 만들어지기도 전에 전통적 공장은 파괴된다. 따라서 빈곤한 사람이 이전보다도 더욱 절망적이고 구제되기 어려운 상황 속에 방치되는 결과를 가져오게 된다.

중간기술이란 토착기술보다는 훨씬 생산적이고, 반면에 고도의 자본집약적인 근대산업 기술보다는 훨씬 비용이 적게 든다. 또한 이러한 공장의 창설에 요구되는 여러 조건들 예컨대, 금융상의 조건뿐만 아니라 교육, 자질, 조직능력 등의 조건들도 지역 내 소기업가의 손이 닿을 수 있는 범위 내에 있을 것이다. 설비는 극히 간단하기 때문에 이해하기도 쉽고, 현장에서 유지, 보수하기에도 적합하다. 간단한 설비는 고도로 복잡한 설비보다 일반적으로 부품에 대한 의존도가 훨씬 낮

을뿐더러 지극히 단순하여 형태대로 조립만 하면 된다. 또 시장의 변동에 대해서도 적응성이 매우 높다. 그리고 종업원의 훈련·감독·관리가 쉽고, 조직도 단순하며, 예견할 수 없는 상황 변화에도 잘 견딜 수 있는 이점도 있다.

## 제2절
## 사회학습 사상

개발문제의 논의에서 중요한 의미를 갖는 사상의 한 갈래에 사회학습(Social Learning) 사상이 자리하고 있다. 사회학습이란 실천과 학습을 상호관련된 하나의 과정으로 해석한다. 그래서 하나의 과정이 필연적으로 다른 과정을 내포하고 있다는 것이 그 생각의 본질이다. 실천을 통한 경험이 바로 학습으로서 지식의 기초를 형성하고, 이러한 학습결과로 얻어진 지식이 사회변화 즉, 개발을 가져오게 하며, 나아가 이러한 사회변화의 경험은 다시 학습효과를 가짐으로써 새로운 지식의 기초가 되어 사회변화를 가져오는 토대가 된다. 경험을 통해 우리는 세상을 이해할 수 있을 뿐만 아니라 세상을 변화시키기도 한다. 실천에서 계획으로, 그리고 다시 계획이 실천되는 과정이 바로 학습이고 개발이다.

사회학습 사상은 존 듀이(Dewey, J.)의 실용주의 철학에서 연유한다. 듀이에 의하면 경험은 무엇인지 알아가는 인식의 출발이다. 경험이 사람과 환경간의 기본적인 상호작용을 내포함으로서 무엇을 알아가는 탐구의 기초라는 것이다. 타당한 지식은 현실의 사건, 사고들을 경험하는 교호작용을 통해 얻어진다. 지식은 사회학습을 통한 경험으로부터 뽑아낸 어떤 것이며, 가설적이고 경험적이며 수단적인 것이라고 한다. 그래서 지식은 행위자가 문제를 처리하거나 또는 문제를 해결하는데 도움을 줄 때만이 유효해진다고 한다.

실천은 바로 사회학습을 의미하며, 개발이란 바로 사회학습을 통해 얻은 지식을 적용하여 의도적 변화를 추구하는 또 다른 실천이다. 실천을 통한 경험이 개발의 기초를 이룬다는 말이다. 이렇듯 사회학습 사상에 따르면 계획된 사회변화를 의미하는 개발이란 자기교육적 과정임을 말해준다. '사람은 현실을 변화시킴으로써 배운다'는 것이 듀이가 던지는 메시지의 핵심이다.

　사회학습에 관한 듀이의 사상에 강한 영향을 받은 사람 중 하나가 중국의 마오쩌둥이다. 마오쩌둥은 듀이의 저술을 읽었다거나 그의 강의를 들었다는 믿을 만한 아무 근거가 없다. 그러나 사회학습 계보에서 중요한 글 중의 하나로 평가되는 마오쩌둥의 '실천론(On Practice)'이 듀이의 영향을 직접 받았다는 유력한 상황 증거이다. 모든 타당한 지식의 근원이 실체를 변화시키는 실천이라는데 있어서 마오쩌둥은 듀이와 근본적으로 일치하고 있다. 경험이 인식의 기초라는 듀이의 생각을 마오쩌둥은 또한 가감 없이 그대로 다음과 같이 언급하고 있다.

　　만일 당신이 지식을 원한다면 당신은 실체를 변화시키는 실천에 참여해야 한다. 만일 당신이 배의 맛을 알려면 직접 배를 먹어 배를 소화시켜야 한다. 만일 당신이 원자구조의 성질을 알려면 당신은 원자상태를 변화시키기 위하여 물리적 또는 화학적 실험을 해야 한다. 모든 진실한 지식은 직접적인 경험에서 연유한다(존 프리드만 저·원제무외 역, 1991; 218).

　마오쩌둥은 또한 사회학습 과정에 관해서도 듀이와 유사한 주장을 하고 있다. 그는 사회적 실천을 인간과 환경간의 상호작용적 총체로 인식하고 있다.

　　만일 누군가가 자기가 하고 있는 일이 성공하기를 바란다면 즉, 예측된 결과를 성취하려 한다면 자신의 사상을 객관적인 외부세계의 법칙과 일치하도록 해야 한다. 만약 그것들이 일치하지 않는다면 자신의 실천이 실패할 것이다. 실패한 후에는 그것에 대한 교훈을 도출해 내어 객관적인 외부 세계의 법칙과 일치하도록 자신의 사상을 수정함으로써 실패를 성공으로 변화시킬 수 있다. 이것이 '실패는 성공의 어머니'라는 것이다. 변증법적 유물론에서는 실천이 매우 중요한 위치를 차지하고 있다(전게서; 217).

　사회학습에서 행위자와 학습자는 동일한 자로 가정된다. 자신의 행위로부터 배우는 자가 다름 아닌 행위자이다. 교실에서의 능동적인 학습자는 학생이고 연구소에서는 과학자이다. 그러면 지역개발의 경험으로부터 학습하고 행위하는 주체는 누구인가? 그들은 지역개발 문제에 직접적으로 이해관계에 놓여 있는 지역주민들이다. 지역개발의 실천행위는 전문가의 손에서 능동적 학습자인 지역주민에게로 이전되어야 할 것임을 강하게 시사하는 대목이다. 주민을 고려하지 않는 개발계획은 내용 없는 외형주의적 산물에 지나지 않는다. 지역개발의 청사진을 만들고 제시하는 계획수립 과정과 이를 집행하는 실천과정에 주민의 참여문제가 중요한 주제로 논의되는 이론적 배경을 여기서 찾을 수 있다.

# 제3절
# 종속이론적 개발시각

전통적 개발사고는 주류경제학의 테두리 안에서 제3세계의 근대적 경제성장 현상을 이해하고 설명하기 위해 개발된 것들이다. 그러나 이들 이론에 만족하지 못한 제3세계 경제학자들은 제3세계의 특수한 경제여건에 맞는 새로운 경제성장 이론을 제시했는데, 그것이 종속이론이다.

종속이론의 기본시각은 마르크스-레닌주의적 경제이론으로부터 이어받고 있다. 종속이론가들은 저개발의 원인을 국내적 요인보다는 주로 해외의 선진자본 주의 국가들이 그들의 이익을 위해 구성해 놓은 국제경제관계에서 찾고 있다. 제 3세계국들이 저개발된 원인은 그들의 경제가 선진 자본국들 경제에 구조적으로 종속되어 묶여있기 때문이라는 것이다. 그래서 그들은 이러한 국제적 종속관계를 청산하여야만 저개발상태를 극복할 수 있고, 진정한 경제발전을 할 수 있게 된다고 한다.

종속이론은 1950년대 이후 라틴아메리카의 경제학자들에 의해 개발되기 시작하였고, 1960년대와 1970년대에 지역의 발전과 저발전을 설명하고 분석하는 틀로서 많이 사용되어져 왔다. 종속이론은 지역의 저개발 현상을 '내적 식민지'라는 개념으로 설명한다. 내적 식민지란 개념은 높은 경제성장과 빠른 사회발전에도 불구하고 계속되는 지역의 저개발 및 농촌빈곤에 대한 구조적 현상을 잘 설명해 주고 있다.

종속이론적 시각은 전통적 개발사고에 대해 보다 직접적으로 의문을 제기하고 반론을 제시함으로써 지역개발 논의가 보다 심화되는 계기를 이루기도 하였다. 나아가 종속이론은 전통적 개발사고에 대응하는 대안적 개발사고 중에서도 중심적 위치를 차지하는 것으로 평가되고 있다. 프랑크(Frank, A. G.)와 슬레트(Slater, D.), 그리고 산토스(Santos, M.) 등이 이러한 종속이론적 시각에서 지역개발에 대한 일단의 생각을 전개한 대표적인 학자들이다.

## 1  프랑크: 세계자본주의 체제의 공간적 영상화

프랑크는 전통적 개발사고에서 중심적 역할을 하는 이원론자들의 개발과정에 대한 주장을 전면적으로 비판한다. 개발은 전통부문과 근대부문의 상호작용으로 시작된다거나, 서구사회가 거친 과정을 단계적으로 그대로 밟으면서 일어나는 것으로 개념화하는 개발사고를 근본적으로 거부한다는 것이다.

그는 저개발은 로스토우 모형에서 제시하는 것처럼 근대부문과 단절된 전통성에 의해 특징지어지는 원초적인 상태가 아니라고 주장한다. 16세기의 중상주의 시대 이래로 모든 국가들은 세계의 광범위한 교환체계 즉, 세계 자본주의 체제 속으로 통합되어 왔다. 그러므로 '특정지역이 세계 및 국가경제의 근대적 중심지로부터 고립되었기 때문에 저개발의 상태로 남아왔다'는 이원론자의 가정은 잘못되었다는 것이다. 그러한 지역에서의 빈곤의 문제는 선진 중심지의 근대적 기술과 자본, 가치가 그러한 지역으로 확산되지 못한 결과가 아니라 오히려 '세계 자본주의 체계 내에서 갖는 관계의 본질에서 비롯되는 것이라고 한다.

그는 세계자본주의 체제의 모습을 메트로폴리스와 여기에 의존하는 위성의 관계로 묘사하여 다음과 같이 일련의 별자리로 영상화한다. 세계자본주의 체제의 중심에는 세계적 차원의 메트로폴리스(오늘날 미국)와 그것의 국내 및 국제위성으로 구성되어 있다. 국제 위성은 국가적 차원에서는 국가적 메트로폴리스이며 그것은 다시 국가적 위성을 갖는다. 국가적 위성은 다시 지역적 차원에서 메트로폴리스이며, 그리고 그들 역시 지역적 위성을 가진다. 지역적 위성은 또 지방적 메트로폴리스로서 그 위성을 가진다. 이러한 메트로폴리탄과 위성관계는 세계 메트로폴리스로부터 지방메트로폴리스의 위성인 농촌상인, 그리고 그 위성인 농민에까지 이른다. 우리가 이 관계의 모습을 사진으로 찍는다면 메트로폴리스와 위성의 전체적인 일련의 별자리를 얻을 것이다.

프랑크는 이 메트로폴리탄-위성관계를 각 메트로폴리스가 그것의 위성들에게 독점적인 힘을 가지는 사슬관계로 규정하면서, 이 사슬관계의 본질을 다음과 같이 설명한다. 첫째로 위성의 이용가능한 자원을 잘못 쓰이게 하며, 둘째는 지방, 지역, 국가 또는 국제 메트로폴리스가 그 위성도시의 잉여가치와 경제적 잉여의 대부분, 심지어 그 모두를 박탈하고 도용하는 독점적 구조라고 한다.

메트로폴리스가 위성도시의 경제적인 잉여를 착취하고, 그들 자신을 위해 그것을 도용한다는 사실은 개발과 저개발의 과정을 이해하는 핵심요소이다. 위성도시로부터 메트로폴리스로의 잉여의 이전은 이중적인 효과를 갖는다. 그것은 위성도시의 성장을 방해함과 동시에 메트로폴리스의 성장을 촉진시킨다. 개발과 저개발은 동전의 양면이다. 메트로폴리스는 그 위성도시의 희생으로 성장하고, 결과적으로 메트로폴리탄-위성 연쇄고리의 모든 수준에서 소득불균형이 증가되는 분극화 경향은 피할 수 없다.

이러한 메트로폴리탄-위성 사슬관계는 저개발국가의 지역 및 농촌 불균형 문제에 대한 직접적인 설명을 한다. 저개발지역과 농촌은 메트로폴리탄-위성 사슬관계를 띠는 세계자본주의 체제에서 그 끝자락에 위치하고 있다. 전통적 개발 사고에서 주장하는 것처럼 메트로폴리탄에서 일어나는 성장의 편익이 주변지역인 위성으로 파급되지 않으며, 오히려 반대로 보다 높은 메트로폴리스로 성장잠재력이 박탈되고 있다. 저개발지역과 농촌은 세계 자본주의체제로부터 고립이나 통합의 부족 때문에 가난한 것이 아니고 오히려 그 체제와의 밀접한 관계를 통하여 저개발되어 온 것이다.

### 2 슬레트: 식민정책과 저개발지역의 공간구조

슬레트는 프랑크가 제시한 메트로폴리탄-위성 관계의 생각을 저개발국가의 공간형태를 이해하는데 적용한 최초의 학자이다. 그는 식민정책 아래 아프리카 국가들에서 전개되어온 저발전의 공간구조를 설명하면서 '식민정책'을 국제자본주의 경제체제로 합병시키는 전형적인 책략으로 정의하였다. 식민경제 내에서 중요한 도시들은 보통 독점적인 힘을 가진 외국 메트로폴리탄의 자본과 상업적인 회사에 의해 통제된다. 아무런 외환통제수단이 없는 식민통화체계는 메트로폴리탄으로 하여금 식민지로부터의 자본 흡수를 용이하게 하고, 그리고 잉여의 유출은 메트로폴리스에서 생산되는 공업생산물과 식민지에서 생산된 농업생산품의 '불평등한 교역'에 의해 더욱 촉진된다. 그러므로 식민지 지역에서의 자본축적은 엄격히 제한된다.

슐레트는 아프리카에서의 식민정책이 공간구조 변화에 미친 영향을 '저발전을 생산하는 통합'이라는 용어로 그 성격을 규정하였다. 나아가 그는 이러한 저발전의 공간구조를 설명하기 위해 공간조직 변화 과정을 4단계로 제시하는 역사적인 관점을 구축했다. 1) 식민지 전의 공간구조(1880년 이전) 2) 식민침투 초기 집중 및 내적 확장의 시작(1880년대에서 1914년) 3) 식민조직의 계속된 확대 4) 신식민지 집중 등으로 구분한 4단계가 그것이다(〈그림 7-1〉).

이 관점은 경제성장 과정에서 거치는 공간조직 변화 단계를 제시하고 있는 프리드만의 모형과는 대조를 이룬다.[18] 슐레트가 주장하는 공간조직 변화의 첫 단계는 프리드만의 모델에서처럼 고립되고 자급자족적인 지방경제로 특징지어지는 것이 아니다. 오히려 활발한 지역상호간의 교역 네트워크로 연결된 발전된 공간구조로서 특징지어지고 있다. 식민정책의 시행 전이나 자본주의 이행 전의 공간구조는 지역 상호 간 및 지역 내에서 무역의 양은 적지만 '내부적으로 응집력이 크고 상호의존성이 밀접한 형태를 띠고 있다'고 한다. 그래서 첫 단계 이후에 일어나는 변화는 공간경제가 점차적으로 통합되는 것이 아니라 반대로 자본주의 침투에 의해서 외부적인 통합과 내부적인 분열로 나타난다고 한다. 내부적으로는 부수어지고 외부적으로는 묶여진다는 것이다.

식민침투의 초기단계에서는 정치적으로 설정된 식민영토라는 경계선으로 말미암아 공간경제의 단절을 가져오게 된다. 그 경계선은 토착의 사회조직이나 무역연결망과는 거의 아무런 관계가 없기 때문이다. 이 단계 동안에 자본주의적 생산양식은 농장, 광업 등의 형태로 전 자본주의가 지배적인 영토로 도입되고, 그리고 철도는 이렇게 자본주의적인 생산양식을 도입한 고립된 지역을 지원하기 위해서 건설되

---

18 앞의 제4장 2절의 2에서 상세히 기술하고 있음.

었다. 약간의 중심지들이 이 기간 동안에 성장하기 시작한다. 그러나 그들은 토착
경제에 기초를 두고 있는 중심지와는 필연적으로 동일한 장소는 아니었으며, 토착
경제에 기초한 중심지들의 일부는 쇠퇴한다. 새로운 중심지들은 '식민정권을 위한
수입과 수출 중심지'로서, '농업생산의 분배와 시장거래의 중간지점'으로서, 그리고
'광산물 채굴과 밀접한 관계를 갖는 도시'로서 역할한다. 물론 행정적이고 군사적인
통제를 위한 거점은 식민지의 수도였으며, 그것들은 흔히 항구였다.

자본주의 경제침투의 두 번째 단계에서는 최초의 집중지역에서 자본주의가

**그림 7-1** 식민주의 하에서의 공간구조 변화

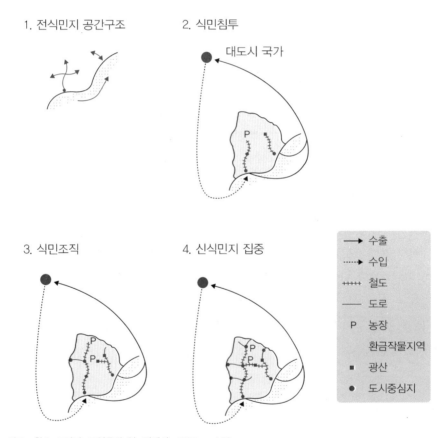

자료: 찰스 고어저, 고영종외 역, 전게서, 1997, p. 168.

폭과 깊이를 더해가면서 발전하는 현상이 나타난다. 수출농산품 생산을 위한 공간 확장이 이 기간에 나타나는 현저한 특징이다. 교통체계의 확장은 식민지 통제를 확대하고 공고히 하는 역할을 한다. 도로교통은 이 두 번째 단계에서 중요하게 여겨졌고, 식민지 영토의 많은 지역에 연결되었다. 그러나 식민지의 수도나 항구는 교통망의 초점으로 남게 되고, 이 교통망의 초점을 중심으로 나뭇가지 형태로 발전하는 수지형(樹支型) 도로망의 발달을 가져오게 된다. 모든 경제활동들이 이들 교통망의 초점으로 집중하는 비합리적인 단선경제 형태의 공간구조가 나타나게 된다.

슬레트의 공간조직 변화 마지막 단계는 식민지가 정치적으로는 독립을 획득한 시기이다. 비록 독립은 했지만 그들은 아직까지도 경제적으로 일련의 메트로폴리스에 종속되어 있는 '신식민지'로 남아 있다. 식민기간으로부터 남겨진 공간구조는 현저하고 단단하게 남아 있다. 나아가 이 시기의 개발이 오히려 수도와 중요한 항구에 산업 및 상업 활동의 집중을 강화하기조차 하였다.

이러한 현상은 세계 자본주의체제로의 계속적인 통합이 일어나고 있음을 반영하고 있다. 요컨대 슬레트는 공간경제가 내부적으로 부수어지고 외부적으로 묶어지는 한은 국가경제 통합을 공고히 하는 그러한 개발은 가능하지 않음을 말하고 있다.

### 3  산토스: 빈곤이 공유되는 공간

산토스는 외부적 관계에 의해서 만들어진 종속국가들의 사회·경제적 구조의 본질과 그것이 개발을 어떻게 강요하는가 하는 문제에 관심을 가졌다. 결론적으로 그는 외부적으로 통제되는 개발은 왜곡된 개발이라는 종속이론가들과 일치된 관점을 밝힌다.[19]

그는 이 시대 근대화는 대규모의 산업에 의해 통제되며, 그것은 기본적으로

---

19 찰스 고어(Gore, C.) 저·고영종외 역, 전게서, pp. 171-182.

다국적 기업과 그들의 지원체제로 구성되어 있다고 한다. 이러한 기업들은 가장 이윤이 날 수 있는 경제부문에 선택적으로 투자하고, 그렇게 해서 창출된 이윤은 세계의 부자나라로 역 이전된다. 또한 그들은 지방기업들에 대해 독점적인 위치를 차지함으로써 가격결정 권한도 갖는다. 그리고 그들의 활동은 지방 지배계급과 공모하거나 성장 촉진 이데올로기를 배경으로 외국인 투자자에게 보조금을 지급하는 국가정책에 의해 더욱 조장된다.

이러한 환경에서 경제는 전체적으로 성장할 수 있다. 그러나 투자는 자본집약적인 것이 되기 쉽고, 지방에서의 자본축적 과정은 이윤의 유출로 짧게 회전한다. 그리고 지방기업의 수요는 대규모산업의 독점적인 가격에 의해 침체되고, 그리고 국가는 지방토착기업을 지원할 수 있는 재정적 여유가 없기 때문에 고용은 창출되지 않는다. 그리고 도시중심지의 많은 사람들이 소규모의 상업이나 소규모의 상품생산과 같은 비공식활동에 종사하도록 강요당한다.

근대화 과정에 있는 저개발국가의 도시경제는 이중구조로 구성되어 있다. 은행, 수출무역, 자본집약적 공업, 근대적 상업 및 서비스, 도매, 운송 등과 같은 활동으로 이루어진 상부구조와 그리고 비자본집약적 형태의 공업과 일반적으로 소매수준에서 제공되는 전근대적 서비스, 그리고 전근대적이고 소규모의 상업활동 등으로 이루어진 하부구조가 그것이다.

이러한 도시경제의 이중구조에 대한 인식은 전통적 개발이론의 기초를 형성해온 수출과 중심지역, 성장거점 등과 같은 개념들의 재평가를 불가피하게 한다. 이러한 맥락에서 산토스는 전통적 개발사고의 합리성을 직접적으로 침식하는 여러 주장들을 펴고 있다.

첫째로, 상부구조 산업은 다국적 합병기업에 의해 통제되며, 독점적인 경향이 있다고 강조한다. 그리고 외국자본 투자는 전적으로 산업연관성이 없는 산업에서 선택적으로 이루어졌기 때문에 지역적인 연계가 거의 없다. 따라서 공간적으로 통합되고 상호연결된 산업구조를 계획한다는 것이 가능하다는 생각은 공상적이다. 상부구조의 성장은 실제 지역통합을 위해 요구되는 어떠한 노력과도 본질적으로 상반되는 사적인 이해에 의해 지배된다. 그것은 궁극적으로 진정한 국가발전의 모든 발단을 가로막는 억압적인 세계 자본주의체제가 존재하기 때문이다.

둘째로, 산토스는 저개발국가들에서 두 가지의 다른 성격의 산업유형을 구분하는 것이 가능하다고 한다. 하나는 국내시장을 지향하는 산업이며, 다른 하나는 수출지향 산업이다. 그리고 각각은 특징적인 입지패턴을 보여준다고 한다. 산토스에 의하면 대도시 바깥 배후지역에 세워지는 산업은 내수지향적인 산업이기보다는 수출지향산업일 가능성이 크다. 수출지향산업은 해당 산업이 요구하는 일정 규모의 지역적 시장을 필요치 않기 때문이다. 수출지향산업의 경우 입지신축성이 크다는 것을 말해주고 있다. 그래서 정부가 공업단지 형태로 지방의 사회간접자본을 확충하거나, 보조금을 지급함으로써 빈곤한 지역으로 그러한 활동을 끌어들이는 것이 용이하다. 그러나 그러한 투자의 결과는 항상 고립된 특성을 갖는다. 투입요소의 공급과 그 산출물 수요가 모두 외부지향적이기 때문이다. 비록 이러한 산업들이 총체적 경제성장에 기여한다 하더라도 사회간접자본 투자와 보조금 지급은 외국의 이해를 옹호하는 편에서 이루어지고 있다. 결과적으로 부족한 공공재정만을 흡수할 뿐 지역의 개발동력은 이러한 산업들에 의해 발휘되지 않는다.

내수지향 산업들은 입지우위성을 갖는 대도시에 집중하는 경향이 있다. 중간 규모의 도시와 지방의 소도시들은 지방 또는 지역시장이 작기 때문에 상부구조 산업과 같은 것을 유치하기에는 잠재력이 낮다. 그리고 교통개선은 그런 활동들에 대한 중소도시들의 입지매력을 증진시키기보다는 오히려 실질적으로 상반되는 결과를 가져왔다. 교통개선으로 국가적 전체시장이 소수의 생산지점으로부터 충족될 수 있기 때문이다. 지방과 지역에서 경기침체의 악순환이 시작된다. 만약에 중소도시가 어떤 상품을 생산하지 못한다면 그 상품은 그곳에서 높은 가격으로 팔릴 것이고, 그 결과 수요는 줄어들어 가격은 한층 상승한다. 이러한 상황에서 이들 중소도시 경제의 역동성은 떨어지게 되고 지역은 위축되는 과정을 밟는다. 그리고 그 반대의 경우인 대도시는 반대의 논리로 경제가 활력을 띤다. 대도시 입지우위는 증가하게 되고, 결과적으로 지역적 불균형현상은 두드러지게 된다. 산업화의 효과가 도시계층을 따라 확산되지 않는다.

셋째, 상부구조 산업들이 지역적 연계 없이 설립되는 동안에 하부구조 생산활동들은 도시인구의 단순 생계차원 수요 때문에 증식된다. 대부분의 도시인구들은 소규모의 생산과 분배활동 속에서 영구적이지 못한 고용상태에 놓이게 되고, 그 보수는 보통 생계수준 이하로 형성된다. 하부구조 산업에의 진입은 상대적으로 용이하다. 많은 사람들 간에 활동의 분할은 이윤폭이 낮아짐을 의미한다. 자본

그림 7-2 도시경제 이중구조 개념도

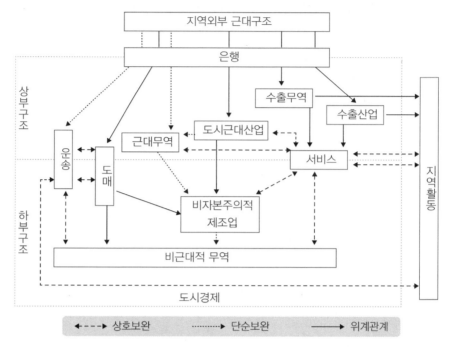

자료: 고영종외 역, 1997, p. 175.

은 순환하나 집적되지는 않는다. 따라서 산토스는 '빈곤과 하부구조는 원인과 결과의 관계 속에서 함께 고착된다'고 한다.

넷째, 상부구조와 하부구조는 보완적이며 경쟁적인 관계를 동시에 형성한다. 상부구조 활동은 전체 경제를 지배하는 경향이 있으며, 반면에 하부구조는 통제되고, 부차적이며, 그리고 종속적인 경향을 띤다. 두 부문이 경쟁하고 있을 때 상부구조 활동은 하부구조 활동을 제거하거나, 또는 보다 복잡한 고도의 조직화된 형태로의 발전을 방해하는 경향이 있다. 두개의 부문이 보완적일 때 상부구조는 하부구조에서 만들어진 이익을 빨아들이게 된다. 이러한 '자본의 위로의 흐름'에 대응하는 '반대방향으로의 상대적인 흐름'은 없다.

다섯째, 상부구조는 보통 도시와 그 도시가 속한 지역을 넘어서 통합의 요소를 찾는 즉, 관계를 맺는 반면에 하부구조는 도시와 그 도시가 속한 지역 안에서 산업연관관계를 맺는다고 주장한다. 상부구조 활동의 영향은 불연속적이고 도시 계층을 따라 흐르는 수직적인 관계에 의해 특징지어진다. 모든 통합은 그들 자신이 생산할 수 없는 상품 때문에 상위수준의 도시에 의존하게 된다. 그리고 산업화와 교통수단의 발달로 짧은 시간에 도달 가능한 통합범위 또한 확대된다. 상위 도시들 시장으로의 포섭이 즉각적으로 이루어지게 될 것임을 말하고 있다.

그 결과 농촌지역과 계속적인 관계를 유지하는 과제는 일반적으로 하부구조에 남겨지고, 그리고 그것은 수평적인 농촌·도시 관계들이 연결되는 활동들을 통해 이루어진다. 이러한 연계는 농촌생산자가 도시의 성장으로부터 혜택 받는다는 것을 의미하지 않는다. 농촌생산자는 일반적으로 약한 거래자의 위치에 있다. 농부와 소비자 사이에는 중간상인의 긴 사슬이 있다. 도매상과 운송상은 자주 농부의 출하가격을 압박하는 사슬에서 전략적인 위치를 차지한다. 이로 인한 농촌구매력의 감소는 나아가서는 소도시와 중간규모 도시의 개발잠재력을 제약한다. 그리고 하부구조 활동을 통한 빈약한 농촌·도시 연계는 대규모 도시로의 흐름을 증가시키게 되고, 그 결과 하부구조 내에서의 자본축적의 가능성을 더욱 제한하게 한다. 그러므로 농촌·도시 연계는 성장이 농촌으로 누적되는 통로로서 작용하지 않는다. 오히려 빈곤을 공유하는 연계이다. 따라서 공간확산과 상부구조의 침투는 역시 빈곤의 확산을 의미한다.

## 제4절
## 생태환경친화적 개발사고

### 1 환경 패러다임의 형성

환경 패러다임이 등장하게 된 데에는 환경위기에 대한 역사적 움직임과 일련의 자구적 노력이 자리하고 있다. 산업혁명 이후 가속화된 성장 위주의 개발행위는 자연자원의 훼손과 환경오염, 생태계 파괴를 통해 인류문명을 위협하고 있다는 인식이 그것이다.

먼저 1972년 로마클럽은 지구자원의 고갈과 환경자원 파괴의 심각성을 적나라하게 예측한『성장의 한계』라는 보고서를 발간하게 된다. 동 보고서 발간을 계기로 지금과 같은 환경 및 자원과 인간과의 관계는 어업자원 고갈에서 보듯이 오래 유지될 수 없다는 인식이 확산되게 되었다. 개발론자들에게 경종을 울리는 단초가 여기서 마련되게 된다.

자원과 환경의 문제가 범지구적 차원의 문제로 부각되자 1972년 스톡홀름에서 '유엔인간환경회의(UN Conference on Human and Environment)'가 개최되게 된다. 국제환경문제를 종합적이고 정치적인 차원에서 검토하는 회의였다. 이 회의에서는 지구환경 보전을 위한 26개의 원칙과 130개의 권고사항을 그 내용으로 하는 '유엔인간환경선언'이 채택되었으며, 또 이의 실행을 위해 '유엔환경기구(UNEP)' 설치를 결의하였다. 이것이 지구환경문제에 대한 국제사회의 최초의 노력이었다. 이 선언에서 생태적 개발(Eco-Development)이라는 개념이 등장하는 토대가 마련되었는데, 그 뜻은 지역의 생태계를 파괴시키지 않으면서 자립적인 경제발전을 도모한다는 의미이다. 여기서는 특히, 지역자원 훼손이 최소화되도록 적정기술 이용을 강조하고 있다.

생태적 개발의 개념은 이어 1974년에 열린 개발도상국의 환경문제 관련 심포지움에서 색(Sacks, I.)에 의해 보다 직접적으로 제시되었다. 그는 여기서 "지금까지의 개발은 물질적인 성장만을 추구하는 것이었다. 그러나 근래에 와서 개발이 지향하는 가치가 많이 변화되어 가고 있으며, 이 가운데서도 환경이 중요한 가치로 등장하고 있다. 그래서 이제는 모든 개발논의에서 자연자원, 에너지 등 환경문제가 포함되어야 한다."고 강조하였다.[20]

1980년에는 국제자연보호연합(ICUN)에서 유엔환경기구(UNEP)와 세계자연보호기금(WWP) 협력 하에 세계환경보전전략(World Conservation Strategy)을 작성하였는데, 여기서 처음으로 지속가능한 개발이라는 용어가 사용되게 된다.

이와 같은 흐름 속에서 1982년 환경과 개발에 관한 세계위원회(WCED)의 동

---

[20] Sacks, I., *Alternative Patterns of Development: Environment and Developmen*, SCOPE Miscellaneous Publication, 1974, pp. 385-390.

경선언이 이루어지게 되는데, 여기서 환경적으로 건전하고 지속적인 개발을 의미하는 ESSD(Environmentally Sound and Sustainable Development) 개념을 정립하게 된다. 환경에 대한 결의가 절정에 도달한 것은 1992년 브라질의 리우데자네이로에서 열린 '환경과 개발에 관한 유엔회의(UNCED)'에서였다. 이 회의에서 리우선언과 '의제21(Agenda 21)'이 채택됨으로써 환경과 조화된 지속가능한 개발(ESSD)이 개발논쟁에서 새로운 패러다임으로서 그 위치를 점하게 되었다.

## 2 지속가능한 개발 사고

환경적으로 건전하고 지속가능한 개발(ESSD)의 개념은 원래 물리학적, 생물학적 논리에서 출발했던 것이었는데, 오늘날에는 지구 전체의 환경 및 인류의 지속가능성 문제에까지 확대되었다. 이러한 배경에서 그 해석에 많은 의견들이 제시되고 있기는 하다. 그러나 일반적으로는 '미래의 후손들이 자신들의 욕구(Needs)를 충족시킬 수 있도록 그 능력과 여건을 저해하지 않으면서 현 세대의 욕구를 충족시키는 개발'로 정의된다. 지금까지 이를 둘러싸고 다양한 개념들이 제시되었는데, 대개 다음과 같은 공통점을 보이고 있다. 1) 개발이란 삶의 질 향상이라는 포괄적인 의미를 내포하고 있으며, 2) 세대 내, 세대 간의 형평성, 3) 단기적인 영향뿐만 아니라 장기적인 영향을 고려한 사전 예방조치 필요성의 강조 등으로 요약할 수 있다.[21]

여기서 개발이란 용어에는 종래의 GNP로 표현되던 경제측면의 물적 확대뿐만 아니라 소득의 공평한 분배, 건강, 깨끗한 환경, 자연보호 등 사회적 복지의 지속적 증진을 포함하는 경제외적 가치에 대한 보장이 포함되어 있다. 다음으로 오늘의 개발행위의 결과가 미래 후손의 선택 권리를 제한해서는 안 되며, 그러기 위해서는 자원의 이용을 통한 개발은 현세대와 미래세대의 형평성을 확보하는 관점에서 이루어져야 한다는 것이다. 또한 환경용량은 장기적으로 한계가 있으므로

---

21 한국지역개발학회 편, 『지역개발학 원론』, 법문사, 1996, pp. 119-122.

인간으로 하여금 환경의 수용능력 내에서 개발하게 함으로써 자연과 인간과의 공생관계를 유지하자는 것이다.

요약하면, 지속가능한 개발은 과거의 양적이고 물적인 공급위주와 소비중심의 생각, 그리고 자원과 환경은 무한재라는 생각에서 탈피하고 있다. 그러면서 공정한 배분과 개발의 질적 측면을 강조하고 있고, 또 자연과 환경은 유한재라는 인식을 바탕으로 계층간·세대간 형평성을 추구하고 있다. 결국 지속가능한 개발은 종래 이원적으로 접근하였던 환경과 경제를 일원론적으로 파악하는 통합적 환경관리 패러다임을 의미한다.

지속가능한 개발로의 이러한 인식의 전환은 지역정책의 궁극적 목표인 삶의 질 향상을 추구하는데 있어 사회경제적 시스템뿐(Socio-Economic System)만 아니라 생태시스템(Eco-System)도 함께 고려되어야 할 것임을 말해주고 있다. 그러므로 지속가능한 개발이란 환경적으로 건전하고 지속가능한 개발이어야 하며, 그것은 생태적 지속성이 보장되는 한도 내에서 이루어지는 경제적 개발을 뜻한다. 개발과 보전의 대립으로부터 통합의 방향으로, 그리고 개발과 환경의 두 가지 명제 대신에 환경, 개발, 인구, 자원 및 생산 등 다양한 명제를 상호연관관계로 인식하는 환경 패러다임으로 사고의 변환이 일어나고 있다.

지역정책적 관점에서 본다면 지속가능한 개발 모형은 지금까지 개발논의의 중심에 서있던 성장과 재분배, 하향식개발과 상향식개발, 효율과 형평성 등과 같은 개념의 우월적 지위도 변화되어야 함을 일깨워주고 있다. 효율적으로 경제성장을 성취한다든지, 재분배를 이루거나 균형개발을 추구한다든지, 낙후지역의 조속한 개발을 추구한다든지, 또한 지역주민의 복지를 증진한다든지 하는 등과 같은 논의도 지속가능한 환경이 보장되지 않는 한 이제 의미가 없다. 한편, 지속가능한 생태시스템이 개발의 우선순위를 점하고 있다 하더라도 성장이나 복지증진 패러다임이 완전히 대체되는 것을 의미하는 것은 아니다. 앞서 언급한 것처럼 환경 패러다임은 환경요소를 구성하는 다원적 명제의 상호연관관계를 기초로 하기 때문이다. 진정한 의미에서 지속가능한 개발은 개발과 보전의 조화이며, 최적의 조화는 생태적 지속성이 경제적 지속성을 보장하는 한도 내에서의 개발이다.

지속가능한 개발은 존속가능한 사회의 유지를 목표로 하고 있다. 존속가능한 사회의 유지가 지속가능한 개발을 가능하게 하기 때문이다. 그러므로 지속가능한 개발은 존속가능한 사회체제로의 영역 확장이 불가피하다. 존속가능한 사회는 자신의 가치와 지구의 한계에 관한 최선의 지식을 적용함으로써 실제로 사회적 목표 달성에 도움이 되고, 또 존속가능성을 높여줄 그러한 성장만을 선택하게 될 것이다. 존속가능한 사회는 구 패러다임과의 단절이 아니라 새로운 환경적 수요에 대응하여 변화되고 발전된 새로운 패러다임을 뜻한다.

따라서 존속가능한 사회는 불평등한 분배패턴을 시정하고자 하며, 빈곤이 영속되는 것을 허용하지도 않는다. 경제적인 관점에서 보면, 존속가능성에 도달하기 위해서는 물질적 성장의 과실이 논리적으로 이를 가장 필요로 하는 사람들, 대체로 빈곤층을 의미하는 그들에게 배분되어야 할 것이다. 그것은 불필요한 물질적 성장과 이로 인한 환경파괴를 줄이기 위해서도 필요하다. 존속가능한 사회에서의 경제는 목적이 아니라 수단이며, 그래서 인간공동체와 환경을 위하는 방향으로 발전되어야 한다.

또한 분배적 관점에서 존속가능한 사회를 구축하기 위해 다양한 방안들이 제시되어 왔다. 1) 인간활동에 대한 환경적 비용의 고려, 2) 자원절약적인 청정기술의 사용, 3) 에너지 효율성이 높은 개발방식의 선택, 4) 성장을 통한 빈곤의 탈피와 빈민층의 자원에의 접근성 제고, 5) 생태계 수용력 범위 내에서의 인구수준 유지, 6) 환경에 영향을 미치는 사업의 결정과 집행과정에 있어서 주민참여의 보장과 확대, 7) 환경시범도시 육성 등과 같은 방안들이 그것이다.

# 제 4 편
# 지역개발 전략

## 제8장

# 성장거점 전략

　지역개발에 대한 이론적인 면, 전략적인 면에 대한 연구는 선진국의 경우 1930년대 이후부터 이루어져 왔다. 그러나 개발도상국가를 포함하여 세계적으로 널리 주목받게 된 것은 1960년대 이후이다.

　전략이란 보통 '설정된 목표를 달성하는 과정에서 최선의 수단들을 제공하는 기술적으로 합리적인 일련의 행동계획'을 뜻한다.[1] 여기서 논의하는 지역개발 전략도 마찬가지로 다음과 같이 정의내릴 수 있다. 즉, 지역문제 해결을 위해 지역개발 수단들을 기술적으로 합리적이게 조직화하는 기술 또는 이렇게 해서 만들어진 계획을 뜻한다.

　지역개발전략이란 이렇듯 이론과 현실을 연결하는 고리이다. 그래서 지역개발전략 논의를 위해서는 지역문제의 구체적 현상과 해결수단, 그리고 이들을 둘러싸고 있는 환경에 대한 이해가 긴요하다. 기술적으로 합리적인 계획수립을 위한 전제조건이 되기 때문이다. 지역문제는 개별국가의 역사적 배경, 경제적인 발전의 정도, 지형적인 특성, 문화의 배경 등에 따라 다양한 형태로 전개된다. 이러한 사실은 지역문제의 구체적인 양상에 따라 그것에 대응하는 전략의 모습 또한 각기 다르게 제시되어야 할 것임을 말해주고 있다.

---

1 원래 군사용어로서 사전적으로는 다음과 같이 정의 내린다. 적에 대항하여 유리한 전투장소, 시간 및 조건을 확보하기 위해 병력, 군함 및 전투기 등을 이동하거나 배치하는 기술 혹은 이것을 따르게끔 만들어진 계획을 뜻한다.

여기서는 지역개발 전략에 대한 인식의 시대적 변화 흐름과 맥을 같이 하면서 논의를 시도한다. 먼저 전형적인 지역개발 전략으로 널리 알려진 성장거점전략을 살펴본다. 1950년대 이후 전 세계적으로 널리 도입된 지역개발전략이 이것이다. 1960년대 후반에 접어들면서 성장거점 전략에 대한 비판이 고조되고, 이에 따라 지역개발 전략의 기본 틀에 대한 인식도 변화하게 된다. 다음은 이러한 인식변화를 상징적으로 보여주는 지역개발패러다임의 변화에 대해 설명한다. 하향식개발방식에서 상향식으로 변화하는 지역개발 안목의 변화에 대한 논의가 그것이다. 끝으로는 새로운 지역개발 패러다임인 상향식 접근에 적합하게끔 만들어진 전략들을 알아본다. 기본수요전략과 농도지구개발전략이 그 대표적인 전략사례로 제시되고 있다.

# 제1절
## 성장거점전략의 의의

성장거점전략은 전통적 개발사고가 시사하는 성장 정설의 공간적 귀결이다. 여러 가지 측면에서 제시되는 전통적 개발사고들이 공간적인 차원으로 투영되면 성장거점전략의 전형적인 모습을 드러낸다는 의미다. 개발의 원동력을 자본축적과 쇄신확산으로 보는 생각, 불균형개발방식에 대한 의존, 근대부문과 전통부문의 상호접촉으로 개발이 시작된다는 이원론자의 시각 등이 성장거점전략의 기본골격을 형성하고 있다.

성장거점전략은 개발도상국가의 계획가들에 의해 널리 적용되어 왔다. 적용되는 환경에 따라 그 구체적인 형태는 다양하게 나타나지만 그 본질은 몇 개의 중심도시에 공업활동을 창출하고 증진시킴으로써 궁극적으로는 넘쳐나는 힘으로 그 배후지역과 배후농촌의 성장을 촉진해보자 하는 것이다. 다른 말로 성장거점인 도시와 공업부문에 개발노력을 집중한다는 의미에서 도시−공업중심 성장전략이라고 해도 무방하다.

하지만 그 속성에 대해서는 명확한 설명이 없다. 거점도시에 세워진 공장들은 전형적으로 철강, 알루미늄, 석유 화학제품 및 중기계와 같은 대규모적이고 중

공업적이며, 또한 중간재 제조업적 성격을 띠고 있다. 그리고 선택된 거점도시들은 10~15년 사이에 인구가 25만~50만 명 수준이 되도록 계획되었다. 그들은 도시계층체계에 있어서 중간규모 도시들이다. 취약한 중간규모 도시를 집중개발, 육성함으로써 도시계층 체계를 안정적으로 구축하고자 하는 의도도 띤다. 그리고 새로운 공업활동들은 직접 공공부문의 투자를 통하여 착수되거나, 아니면 조세감면이나 수출금융지원 등과 같은 방법으로 유도되는 민간투자가들의 자극을 통해서, 혹은 공업단지 조성이나 도로개설, 용수개발 등과 같은 기본 하부구조의 설비를 통해서 증진되어 왔다.

이러한 전략 즉, 몇 개의 선호된 지역에 개발자원과 개발노력을 집중시키는 성장거점 전략의 합리성은 모든 지역을 동시에 개발한다는 것이 불가능하다는데 있다. 자원이 부족하다는 것이 주어지면 개발을 촉진시키고자 하는 계획가는 더 중요한 우선적인 것을 선택해야만 한다.

더 우선적인 것을 선택하는데 있어 부문적 우선순위와 함께 공간적 우선순위도 마찬가지로 중요하다. 공업화를 촉진하는 프로그램을 마련하는데 있어 몇몇 장소는 자원의 활용이 저수준에 머물러 있기 때문에 특별히 투자의 유리성을 제공하기도 한다. 그리고 개발노력의 선택적 집중은 공공하부구조 설비에서 절약을 가져오는 동시에 민간투자가들에게 집적경제 또한 누릴 수 있게끔 해 준다. 또 중간규모 도시들에 있어서 도시성장의 적절한 가속화는 대도시들에서 있을 수 있는 집적불경제 발생을 감소시킬 수 있는 방편이 되기도 한다. 그래서 성장거점 전략은 국가성장을 극대화하는 목표와 상호보완적 관계를 이루면서 함께 추구된다. 이렇듯 개발에 있어 공간적 우선순위가 주어지는 장소를 성장거점이라고 부른다.

성장거점전략은 1950년대 불균형성장론이 균형성장론을 대체한 이후 최근까지 지역개발을 위한 공간계획이나 실제 개발정책에서 지배적인 위치를 점하고 있다. 1960년대와 1970년대에 이르는 시기에 여러 나라 특히, 개발도상국가들에서 이 전략이 절대적 믿음을 얻으면서 널리 채택되게 된다.

# 제2절
## 성장거점 전략의 이론적 기반

### 1 뻬루의 성장극 이론

성장거점 전략은 불균형개발 전략의 전형으로서 그 이론적 바탕은 뻬루(Perroux, F.)의 성장극(Growth Pole) 개념에 뿌리를 두고 있다. 성장극 이론은 1950년대에 뻬루가 경제발전 과정의 관찰을 통해 귀납적인 방법으로 유도한 성장이론이다. 그는 산업부문 간 상호작용과 발전과정을 관련시켜 보는 관찰을 통해 성장의 힘이 어디서, 어떻게 나타나는지를 규명하려고 하였다. 그의 주된 관심은 공간적인 발전과정이 아닌 경제발전 문제 그 자체에 두고 있다. 그는 성장률은 산업부문에 따라 상이하다는 것을 강조하고, 슘페트의 '경제성장을 주도하는 쇄신적 기업'의 개념을 지리적 의미가 없는 추상적 경제공간의 개념에 도입하여 '동태적인 경제발전 과정'을 설명하였다.

어떻게 성장이 일어나느냐 하는데 대한 뻬루의 견해는 특이하다. 그는 당시 주류를 이루는 신케인즈학파 및 신고전학파의 성장모델과는 다른 견해를 밝히고 있다. 신케인즈학파 및 신고전학파의 성장모형은 결국 자본계수, 저축성향, 1인당 자본장비율에 의해 성장이 결정되는 것으로 보고 있다. 국민소득은 부존자원 즉, 생산요소 공급량에 따라 결정된다는 것이 그 근저에 깔려있는 생각이다.[2]

뻬루는 이러한 신고전학파와 신케인즈학파의 성장을 보는 사고에 대해 '경제를 마치 그릇 속에 담겨져 있는 내용물처럼 파악하고 있다'고 비판한다. 국경에 의해 한정되는 영토를 부존 생산요소 공급량을 결정짓는 그릇으로 비유하고 있다는 것이다. 그것은 '만약 국가의 크기가 작다면 부존 생산요소가 적기 때문에, 경제적으로 잘 갖추어지지 아니 하였다면 1인당 자본장비율이 낮다는 이유로 성장

---

2 앞의 제6장 제2절 1항 참조할 것.

의 문제는 위협받게 된다는 것을 의미하는 생각'이라고 한다.

그러나 뻬루는 경제활동에 활기를 주는 경제활동 단위들 간의 상호작용에 관한 논의를 펼치면서 장소에 대한 생각 즉, 영토적 한계에 대한 전통경제학의 생각에서 떨어져 나올 필요가 있음을 역설하였다. 그는 전통경제학의 성장모형보다 더 현실적인 경제성장에 대한 설명을 제시하고자 했다. 뻬루는 경제성장의 요인을 구조적 변화에 의해 특징지어지는 어떤 것이라고 주장한다. 즉, 산업들의 생성과 소멸, 산업구성의 변화, 계속 이어지는 이러한 과정 속에서 나타나는 서로 다른 산업들의 성장률 차이, 어떤 산업의 성장이 확산되는 과정 등에 의해 특징지어지는 것으로 개념화하였다.

이러한 주장은 20세기 경제는 힘의 상호작용으로 연구되어져야 한다는 주장에 뿌리하고 있다. 힘이란 사회과학에서 규명하기가 가장 어려운 변수 중의 하나이다. 뻬루는 경제활동에 관한 이러한 힘의 상호작용을 '경제적 지배이론'이라는 이름으로 개념화해서 체계화하였다. 지배효과란 경제단위 A와 B 사이에 A가 B에 대하여 역행할 수 없는 영향을 발휘할 때 일어나는 것으로 정의된다. 기업가가 새로운 상품을 개발하고, 나아가 다른 생산자로 하여금 그들의 생산계획을 바꾸지 않으면 안 되게끔 하는 그러한 동적인 쇄신 경쟁에 있어서도 지배효과는 명백히 나타난다. 지배효과는 또한 생산과 거래의 개개 단위들 사이에서나 통합된 집단들 사이에서나 어디서든 쉽게 식별된다.

성장이 어떻게 일어나느냐 하는 것을 분석하기 위해 뻬루는 선발단위와 성장극의 개념을 소개하였다. 선발단위는 그것이 성장을 하거나 쇄신을 할 때 다른 경제단위에 대해서도 성장을 유도하는 지배적 경제단위의 한 형태이다. 이것은 하나의 기업일 수도 있고, 어떤 공통점을 지닌 일단의 기업군일 수도 있으며, 혹은 어떤 산업을 지칭할 수도 있다. 어떤 주어진 기간 동안에 성장을 하고 있는 경제는 그러한 선발단위를 가지고 있다. 시간의 흐름에 따라, 이를테면 직물산업 같은 어떤 지배단위는 그 선발적 자질을 잃게 될 것이다. 만약 성장을 지속하려면 그 때는 다른 지배단위 즉, 철강이나 전자산업 등과 같은 지배단위에 의해 선발단위의 대체가 이어서 나타나야 할 것이다.

만약 어떤 경제가 지배효과가 일어나는 힘의 장으로 특징지어지면 그 때 이 장에 위치하고 있는 선발단위는 성장극으로 묘사된다. 성장극은 주어진 환경에서의 선발단위이며, 그것을 둘러싸고 있은 환경과 연결된 선발단위이다.

## 2 성장극 개념의 공간적용

### 1) 성장극 개념의 공간적 유추: 보드빌

뻬루의 성장극 개념은 공간적인 것이 아닌 산업부문 상호 간 작용에 관한 관찰에서 도출되었다. 여기서 성장극이란 성장 혹은 혁신을 할 때 다른 경제단위의 성장을 유도하는 선발단위를 말한다. 1970년대 초기까지 성장거점 전략이 직접적으로 도출되는 성장극 개념에 대한 믿음은 널리 퍼져 있었다.

뻬루의 성장극 개념으로부터 직접적으로 도출되는 성장거점전략의 원리는 보드빌(Boudeville, J. R.)에 의해 제시되었다. 비 공간적인 산업부문 상호간에 관한 성장극 개념을 지리적 공간상의 입지와 연결시켜 발전시킨 사람이 보드빌이다.[3] 보드빌은 뻬루의 성장극에 관한 생각을 프랑스 지역계획에 적용하기 위해 분극(分極)지역에서 어떻게 성장이 촉진될 것인가를 보여주는 실행계획 모형을 제시했다. 그는 도시공간구조의 관찰에서 경제활동이 집중된 지역과 그렇지 아니한 배후지역 구조를 띠는 극화된 공간구조를 파악하고, 이러한 극화된 공간구조에 착상하여 성장극의 개념을 지역에 연결시켰다.

가장 효율적으로 성장극 개발이 일어나도록 고안된 정책은 선발산업의 성장유도 메카니즘을 통해 그 성장극이 자리하는 거점에 인접한 지역의 개발 또한 촉진할 것이라고 했다. 선발산업이 유도하는 2가지 지역경제 성장효과로는 첫째, 부문간 상호관계를 통해 일어나는 산업연관효과 즉, 레온티에프 승수효과를, 두 번째는 아직 지역에서 지역 특유한 것으로 되어있지 않은 다른 활동의 창출을 유도하는 즉, 연관산업의 창업효과를 들 수 있다. 예컨대 성장극으로서의 시멘트 공장 설립은 이어서 포장재 공장 설립과 벽돌공장 설립을 유도함으로써 지역경제 성장

---

3 Boudeville, J. R., *Problem of Regional Economic Planning*, Edinburgh: Edinburgh University Press, 1966.

을 유도할 것이라는 것이다.

보드빌은 산업의 분극(分極)적 성장과 함께 지역발전의 분극적 현상을 주장했다. 지역성장극은 도시지역에 위치하고 있는 일단의 성장하는 산업이라고 하면서, 그것은 그 영향권 전반에 걸쳐 경제활동을 더 높은 수준으로 촉진하고 유도한다고 한다. 그리고 성장거점이란 선발적 산업복합체인 성장극을 가지고 있는 도시를 일컫고 있다. 지역성장극의 분극적 성장이 그 영향권 내에서의 경제활동을 촉진하는 메커니즘을 통해 결과적으로 성장극이 위치하는 성장거점의 영향권에 들어있는 지역의 성장을 유도할 것이라는 주장이다.

보드빌의 이러한 분석은 어떻게 지역의 성장이 일어날 수 있느냐를 보여주고 있다. 만약 중심도시인 성장거점에 위치하는 산업이 선발적이라면, 그리고 그 산업들이 유도하는 성장이 거점도시의 배후지역에서 향유된다고 하면 지역성장이 일어날 것이라는 것이다. 바로 그것이 성장거점 전략의 원리이다. 요컨대 성장거점 전략은 지역발전을 가져오는 가장 중요한 요인이 도시-공업의 성장이라고 보고, 선발적인 산업의 도시지역 집적을 강조하고 있다.

## 2) 성장의 지역 간 매개: 허쉬만과 미르달

보드빌 분석의 시사점은 단지 성장극의 성장유도 메커니즘에 관한 생각을 공간에 적용하여 성장거점의 지역성장 유도메커니즘을 유추한 것이다. 성장극의 산업연관효과를 통해 그 영향권 내 관련산업의 성장을 유도하면, 마찬가지 맥락에서 그 성장극이 위치하는 성장거점의 영향권에 들어있는 지역의 성장 또한 가져올 것으로 추측한다는 것이다. 여기서의 기본적인 문제는 어떻게 지역과 농촌의 성장이 일어나느냐에 대한 적절한 설명을 가지고 있지 않다는 것이다.

허쉬만은 앞에서 언급한 것처럼 '불균형성장전략'을 계획적 개발의 최상의 수단으로 주장한다. 그는 개발도상국들이 당면하고 있는 가장 중요한 경제적 문제는 자원의 부족으로 야기되는 것이 아니라 오히려 생산과 개발잠재력이 숨겨져 발굴되지 않고 분산되어 있으며, 그리고 그 활용이 극히 저조하였던 사실로부터 발생한다고 믿었다. 이러한 자원들을 최대한 이끌어내고 움직이게 하는 것 즉, 개발결심을 유도하는 '압력과 긴장'을 장치하는 것이 개발의 관건이라고 했다.

투자는 새로운 활력이 개발과정에 연결되도록 함으로써 개발을 억제하고 있는 악순환을 벗어나게 하는 본질적인 메커니즘이라고 주장한다. 그래서 개발정책의 첫 번째 목적은 이러한 효과를 추구하는데 요구되는 역할을 수행하는 것이라 한다. 허쉬만은 어떻게 이것이 거시경제에서 구현될 것인가에 대해 관심을 가졌다. 논의를 전개하면서 그는 투자 우선순위가 중간재 산업과 기초산업에 두어져야만 한다고 한다. 그러한 산업들이 최대의 전후방 연계효과를 유도해낼 것이기 때문이다. 또한 그러한 산업은 중소도시보다 오히려 대도시에 위치하여야만 한다고 했다. 그렇게 함으로써 늘어나는 용수, 동력, 주택과 그 밖의 다른 사회간접자본에 대한 압력을 보다 용이하게 수용할 수 있을 것이라고 생각했다.

허쉬만은 이러한 논의 과정에 어떻게 한 지역에서 다른 지역으로 성장이 매개될 수 있는가에 대한 생각을 함으로써 '성장의 지역 간 유도 메커니즘'을 제시한다. 그 설명은 경제의 진보는 동시에 모든 곳에서 나타나지 않으며, 한번 이것이 나타나면 최초 시작점을 중심으로 경제성장의 공간집중을 가져오는 강력한 힘이 작용한다는 자명한 이치로부터 시작한다. 성장점 또는 성장거점으로 불려지는 중심지에서의 성장의 힘은 '극(極)' 내부에서 발달한 활력적인 성장분위기와 집적경제를 이용하려는 기업가에 의해 팽창하게 된다. 한편, 성장 힘의 팽창과 집중은 막연히 진행되는 것이 아니라 배후 지역에 작용하는 힘도 분명히 발생하게 한다.

이러한 힘의 분석을 단순히 하기 위해 허쉬만은 성장을 경험하고 있는 지역을 북(North), 그리고 정체지역을 남(South)이라고 부르고, '북'에서의 성장은 '남'에 대해 어떤 것은 긍정적이며, 어떤 것은 부정적인 효과를 갖는 많은 직, 간접적인 경제적 영향을 준다고 한다. 긍정적인 효과는 누적(漏滴)효과(Trickling-down Effect)로, 반면에 부정적인 효과는 분극(分極)효과(Polarization Effect)라 불렀다. 북쪽지역 성장의 남쪽지역으로의 누적은 주로 남쪽지역에서 일어나는 북쪽지역의 구매와 투자의 증가를 통해 발생한다. 또 남쪽지역에 잠재실업이 존재한다면 인구이출을 통해 노동의 한계생산성이 향상되고, 그 결과 1인당 소비수준도 향상될 것이다. 한편, 분극효과는 북쪽의 효율적인 생산자가 경쟁을 통해 남쪽의 경제활동을 억제하기 때문에 나타난다. 또 남쪽지역의 젊고 유능한 인력을 뽑아가는 선택적 인구이출을 통해 개발잠재력이 고갈되는 부정적 효과를 지적하기도 한다.

허쉬만은 이러한 분석 틀 즉, 중심지역과 주변지역 간에 작용하는 분극효과(Polalization Effect)와 누적효과(Trickling-down Effect)라는 두 과정의 지역 간 상호작용을 통해 지역발전 과정을 설명하고 있다. 그는 개발초기에는 분극효과가 중심을 이루나 일정단계 이후에는 누적효과가 커져간다고 전망했다. 따라서 넓은 지역 분산투자보다는 상대적으로 소수의 부문에 개발노력을 집중시키는 개발전략이 효과적임을 주장한다.

한편 비슷한 시기에 미르달도 성장의 지역 간 매개에 관해 허쉬만의 주장과 유사한 논지를 전개했다. 미르달은 허쉬만의 분극 및 누적효과의 개념과 거의 일치하는 역류(逆流)효과(Backwash Effect)와 파급(波及)효과(Spread Effect)의 개념을 사용하여 지역 간 성장효과 매개에 관한 '누적적 인과론'을 주장했다. 누적적 인과론에 의하면 앞서 설명한 바 있듯이 어떤 이유에서든 성장거점이 한번 성장하면 누적적으로 확대되는 내부 및 외부경제에 의해 성장 힘이 가속화되어 가고, 그것은 결과적으로 공간적 격차를 벌리는 힘으로 작용한다. 이러한 현상을 미르달은 역류효과라 부른다. 투자효율이 높은 중심지역으로 자본이 이동하고, 이와 함께 유능한 젊은이들이 뽑혀가는 선택적 인구이동이 일어난다. 중심지역에서의 소득 및 수요는 지속적으로 증가하고, 그 결과 새로운 투자수요가 누적적으로 일어나는 메커니즘이 작용하게 된다. 역류효과란 이러한 과정에서 나타나는 주변지역에 미치는 부정적인 영향을 말한다. 그러나 일정단계가 지나면 지나친 집중으로 외부불경제가 나타나고, 주변지역으로부터의 인구이출이 한계에 달해 중심지에서 노임이 상승하는 현상 등이 초래됨으로써 성장거점의 매력이 감퇴하게 된다. 그 결과 주변지역에서의 투자수요가 증대되기에 이르는데, 이러한 효과를 미르달은 파급효과라 부른다.

허쉬만, 미르달은 이론 전개상 상당히 유사한 내용을 가지고 있다. 다만 허쉬만은 누적효과에 대해 상대적으로 낙관적인 견해를 보인다. 장기적 관점에서 분극효과보다 누적효과가 더 커진다고 전망하고 있다는 것이다. 반면에 미르달은 파급효과에 대해 상대적으로 비관적이다. 역류효과가 일반적으로 더 크게 나타나며, 먼 장래에 도달할 고도경제성장 단계에 가서야 만이 파급효과가 더 크게 나타날 것이라고 주장한다.

# 제3절
# 성장거점전략의 적용과 평가

## **1** 성장거점전략의 적용

1970년대 초반까지 성장거점전략에 대한 신뢰는 지배적이었으며, 따라서 지역개발을 위한 규범적 정책으로 많은 국가들에서 채택되었다. 성장거점 전략이 한정된 자원으로 국가성장목표와 지역개발목표를 동시에 효율적으로 해결할 수 있는 이론적 틀을 제공하였기 때문이다. 낙후지역 개발과 함께 국가개발의 속도를 빠르게 하는 유용한 수단이라는 것이다.

특히 제2차 세계대전의 종식과 함께 탄생한 많은 신생 독립국들에게 있어서 성장거점 전략은 매우 매력적이었다. 선진국의 발전과정을 속히 거쳐야 하고, 또 한편으로는 자본의 제약으로 어려움을 겪는 딜레마적 상황이 개발도상국가들이 처해있는 일반적 모습이다. 이들 개발도상국가들에 있어서 '거점도시에 집중 투자하면 성장도 극대화되고, 동시에 그 성장의 여세가 주변지역으로 넘쳐나서 지역불균형문제 또한 해소될 것이다'라고 하는 성장거점전략이야말로 이러한 딜레마를 해결해주는 매력적인 전략이 아닐 수 없다. 1960년대 말부터 1970년대에 걸쳐 많은 개발도상국가들에서 성장거점전략이 채택되는 이유가 여기에 있다.

과밀과 낙후지역이 공존하는 선진국의 경우에도 시기와 정도의 차이는 있지만 낙후지역 문제를 해결하기 위한 수단의 일환으로 성장거점전략이 폭넓게 구사되었다. 우리나라에서도 1960년대부터 수차례의 경제개발 5개년계획과 제1, 2차 국토종합개발계획을 수립하면서 이 전략을 적용하였다.

이하에서는 성장거점전략의 적용 사례를 영국, 프랑스를 비롯한 몇 개 외국의 국가들의 경우를 대상으로 살펴보고, 이어서 우리나라의 적용 경험을 짚어본다.

### 1) 영국

1920년대부터 시작된 영국의 지역정책은 실업률이 높은 침체된 지역과 노동력 부족현상을 빚으며 급성장하는 지역 간의 불균형 문제를 시정하기 위한 것에 주안점을 두었다.[4] 침체지역 개발 정책의 기본방향은 새로운 고용기회를 창출하는 것으로 설정하고, 1936년부터 정부투자공장 건설 확대와 함께 민간업체에 대한 정부보증 융자 및 감세혜택이 주어졌다. 실업자를 타 지역으로 이주시키고자 하는 의도에서 추진한 실업자 재교육정책과 이주보조금 정책의 효과가 낮았기 때문이다.

이와 함께 낙후지역에는 성장중심도시를 개발하여 그 지역의 성장을 촉진시키려는 성장거점정책을 채택하였다. 그래서 대표적 낙후지역인 스코틀랜드(Scotland)의 북부지역을 대상으로 공업개발 잠재력이 있다고 판단되는 3지역 즉, 포트 윌리엄(Fort William, 인구 16,000명), 케이스네스(Caithness, 인구 30,000명), 머리 퍼스(Moray Firth, 인구 75,000명)를 성장거점으로 선정하였다. 1968년에는 도시기반시설을 유지하기 위한 최소한의 인구규모를 30만 명으로 보고 이들 도시의 인구성장 목표를 재조정하였다.

또한 미드 웨일즈(Mid Wales)에서도 성장거점전략이 채택되어 캐르스(Caersws)를 중심으로 하는 7만 규모의 도시들이 성장거점으로 계획되었다. 뿐만 아니라 노던 아일랜드(Northern Ireland), 센트럴 스코틀랜드(Central Scotland), 노스 이스트(North East) 등 침체지역에서도 성장거점정책을 채택하여 1963년에 8개의 성장거점도시를 육성하는 계획을 수립하였다. 주로 그 지역 인근에 있는 국가연구소 및 지역대학들과 연계하여 과학기술산업을 유치하고 육성하는데 주안점을 두었다.

한편 과밀지역에서의 인구증가문제를 해결하기 위해서도 '집중된 분산화' 전략인 성장거점전략이 채택되었다. 이는 도심의 인구를 끌어내어 주변지역에 분산·수용함으로써 과밀문제를 해결하고자 하려는 시도이다. 1960년대 말에 인구 20만 명 규모로 계획된 텔포오드(Telford)와 노샘프턴(Northampton)이 그 좋은 예이다.

이와 같이 영국의 성장거점정책은 낙후지역 개발과 함께 과밀 대도시 인구의 분산 수용이라는 2가지 목적을 띠고 추진되었다. 성장거점도시는 독립적인 기능

---

4 1934년 영국의 전국 평균 실업률은 16.8%였는데, 침체지역의 하나인 비숍 오크랜드(Bishop Aukland)는 53.5%였고 글라몰간(Glamorgan) 지역은 60%를 넘었다. 그러나 런던지역의 실업률은 9.6%에 불과하였다(황명찬, 1994; 430).

을 갖고 성장하는 인구 25~50만 명의 도시로 계획되며, 종래의 뉴타운(New Town)
과는 다른 성격을 갖는다. 성장거점도시는 전국 도시체계 내에서의 위치가 중간
규모 수준에 있는 도시들이며, 대부분의 경우 기존도시를 확장하는 것에 초점을
맞추고 도시하부구조 시설을 확충하는 투자에 중점을 두고 있다.

영국의 성장거점정책에 대해서는 대체로 2가지 문제점이 지적되고 있다. 그
첫째는 너무 많은 성장거점도시가 선정되어 개개 거점도시에 투자 노력을 집중하
는 데 한계가 있다는 점이다. 이것은 정치적·사회적 압력과 경제적 효율을 조화
시킬 필요성이 있다는 측면에서 제기되는 문제로 성장거점정책의 본질적 문제를
반영하고 있다. 두 번째 문제는 성장거점 개발정책의 기대효과가 드러나지 않았
다는 것이다. 성장거점전략의 의도는 경제활동 간 상호연관 효과를 통해 그 지역
의 자립적 성장을 유도하자는 것이다. 그러나 성장거점의 선발산업과 지역산업과
의 연계가 부족하면 투자 집중의 효과를 잃게 된다.

## 2) 프랑스

프랑스의 지역정책은 두 가지 문제를 해결해 보려는 목적에서 비롯되었다.
하나는 지역 간 사회·경제적 격차를 해소하기 위한 것이고, 다른 하나는 대도시
지역의 과잉성장에 대처하여 전국의 균형성장을 꾀하자는 것이다. 프랑스에서 지
역 간 불균형성장의 문제는 특히 심각하였는데, 그중에서도 파리와 다른 지역 간
의 격차는 매우 심각한 정도였다.

성장거점정책은 1959년에 낙후된 서부지역을 대상으로 개발촉진책을 쓰면서
이미 도입되었다. 그 후 1966~1970년 기간을 대상으로 하는 '제5차계획'에서는
그 정책이 보다 구체적으로 다루어지게 된다. 여기서는 파리의 성장억제와 균등
한 지역개발을 계획목표로 설정하고, 우선 지방중심도시의 생활편익시설을 확충
하는데 공공투자를 집중하였다. 그리고 파리지역으로 향하던 성장 잠재력을 각
지역 중심도시들이 유인하고 흡수하게 하려는 의도로 민간 개발투자가 여기에서
일어나도록 계획되었다.

파리에서 억제된 성장이 이 성장거점에서 이루어지도록 하려는 시도였다. 그
래서 투자유치, 고용 및 인구유치 등 잠재력에서 파리와 비견할만한 경쟁력을 가
진 8개 도시를 선정하여 여기에 투자를 집중시켰다. 이 도시들은 인구규모, 지역

의 중심성, 공업 및 상업서비스 능력, 인접지역에 대한 영향력 등을 고려하여 전국에 균형있게 배치되었다 인구규모는 상티테엔의 150만 명에서 툴루즈의 35만 명까지 다양했다.

1966년부터 시작된 제5차계획에서는 이 성장거점도시에 공공투자의 최우선순위가 주어졌다. 도심은 업무중심지구로 개발되고, 주택과 공공시설에 대한 투자가 이루어졌으며, 공항과 고속도로망이 짜여졌다. 정부기관과 대학, 연구소 등이 성장거점도시로 분산 이전되어 민간기업을 유인하는 선도역할을 하였다. 1964년에 전국의 33%를 차지했던 파리의 대학생수는 1973년에는 26.5%로 낮아지도록 하였고, 전문병원 및 문화시설 등의 분산도 꾀하여 성장거점도시를 하나의 공업도시로 육성시키기보다는 오히려 행정, 문화 및 서비스 공급의 중심도시로 계획해 나갔다.

또한 성장거점도시를 정점으로 하는 지역 내 도시체계를 합리적으로 구축하려는 시도를 하고 있다. 주변지역 소도시에 도시문화를 매개하는 지역중심지로서의 역할을 수행하도록 하기 위함이다. 파리가 전국적 도시체계상에서 최상위에 위치하는 것과 마찬가지로 성장거점도시를 각 지역 내 도시체계의 맨 위에 놓고 있다. 그리고 그 아래 중간규모의 도시를 입지시켜 덜 전문화된 서비스기능을 배치하였으며, 그 밑으로는 농촌서비스와 직업훈련기능을 배치시키는 형태로 지역도시체계를 만들고자 하였다.

성장거점전략은 거점도시의 개발이 도시계층을 타고 2차적으로 중소도시로, 그리고 인근지역으로 파급될 것을 기대하였다. 그러나 결과는 당초 예상에 비해 크게 미흡한 것으로 나타나고 있다. 파리와 나머지 지역 간 불균형문제 해소는 고사하고 오히려 지역 내에서조차 성장거점도시와 배후지역 간에 격차가 가중되는 결과를 초래하였다는 것이다. '파리와 나머지 지역의 사막'이라는 양상이 지역에서 '성장거점과 나머지 지역의 사막'이라는 모습으로 재현되고 있다. 지역발전이라는 효과는 찾기 어려울뿐더러 오히려 지역의 성장잠재력을 고갈시켰다는 비판을 받고 있는 이유다.

## 3) 일본

전후 일본의 국토개발정책은 공업개발과 도시개발에 역점을 두고 있다. 급증하는 인구를 수용하고 경제발전을 서둘러야 하는 상황이었기 때문이다. 그 결과

소수의 거대도시에 인구 및 산업의 집중현상이 심화되면서 지역 간 격차문제가 중요한 사회문제로 부각되게 된다.

이러한 상황을 배경으로 일본은 1962년에 수립된 '제1차 전국총합개발계획(전총)'에서 이른바 거점개발방식에 의한 국토개발전략을 수립하게 된다. 1차 전총에서는 거점개발방식 실천을 위해 신산업도시의 건설, 공업정비특별지역의 지정 등과 같은 정책을 구사하였으며, 특히 공업개발을 통한 낙후지역 개발을 추구하였다. 낙후지역에다 공업단지를 조성하고 육성하는 정책을 강조하였으며, 기본하부구조시설에 대한 투자와 입주기업에 대한 세제 혜택 부여와 같은 지원대책이 제시되었다.

이 시기에 일본경제는 중화학공업을 중심축으로 삼고 크게 성장하게 된다. 이 과정에 거대도시권으로 인구 및 산업은 더욱 집중되게 되고, 그 결과 과밀·과소(過疎)의 지역문제는 한층 더 심각해지기에 이른다. 결국 공업개발을 통해 낙후지역 개발을 의도했던 성장거점개발 방식에 대해 부정적인 평가를 내리게 된다. 공업단지 개발 및 기업유치를 위한 정책 지원이 대도시가 지닌 높은 입지우위성을 상쇄할 만큼 크게 되기에는 현실적으로 여러 어려움이 있음을 말해주고 있다.

## 4) 한국

우리나라의 경우 국토 및 지역정책이 형식상 제자리를 찾은 것은 1971년에 확정된 '제1차 국토종합개발계획(1972~1981년)'이 등장하면서부터이다. 그 이전인 1960년대까지는 지역정책 자체가 부재하였다. 그 시기의 지역정책은 단지 경제개발의 수단에 불과하였다. 프리드만의 공간발전단계 모형에서도 공업비중이 10% 미만인 농업사회에서는 경제개발 선행조건을 창출하는데 정책의 주관심이 두어져야 한다는 지적을 하고 있다.

1차 및 2차 국토종합개발계획에서는 성장거점개발방식을 채택하고 있음을 명백히 하고 있다. 1차 국토종합개발계획에서는 '개발권역'을 4대권, 8중권, 17소권으로 구분하여 설정하고 있다. 여기서 4대권은 한강, 금강, 영산강, 낙동강 등 하천유역을 중심으로 구분하고, 이어서 8중권은 광역 행정권역을 중심으로 하면서 한 개의 거점도시를 갖도록 구분하고 있다. 기존의 도청소재지인 중심도시가 여기서 거점도시로 선정되고 있다. 17소권은 중심지와 배후지역을 감안해서 5~10

개 군을 아우르는 경제권을 형성하도록 구분하고 있다. 이 시기 국토 및 지역정책은 8중권의 중심도시를 성장거점으로 개발함으로써 지역불균형문제를 해결하려는 전형적인 성장거점전략의 의도를 단적으로 드러내 보이고 있다.

1982년에서 1991년 기간에 해당하는 2차 국토종합개발계획에서도 성장거점도시 육성을 개발전략으로 제시하고 있다. 대전, 대구, 광주, 춘천, 전주 등 12개 도시를 성장거점도시로 지정하고 있으며, 이중 대구, 대전, 광주 등 3개 도시를 서울, 부산 등 양 대도시생활권에 대응하는 대도시생활권의 성장거점으로 삼고 중점 육성하고자 하였다. 이른바 성장거점개발 방식의 도입을 분명히 밝히고 있다.

그러나 이러한 성장거점개발 정책은 결과적으로 국토공간의 분극화를 조장하고 지역 간 격차를 심화시켜왔다는 평가를 받기에 이른다. 더하여 성장거점전략에 대한 회의가 세계적으로 확산되는 흐름과 적용경험에 대한 부정적 평가들이 쏟아지면서 1985년에는 급기야 2차 국토종합개발계획의 수정작업이 이루어지게 된다. 여기 수정계획에서는 당초 1, 2차 국토종합개발계획에서 그 기조를 이루고 있던 성장거점개발방식에 대한 언급은 이제 사라지게 된다.

## 2 성장거점전략의 평가

성장거점전략의 핵심적인 개념은 집적경제와 공간적 파급효과에 두고 있다. 성장잠재력이 가장 크고 또한 투자수익성이 가장 높으리라고 기대되는 지역을 성장거점으로 선정하여 집중투자하면 그것의 개발효과는 도시의 계층체계를 통해서, 산업의 투입-산출관계를 통해서, 대규모 기업조직의 내적 경로를 통해서, 또는 대규모 정부조직을 통해서 주변의 배후지역으로 일정한 시간만 지나면 자연적으로 확산되어 갈 것으로 생각한다. 그래서 제한된 자원을 가장 효율적으로 이용하기 위한 개발방법이라고 또한 여겨져 왔다.

그러나 성장거점전략을 둘러싸고 국내외에서 많은 비판이 제기되고 있다.[5]

---

5 최양부·이정환, 『산업사회의 농촌발전전략』, 한국농촌경제연구원, 1987, pp. 37-40.

지역개발의 수단으로 채택되어 널리 시행되어 왔는데, 그 결과는 밝은 면보다는 어두운 면을 보여주고 있었으며, 나아가 지역개발을 위한 문제해결은 고사하고 오히려 다른 더 심각한 문제마저 야기해 왔다고 한다.

거점도시의 성장이 낙후지역인 배후지역으로 파급될 것이라고 기대를 모았던 성장거점전략은 사실 기대와는 달리 부정적인 측면을 크게 부각시켰다. 일단 거점도시가 선정되고 투자가 이루어지면 불균형개발 논리에 따라 거점의 성장이 유도되었다. 그러나 그 성장은 기대했던 대로 낙후된 주변지역으로 확산되는 것이 아니었다. 단지 투자가 이루어진 거점도시만이 과대하게 성장하게 되고, 결국은 저개발지역 내에서 거점도시와 주변지역 간에 격차가 더 확대되게 되었다. 결과적으로 성장거점전략의 효과에 대해 회의적인 시각이 크게 드러나게 된다. 이러한 성장거점전략의 부정적 평가를 불러 온 배경을 둘러싸고 다양한 논의들이 이루어지고 있다. 대체적으로 보면 다음과 같은 것들이 전략 자체의 문제점으로서 지적되곤 한다.

첫째, 성장거점에 집중된 투자는 성장거점과 그 배후지 간의 격차를 계속 더 키워가는 누적적 악순환구조 속에서 심각한 역류효과를 초래하게 된다는 것이다. 계획된 성장거점도시들은 수위도시와 긴밀하게 연결되어 있고, 그래서 성장의 파급효과는 오히려 상위계층의 도시로 전달됨으로써 중심도시와 배후지역간의 격차는 심화되게 된다. 우리가 생생하게 경험한 서울의 경우에서도 이러한 현상을 잘 읽을 수 있다. 고도성장기의 서울은 생산인자를 끌어내는 배후지역이 전국에 걸쳐있는데 비해, 그 성장의 효과가 파급되는 범위는 대체로 수도권에 한정되어 나타나고 있다. 파급효과의 범위가 상대적으로 크게 제한되고 있음을 보여주는 이러한 사실은 파급효과보다는 역류효과가 더 커서 배후지에 오히려 부정적인 영향을 초래하였음을 말해주고 있다. 성장거점의 파급효과가 이론이 기대한 만큼 일어나지 않았다는 것을 잘 보여주는 경험적 사실이다.

둘째, 성장거점개발전략에서는 투자에 의한 고용과 소득의 승수효과에 역점을 두고 있는데, 실제로는 재투자로 이어지는 승수효과가 지역 내에서 실현되고 있지 못하다는 것이다. 특히, 다국적자본 투자에 의한 산업활동이나 대기업의 진출은 그 지역 내의 지방산업과 관련성이 적으며, 뿐만 아니라 빈곤하고 적응력이 낮은 지역주민이 접근하기도 어려워 결과적으로 단지 하나의 '개발의 섬'으로만 남겨지고 있다.

셋째, 성장거점전략의 본질이 도시·공업 지향적이라는 점이다. 성장거점전략은 낙후지역의 개발을 위한 수단이라기보다는 본질 그 자체가 분극화된 개발을 조장하는 수단일 수밖에 없고, 그래서 결과적으로 지역 간 격차를 더욱 가중시키게 된다는 것이다.

넷째, 성장거점전략은 국가주도의 개발방식인 하향식 개발철학을 핵심적인 개념으로 내포하고 있기 때문에 대규모조직을 중시하는 입장에 선다. 따라서 소수의 대규모조직과 그들이 입지하는 곳을 향해 필연적으로 정치적, 경제적 힘의 집중이 일어나게 되고, 집중된 힘은 결국 전체 공간조직체계를 지배하게 된다. 나아가 이러한 힘은 지역적으로 상이한 자연조건 및 문화와 가치체계의 다양성을 무시하고 획일화된 발전을 강요하게 된다. 그러므로 낙후지역은 주어진 발전개념과 그 기준에 비추어 더욱 불리한 역할을 감수할 수밖에 없게 되고, 나아가 성장거점에 대한 의존도를 높여갈 수밖에 없다. 결과적으로 주변지역의 경제적 자립기반은 물론 고유한 문화적 기반마저 획일화된 가치체계에 의해 무너지게 된다.

마지막으로 성장거점전략은 그 시행과정에 대한 구체적 설명지침이 없다는 것이 문제점으로 지적되고 있다. 자발적 성장거점으로 개발하기 위해서는 어떤 도시를 성장거점으로 선정해야 하는지, 어떤 산업부문에 투자해야 성장을 유도할 수 있는지, 그리고 파급효과를 주변배후지로 극대화시키기 위해서는 어떻게 해야 하는지에 대한 정확한 설명이 없다. 성장거점전략의 설명적 가치가 매우 제한되어 있음을 말해주고 있다.

엄밀한 의미에서 보면 성장거점전략에 대한 이러한 비판의 많은 부분이 적용상의 문제에 기인하고 있는 것으로 보인다. 전략의 적용은 개발환경과 밀접한 관련성 속에서 이루어져야 한다. 국가의 규모, 인구와 자원의 분포, 경제사회의 발전수준, 문화제도적 체제, 정치적 구조 등 환경조건에 기초하여 전략의 합리적이고 구체적인 모습이 드러나야 한다는 것이다. 그러나 실제로는 대부분의 개발도상국가들이 그들이 처한 국가적인 여건을 충분히 고려하지 않은 채 선진국에서 적용한 성장거점전략을 무비판적으로 이식하여 왔다. 심각한 부정적 측면을 낳고, 마침내 성장거점전략의 무용론으로까지 확대되는 이러한 결과도 많은 부분 여기서 비롯되고 있다.

한편 성장거점전략의 성패를 평가하기에는 아직 시기적으로 이르다는 주장도 있다. 성장거점전략이 정책으로 채택되어 시행된 지 불과 20~30년밖에 지나지 않았던 그 시기에 많은 비판이 대두된다. 이 전략이 기대하는 극화 및 역류효과, 파급효과 등을 충분히 파악하기에는 기간이 짧다는 것이다.

# 제9장

# 지역개발이론의 패러다임 변화

패러다임이란 어떤 현상을 바라보는 안목 혹은 관점을 가리키거나 또는 동일한 안목에서 바라보는 학문적 공동체를 일컫는 용어이다. '지역개발이란 무엇인가?'라는 질문에 대해 그 대답은 관점에 따라 다른 내용으로 구성될 것이다. 지역개발이란 '어떤 근거에서', '어떤 형식으로', '어떻게 하는 것'이라고 하는 진술이 사고의 관점에 따라 다르다는 것이다.

지역개발논의의 패러다임은 학자에 따라 기능적 접근(Functional Approach)과 영역적 접근(Territorial Approach)로 구분하기도 하고, 하향식 개발(Top-Down Development Approach)과 상향식 개발(Bottom-Up Development Approach)로 구분하기도 한다. 전자는 프리드만(Friedmann)과 위버(Weaver)에 의한 분류이고, 후자는 스테르(Stöhr)와 테일러(Tayler)에 의한 분류이다. 아무튼 최근 들어 지역개발의 패러다임은 기능적 접근에서 영역적 접근방식으로, 혹은 하향식 개발에서 상향식 개발방식으로 변화하는 뚜렷한 모습을 보이고 있다.

## 제1절
## 개발사고의 새로운 조류

성장거점전략은 성장 정책이 풍미하던 시대인 1960년대에 전세계적으로 널리 채택되었으며, 가속화된 공업화를 목표로 하였다. 그러나 1970년대를 지나면

서 이러한 전략이 라틴아메리카를 비롯한 많은 국가들에서 거부되게 된다.[6]

이러한 변화의 배경에는 성장거점전략의 시행 결과에 대한 비판이 크게 자리하고 있다. 전통적 개발사고에 의존하는 성장거점전략을 적용해 봤더니 무엇보다도 기대한 지역개발효과가 경험적으로 검정되지 않더라는 것이다. 허쉬만이나 미르달이 주장하는 누적(漏滴)효과나 파급효과가 현실적으로 기대한 만큼 나타나지 않더라는 비판이 그것이다. 나아가 지역내부에서 거점과 배후지역 간의 격차를 확대시킴으로써 새로운 지역불균형 문제를 야기했다는 또 다른 비판이 제기되곤했다. 이러한 비판들이 지속적으로 나타나면서 성장거점전략의 합리성이 심각한 도전을 받게 된다.

여기에 더해서 개발사고의 새로운 조류가 급속하게 밀려오게 된다. 새로운 개발사고들이 밀려드는 배경에 대안적 개발사고들이 함축하는 개발원리들이 어떤 형태로든 영향을 미쳤음은 당연하다. 성장거점전략이 의지하는 전통적 개발사고와는 다른 안목의 개발 사고들이 이러한 변화 흐름의 배경에 자리하고 있다는 것이다. 소규모 농업생산과 장인산업에 기초하여서도 촌락사회에서의 복지진척이 가능하다고 주장하는 인민주의적 사고와 함께 그 연장선에서 제시되는 인간중심 개발과 중간기술개발에 관한 논의들, 그리고 개발을 참여의 학습효과로 보는 사회학습 사상, 내국적 식민주의로부터 해방을 주장하는 종속이론적 시각 등이 대안적 안목의 개발원리를 시사하는 대표적 개발사고들이다.[7]

전통적 개발사고에 보다 직접적이고 정면으로 도전하는 이러한 개발사고의 새로운 조류는 1970년대를 지나면서 본격적으로 나타나고 있다. 이러한 흐름은 성장거점 전략의 실패라는 인식에 기초하여 효과적인 새로운 지역개발 방식을 모색하려는 움직임을 일컫는 것으로서, 주로 UN을 중심으로 활발하게 전개된다. 여기서는

---

6 대신에 소도읍을 농촌중심지로 개발하려는 정책과 함께 대도시, 중간도시, 소도시를 각각 성장 중심지로 역할하도록 정주체계를 확립하는 정책이 널리 시도되었으며, 또 지역과 지방으로의 행정적인 분권화와 권력의 이전이 지역 및 농촌개발 수단으로 장려되었다(찰스 고어 저·고영종외 역, 1997; 151).
7 제7장 대안적 개발사고 논의 편을 참고할 것.

지역개발 패러다임이 변화하는데 있어 직접적 계기를 이루었던 몇 가지 활동들을 소개해 본다.[8]

첫째, 시어즈(Dudly Seers)는 1969년 국제개발학회에서 '개발의 의미'에 대해 근본적인 의문을 제기하게 되는데, 그것이 새로운 개발철학의 패러다임이 출현하는 하나의 전기를 이룬다. 그는 빈곤, 실업, 불균형 등 세 가지 문제가 감소하고 있다면 개발이 일어났다고 평가할 수 있으나, 그것이 악화되고 있다면 국민총생산(GNP)이 갑절로 증가했더라도 '개발'이라고 보기가 의심스럽다고 주장하였다. 시어즈의 이 논문이 개발의 불균형 문제를 개선하기 위한 새로운 방법들을 모색하는 계기가 되었으며, 이러한 노력에 힘입어 궁극적으로 전통적 개발모델을 대체하기 위한 새로운 패러다임이 싹트기 시작하였다.

둘째, 중국의 개발경험이 서구의 개발전문가들에게 교훈적인 메시지를 전하였다. 서구 전문가들은 중국의 경우 근대적 요소와 전통적 요소가 개발과정에 양립하면서 조화를 이루고 있었다는 사실을 알게 되었다. 또 외부의 지원을 극소화하면서 자기의존적 체제를 유지하였으며, 농촌개발에 우선을 두면서 도시와 주변 농촌지역 간의 모순을 극복하려고 노력하였다는 사실을 알았다. 이와 함께 근본적으로는 대중적 에너지의 조직화로 사회주의 혁명에 성공한 경험이 이들에게 큰 감명을 준 것도 사실이다. 그것은 대중노선의 주체적이고 자발적인 개발역량을 잘 보여주는 경험적 사실이었다. 이러한 사실들은 전통적 개발사고가 시사하는 수출주도, 외부지원, 쇄신의 확산, 불균형 개발 등과 같은 개발원리와는 정반대의 개발원리에 입각하고 있음을 말해주고 있다. 그럼에도 불구하고 결과적으로 중국은 기본수요에 만족하고 있었고, 사회적 결속력도 높은 것으로 보였다. 새로운 개발패러다임으로 변하게 하는 하나의 배경이 되었음을 읽게 하는 대목이다.

세 번째, 개발 사조의 새로운 흐름에 영향을 끼친 또 하나로서 국제기구의 활동을 들 수 있다. 국제기구 활동 중에서도 국제노동기구(ILO)의 활동이 두드러진다. 국제노동기구는 1969년에 "정부는 개발의 주요 목표를 완전고용에 두어야한다."고 하

---

8 최양부·이정환, 전게서, pp. 91-95.

는 세계고용계획을 선언하였다. 여기서 국제노동기구는 전통적으로 제시되는 국민
소득(GNP) 성장 목표 외에 완전고용, 소득의 균등분배 목표를 개발목표에 추가해야
한다고 하였다. 그리고 빈곤은 모든 지역에서 증가하는 경향을 보이고 있는데, 이러
한 경향을 반전시키기 위해서는 경제성장의 일부 과실이 낙후지역에 직접 투자되어
야 한다고도 하였다.

한편 세계은행도 미국의 경제학자인 동시에 그 은행의 부총재였던 체너리
(Chenery, H. B.)가 중심이 되어 성장과실의 재분배 문제에 관심을 기울였다. 그는
'성장의 재분배'라는 연구에서 성장의 일부 제한과 생산증가분의 일부가 낙후지역
으로 투자되어야 할 필요가 있다고 하였다.[9]

그러나 국제노동기구의 많은 경제학자들은 성장의 재분배에 회의적이었다.
식량문제 해결에 크게 기여한 녹색혁명도 근본적으로 농민들을 무산계급화(無産階
級化)하는 수단으로 변질하였으며, 기대와는 달리 많은 농촌주민들의 빈곤은 절대
적으로나 상대적으로나 더 증가해 왔다고 한다.

---

9 '성장을 수반하는 재분배 전략'으로 불리는 그것은 4가지 기본정책을 동시에 추진하거나 그중
  일부 배합을 선택 추진함으로써 빈곤계층의 소득수준이 성장과정에서 상대적으로 개선될 수
  있도록 노력하는 성장전략이다. 그 4가지 정책은 다음과 같다. 첫째, 자원배분, 저축 및 투자과
  정에서의 모든 비효율성을 극소화하는 고도성장정책을 기본적으로 유지하도록 하고, 둘째, 모
  든 추가적인 공공투자는 가능한 빈곤계층의 생산성과 소득창출 능력을 향상시키는 방향으로
  집중되도록 한다. 셋째, 조세정책은 소득과 재산을 재분배하는 방향으로 조정하고, 재정지출정
  책은 빈곤계층의 기본적인 인간욕구(Basic Needs)를 충족시킬 수 있도록 기본재화와 서비스를
  공공적으로 제공하는 방향으로 운용한다. 그리고 넷째는 농지개혁과 같은 방법으로 기존자산의
  일부를 빈곤계층을 위해 재분배한다. 이러한 재분배정책은 기본적으로 기존의 자산분배와 소득
  분배 상황을 그대로 유지하면서 경제성장의 추가적인 열매는 가능한 평등화 방향으로 나누어
  질 수 있게 한다는 '점진주의'를 표방하고 있다.

# 제2절
## 하향식에서 상향식개발방식으로의 전환

개발사고의 새로운 조류에 대한 반응으로서 여러 가지 새로운 개발개념이 등장하게 된다. 종속이론적 시각에 입각하여 세계경제와 연결되고 있는 관계의 정도를 줄이거나 단절시킴으로써 개발에 있어 자국의 의존도를 높여야 한다고 강조하는 경우가 그 하나의 예이다. '선택적 공간폐쇄'라 불리는 이러한 개발사고는 "공간적 형평성: 현재의 지역개발학설에 대한 몇 가지 반대 제안"[10]이라는 논문에서 처음 제시되었다. 이것은 지방 및 지역공동체가 각자의 필요에 따라 각자의 자원을 개발하는 계획을 세울 수 있을 뿐만 아니라 그 공동체에 부정적인 영향과 효과를 갖게 하는 어떠한 외부적 관계성도 통제할 수 있도록 지방 및 지역공동체로 힘을 이전시키는 것이라고 하였다. 이것은 영역에 기초하는 것이며, 또 농업생산 증가와 주민의 기본수요를 우선시하는 자치적이고 자주적인 개발을 의미한다.

선택적 공간폐쇄는 역동적인 경제중심지에서 유도되는 긍정적인 누적(漏滴)효과를 유지시키기 보다는 주변지역에 부정적인 역류효과를 먼저 제거시키기 위한 의도에서 고안되었다. '내적인 힘'을 이용하여 지역의 '영역적인 관심사를 충족시킬 수 있도록 힘의 이전이 필요하다'는 것을 강조하는 점이 새롭다.

1970년대 말경에 이르러 이러한 새로운 생각들이 지역개발 패러다임의 변화를 위한 기초를 형성했다. 프리드만과 위버(Friedmann, J. & Weaver, C., 1979)[11]는 지역개발 접근방법 논의를 하면서 2가지 기본적인 방법으로서 기능적 접근과 영역적 접근방법을 제시하였다. 또한 스테르와 테일러(Stöhr, W. B. & Taylor, D. R. F., 1981)[12]도

---

10 Stöhr & Tödtling, "Spartial Equity—Some Antithese to Current Regional Development Doctorine", in H. Folmer & J. Oosterhoven(eds.), *Spartial Inequality and Regional Development*, Leiden: Nijhoff, 1979.

11 Friedmann, J. & Weaver, C., *Territory and Function: the Evolution of Regional Planning*, London: Edward Arnold, 1979.

12 Stöhr, W. B. & Taylor, D. R. F.(eds.), "Development from Below: the Bottom-Up and

유사하게 두 가지의 기본적인 지역개발 접근방법을 확인하였다. '하향식 개발' 즉, 위로부터의 개발방식과 '상향식 개발' 즉, 아래로부터 개발 방식이 그것이다. '위로부터의 개발'은 '기능적 접근'과 '아래로부터 개발'은 '영역적 접근'과 부합하는 개발방식을 의미한다. 그러면서 그들은 기능적 접근에서 영역적 접근으로, 하향식 개발방식에서 상향식개발로 지역개발의 패러다임이 변화하였음을 강력하게 주장한다.

지역개발 문제를 바라보는 이 두 가지 패러다임은 상호 대조적이다. 우선 하향식 개발은 정책결정이 지역외부에서 이루어지는 국가주도의 외부의존적 개발을 말하며, 외부지향 개발 패러다임으로 묘사된다. 주로 '개발이란 외부수요와 쇄신확산으로 일어난다'는 가정에 의존하여 접근하고 있다. 반면에 상향식 개발은 스스로의 동기와 자원에 의존하여 내발적(內發的)으로 유도되는 개발을 의미하며, 내부지향 개발 패러다임으로 부른다.

그래서 하향식 개발은 기능적 접근을 따르고, 상향식 개발은 영역적 접근을 따른다. 기능적 접근은 개발을 경제성장과 동일시하며 도시개발 및 산업자본의 집약적 투자, 최대한도의 내부 및 외부경제의 활용, 대규모 조직 및 최신기술 등을 강조하고, 누적(漏滴)효과를 가로막는 경제적, 사회적, 정치적, 문화적 또는 제도적 장애물을 감소시키려 한다. 이 패러다임은 이러한 생각에 기초하여 주로 경제활동의 입지, 교통통신망과 도시체계 등을 구성요소로 하는 공간조직에 관심을 갖고, 이들을 효과적으로 조작함으로써 바람직한 지역개발을 꾀하고자 하는 시도를 한다.

반면에 영역적 접근은 역사적으로 한정된 지역의 인적자원과 물적자원의 통합운용에 관심을 갖는다. 여기서 개발은 '개인, 사회집단, 그리고 소규모 혹은 중간규모의 영역적으로 조직된 공동체에게 기회를 넓혀주며, 사회적, 경제적, 정치적 의미에서의 공통된 이익을 위해 모든 범위에 걸쳐 그들의 능력과 자원을 동원하는 통합된 과정'으로 정의된다. 그것은 개발계획에 따라 필연적으로 영향을 받는 지역 안에서 통제되는 '내생적(內生的)활동을 의미한다. 선택된 생산요소에 대한 보수를 극대화시키고자 하는 기능적 접근과는 달리 경제적으로 저개발된 지역

---

Periphery-inward Development Paradigm", *Development from Above or Below? The Dialectics of Regional Planning in Developing Countries*, Chichester: John Wiley, 1981.

의 모든 생산요소의 총체적 효율성을 증진시키는 것이 목표가 된다. 그래서 계획 과정에 그 지역의 주민들을 끌어들이며, 나아가 그 지역에 살고 있는 모든 사람들이 고른 혜택을 입을 수 있는 방식이 채택되도록 한다. 영역적 접근은 결과적으로 형평성을 강조하는 전략적 특성을 띠고 있다.

하향식 개발의 배경은 이미 언급한 바 있듯이 세계대공황을 거치면서 겪었던 시장기구의 자율 조절장치에 대한 신뢰의 상실에서 찾는다. 같은 맥락에서 지역 불균형 문제도 시간이 경과하면 균형 상태로 수렴하는 것이 아니라 점점 더 심화된다고 하는 자각을 하게 된다. 지역개발 정책의 개입 필요성이 인식되는 단초를 여기서 찾는다. 이러한 생각에서 시도한 뉴딜(New Deal) 정책이 긍정적인 평가를 받으면서 하향식 개발방식은 전세계적으로 널리 확산되게 된다. 이러한 하향식 개발 방식을 채택한 대표적인 지역개발 전략이 성장거점전략이다. '개발이란 몇 개의 역동적인 장소로부터 유발되어 나머지 지역으로 누적(漏滴)된다'는 것이 성장거점전략의 기본 가정이다.

반면에 상향식개발방식은 성장거점전략에 대한 비판으로부터 대두되었다. 성장거점전략을 시행해봤지만 그 전략이 기대하고 있는 배후지역으로의 누적효과가 경험적으로 나타나지 않는다고 비판한다. 총량성장은 가져오지만 소외된 장소와 소외된 사람들의 복지를 향상시키지는 못했다는 지적이 그것이다. 이러한 비판들이 모여 대안적 전략을 모색하게 되는 하나의 계기를 이룬다.

상향식개발방식은 성장에 대한 분배적 측면의 고려로부터 싹트기 시작한 개발 패러다임이다. 상향식 개발방식에 따른 구체적 성장전략을 마련하는 문제는 현재 활발한 논의 중에 있으나 아직 개념적 수준의 논의에 머물고 있는 실정이다. 현재 제시되고 있는 상향식 개발 패러다임의 지역개발전략으로서는 대표적으로 '기본 수요 전략'과 프리드만과 더글라스(Douglass, M.)의 '농도지구개발전략(Agropolitan District Development Strategy)' 등을 들 수 있다.[13]

---

13 Friedmann, J. & Douglass, M. "Agropolitan Development: Towards a New Strategy for Regional Planning in Asia" in Lo, Fu-chen & K. Salih(eds.), *Growth Pole Strategy and Regional Development Policy*, Oxford: Pergamon, 1978.

요컨대, 지역개발의 패러다임이 하향식에서 상향식으로, 기능적 접근에서 영역적 접근으로 변화하게 된 데에는 근본적으로 1960년대의 성장정설인 전통적 개발사고에 대한 불만족이 자리하고 있다. 나아가 이러한 변화의 배경에 대안적 개발사고의 다양한 맥이 폭넓게 닿아 있음을 또한 말해주고 있다.

표 9-1  하향식개발과 상향식개발방식의 비교

| 구 분 | 하 향 식 개 발 | 상 향 식 개 발 |
|---|---|---|
| 특 징 | • 외부의존적 개발<br>(국가주도 개발) | • 내발적 개발<br>(스스로의 동기와 자원에 의존) |
| 접 근 | • 기능적 접근<br>－ 공간조직 조작으로 효과적인 지역<br>개발 추구 | • 영역적 접근<br>－ 지역의 인적, 물적자원 총동원<br>으로 효과적인 지역개발 추구 |
| 배 경 | • 세계대공황 교훈<br>－ New Deal 정책 이후 전 세계적<br>으로 널리 채택 | • 성장거점전략 비판에서 출발<br>－ 소외된 장소, 소외된 사람의 복지<br>문제 관심 |
| 대표적 전략 | • 성장거점전략 | • 기본수요전략과 농도지구개발전략 |

# 제10장
# 상향식 지역개발전략

## 제1절
## 기본수요 전략

### 1 기본수요 문제의 제기

#### 1) 빈곤과 기본수요 문제

많은 사람들은 "전후에 개발도상국가들이 경제적 성취를 이룩하긴 했지만 개발이론이 당초 기대했던 만큼 생활이 향상되지 못했다."는 견해에 수긍하고 있다. 단순히 1인당 GNP로 본다면 개발도상국가들은 기대했던 것보다도 훨씬 더 성장한 것으로 나타난다.

> 1950년에서 1975년 기간 동안 개발도상국가 전체의 1인당 GNP는 연평균 3.4%씩 증가했다. 이러한 성장률은 개발도상국가나 선진국이 1950년대까지 경험한 그 어느 것보다도 급속한 성장이었으며, 이러한 기록은 공식적으로 설정한 목표나 개인의 기대를 모두 상회하는 것이다(Morawetz, 1977: 12).

그럼에도 불구하고 빈곤과 저개발의 문제는 여전히 남아있다. 연평균 성장률이 국가전체의 평균소득을 토대로 산출된 것이라고 보면, 이러한 결과는 부분적으로 성장 과실이 균일하게 배분되지 못했다는 사실을 일러주고 있다. 경험적 증거 중에는 개발도상국에 살고 있는 많은 사람들의 극심한 빈곤을 보여주는 통계자료들도 있다.

지난 25년 동안 개발도상국가들의 약 33%에 해당하는 주민들은 1인당 소득이 3배로 증대되었다. 그렇지만 또 다른 40%에 해당하는 주민의 소득은 1년에 단지 1달러 내지 2달러밖에 증가하지 않았다(Morawetz, 1977: 14).

그러나 이것은 국가전체의 평균소득에 기초한 것이기 때문에 실제 일어난 소득분배상의 중요한 변화들을 숨기고 있다. 특히, 많은 수의 주민들의 절대소득이 감소했다는 사실도 은폐하고 있다. 나아가 저성장국가들뿐 아니라 고성장국가들에서도 절대빈곤율은 사실상 증가되어 왔다고 주장하고 있다.14

이러한 극심한 빈곤을 보여주는 통계자료들은 영양실조와 병약(病弱)에 시달리는 사람들, 깨끗한 식수나 위생, 보건, 교육 등과 같은 필수적인 서비스를 받지 못하는 사람들이 점점 늘어나고 있다는 것을 말해주고 있다. 기본수요의 결핍으로 말미암아 분명히 인간의 존엄성이 훼손되고 있음을 보여주는 한 단면이다. 나아가서는 이러한 어려운 상황을 개선하기 위해 무엇인가를 해야 한다는 생각을 동시에 하게끔 한다. 이러한 감상적 생각은 개발전략의 일차적 목표가 무엇보다 기본수요의 충족에 두어져야 한다는 기본수요전략의 지지기반이 되었다.

한편 경험적 자료는 경제개발과 기본수요 충족 사이에 관계성이 별로 없음을 또한 보여주고 있다. 모라웨츠는 1960년에서 1970년에 이르는 10년 기간 동안 그 관계성을 측정하였는데, 결과적으로 GNP 성장률과 기본수요 충족도 사이에 만족할 만한 긍정적 관계가 나타나지 않았다고 한다.

1960~1970년 기간 동안 1인당 GNP 증가와 기본수요충족도 간의 관계가 의미있게 나타난 경우는 16개 변수 중 단지 3개-영양상태, 영아사망율, 전기공급가구 등-뿐이었다. 결론은 1인당 GNP 및 GNP 성장률과 기본수요 충족도

---

14 리(Lee, E.), "기본수요전략: 밑으로부터의 개발에 대한 좌절된 대응인가?" 지역계획연구회 편역, 『변증법적 지역개발론』, p. 128.

및 개선도 사이에는 만족할 만한 관계가 나타나지 않았다는 것이다(Morawetz, 1977: 58).

여러 나라의 기본수요 충족도를 관찰한 또 다른 조사결과를 보더라도 기본수요와 1인당 GNP 사이에 밀접한 관련이 나타나지 않는다는 것이 확인되고 있다. 개방 이전의 중국, 스리랑카, 케라라 등과 같은 몇몇 저소득국가의 경우에는 기본수요 충족도가 실질적으로는 고소득국가들보다도 높게 나타나고 있다(Streenten, 1977).[15] 이러한 사실은 낮은 소득수준에서도 기본수요를 충족시킬 수 있는 가능성을 발견케 하며, 나아가 기본수요를 충족시킬 수 있는 적절한 정책을 끌어낼 수도 있다는 점을 시사해주고 있다.

## 2) 기본수요 문제의 발생 배경

기본수요 충족 문제에 대한 관심은 당연히 개발의 의미에 대해 본질적인 물음을 제기한다. 왜 세계경제의 유례없는 성장에도 불구하고 수백만의 사람들이 빈곤한가 하는 것이 그것이다. 이러한 본질적인 질문에 답하는 것이야말로 실질적이고 논리적인 기본수요전략을 수립하는데 있어 요구되는 필수적인 전제조건이 된다. 그렇지 않다면 기본수요 전략이 도출되는 사회적 배경으로부터 문제를 추상화함으로써 그것을 단지 기본재화 및 서비스의 공급과 전달에 관한 기술적인 문제로 취급하게 되는 우를 피할 수 없게 된다.

왜 기본수요가 충족되지 못하는가에 대한 설명은 국가경제뿐만 아니라 국제경제적 측면까지를 망라하는 종합적 차원에서 이루어져야 한다. 세계경제 체제는 극도의 소득분배상의 불균형으로 특징지어질 수 있으며, 따라서 생산패턴이나 무역, 소득분배 구조는 몇몇 공업화된 선진국의 수요에 의해 좌우된다. 이러한 체제의 속성 때문에 개발도상국가들은 생산패턴과 무역구조가 외부에서 결정되는 상황에 놓이게 된다. 국내 생산패턴 역시 소득의 불균형으로 말미암아 필수품이나 기본재화의 생산과는 거리가 먼 왜곡된 형태를 띠게 된다. 부유층의 수요가 국내

---

15 전게서, p. 130에서 재인용.

생산패턴을 좌우하게 되어 빈곤층의 기본수요는 등한시된다. 사치스러운 공산품들, 화려한 서구스타일의 건축양식, 첨단 의료서비스 등이 경제활동 구조를 지배하게 된다. 다국적기업의 생산공정 및 대중매체에 의한 침투는 이러한 경향을 고착시키고 강화한다. 안전한 식수의 적절한 공급이 이루어지기도 전에 코카콜라 공장이 들어서는 것과 같은 상황이 초래된다. 제3세계 국가들을 주의 깊게 들여다보면 이러한 기제로 인해 지역개발의 우선순위가 왜곡되어버린 본보기들을 수없이 대할 수 있다.

## 2 기본수요전략의 본질

기본수요의 충족을 방해하는 주요한 원인을 이렇게 이해한다면, 이는 곧 기본수요전략의 의미와 필수적 구성요소가 무엇이 되어야 하는가를 명백히 암시해 준다. 우선 기본수요를 단순히 기술적인 차원에서 정의내리고, 측정하고 설명하는 어떠한 해석도 배제되어야 함을 말해주고 있다. 기본수요 미충족도를 측정하여 그것을 메꾸는 생산목표가 결정되고, 이어서 필요로 하는 상품이나 서비스의 공급이 이루어지도록 하는 접근으로는 무의미하다는 것이다. 이러한 접근방식은 기본수요 결핍이 어떠한 상황에서 발생하고, 또 어떠한 기본수요 재화 및 서비스가 어떻게 분배되어야 하는가를 무시하고 있으며, 그리고 기본수요가 누구에 의해 어떻게 결정되어야 하는가 하는 중요한 윤리적 문제를 고려하지 않고 있기 때문이다. 또 이러한 과정이 위로부터 이루어지도록 할 것인가, 아니면 그 속에 살고 있는 사람들 자신에 의해 수행되게 할 것인가에 따라 기본수요의 설정대상과 그 획득 및 사용방법도 달라지게 된다.

따라서 기본수요전략은 그 실행에 있어 중요하게 다루어야 할 사항으로서 다음과 같은 몇 가지를 제시하고 있다. 첫째, 개발 계획가들의 객관적인 역할은 기본수요의 충족에 더 많은 중요성을 부여하는 것이다. 기본수요를 충족시킬 수 있는 상품이나 서비스에 우선순위가 두어져야 한다는 것이다. 둘째는, 빈곤을 근절하기 위한 수단을 선택함에 있어 보다 많은 선별성과 다양성을 가질 것을 추구하고 있다. 소득향상에만 의존하지 말고 특정집단에 대해 특정상품이나 서비스를 제공하는데도 주안점을 두어야 한다고 한다. 셋째는 기존의 경제·사회·정치구조하에서는 기본수요의 충족이 어려울 수밖에 없었던 측면에 대한 이해를 먼저 요구하고 있다. 자산의 분배나 제도상의 구조가 변화할 때에만 비로소 기본수요 충족이 가능했던 경우가 오히려 더 일반적이다. 자산의 재분배가 지속적인 소득 재분배를 위해 필요할뿐더러 생산조직과 보수체계 변화를 위한 선행조건이 된다는 점에서도 그 중요성이 부각되고 있다.

또 정치·행정적 구조에서도 변화가 요구된다. 그 핵심은 계획수립 권한의 분산화 정도를 높여가는 방향으로의 변화라고 한다. 이렇게 함으로써 기본수요 지향적인 사회로의 전환이 가능하며, 더 중요하게는 좀 더 자립적인 개발형태로 나아갈 수 있게 된다고 한다. 평등하고 분산화된 계획수립 체계를 갖는 자립적 공동체는 개인 및 공동의 특정한 수요를 더 잘 인지할 수 있고, 그 지역의 자원, 기술, 인력 등을 더 잘 동원할 수 있게 해준다.[16]

기본수요전략은 만연된 빈곤문제에 대한 명쾌한 해결책은 아니다. 계획수립의 목표와 정책을 변화시키기 위해서는 자산의 재분배와 제도적 변화가 동시에 수반되어야 한다. 그러나 이러한 변화들은 정치권력을 재구성해야만 일어날 수 있으며, 그 외에도 수많은 장애물이 분명 존재하고 있다.[17] 요컨대, 기본수요의 개념은 소득불균형보다도 빈곤층의 물질적 결핍을 생생하게 보여주고 있으며, 나

---

16 불평등한 제도적 구조를 띠는 고도로 중앙집권화된 서비스 전달체계 하에서는 발생된 이윤들이 가난한 사람들에게 돌아가기도 이전에 착복되어 버린다. 또한 이러한 이윤들은 가난한 자들과는 거리가 먼 계획수립가와 기술관료들의 필요에 부합하는 형태를 취하기 때문에 실패 가능성이 높다. 이에 반하여 자립체제는 생산에 대한 의사결정이 계획입안자들에 의해 대표되고 조정되는 소수의 자본가나 기업가들에 의해서가 아니라 가난한 자들이 참여하는 직접적인 의사결정 과정을 통해 이루어지는 것을 보장해 준다. 따라서 생산과 재분배의 구조가 수요(Needs)와 더욱 밀착되게 된다.

17 부와 소득의 재분배는 매우 확고한 이해관계로 인해 저항이 있을 것이라는 사실은 논외로 치더라도 고도의 분산화, 고도의 지역적 자립 등과 같은 외견상 하자가 없어 보이는 정책처방들도 잠정적으로 이해관계의 마찰소지를 안고 있다는 점을 인식해야 한다. 그동안 중앙집권적인 하향식 개발패턴은 그 속에서 기득권을 형성하여 왔기 때문에 각 지역단위로 권한을 위임하는 것조차도 반대에 부딪히게 될 것이다. 이러한 저항은 중앙집권화된 관료체제로부터, 그리고 산업자본 및 지주, 다국적기업, 결집된 노동귀족 등이 만들어 낸 산업이윤으로부터 일어난다.

아가 그 충족을 가로막는 경제적, 정치적 장애물에 대해 관심을 집중하고 있다. 그래서 기본수요전략은 오히려 경제적 정치슬로건으로서 그 유용성이 인정되기도 한다.

### 3 기본수요전략의 주요내용

#### 1) 기본수요의 개념

기본수요라는 용어는 1976년 UN 국제노동기구(ILO)가 주최한 '세계고용회의(World Employment Conference)'에서 처음으로 공식적으로 사용되기 시작하였다. 국제노동기구가 사용한 기본수요라는 말은 가난한 사람이 품위있는 생활을 하는데 기본이 되는 최소한의 물품과 서비스의 수요를 의미한다.

기본수요에는 2가지 형태가 있다. 하나는 물질적인 것이고, 다른 하나는 윤리적인 것이다. 물질적인 것은 다시 2가지로 구분할 수 있는데, 사회적 수요와 개인적 수요가 그것이다. 먼저 물질적인 것으로서 사회적 수요에 해당하는 기본수요는 집단의 생존과 복지에 필요한 것으로서 식수, 위생, 대중교통, 보건, 교육서비스 등이 여기에 해당한다. 개인적 수요는 개인의 사적 소비와 관련된 의·식·주 생활서비스를 지칭하며, 이와 함께 여기에 개인적인 취미나 기호 등에 대한 선택권 또한 포함하고 있다. 그리고 윤리적인 것으로서는 자유, 인권, 시민참여 등을 들고 있다. 따라서 기본수요란 영역적으로 통합된 지역사회 속에서 개인이나 집단에 의해 공유되는 수요의 집합이라고도 볼 수 있다.

한편 그것의 범주는 고정되어 있는 것이 아니다. 주민들의 생활의 질이 향상되고 생활권이 확대되면, 인간활동의 내용이 또 다양화되면서 기본수요의 구성요소도 다양화지고 그 범위도 확대되어 간다. 기본수요의 개념이 동태적으로 수용되어야 할 것임을 말해주고 있다.

이러한 사실은 기본수요를 정의하기가 어렵다는 점을 일러주고 있다. 기본수요는 기본적인 인간의 심리적 욕구로부터 보다 복잡한 인식적인 욕구에 이르기까지 그 범주가 넓게 나타나고 있다. 뿐만 아니라 욕구 그 자체가 주관적이며 가변적이기 때문에 객관적 준거를 마련하기도 어렵다. 또한 영역의 크기에 따라 계층성을 보이고 있는 것도 정의를 어렵게 하는 하나의 요인이다. 영역의 크기가 커질수록 기본수요의 구성요소는 더욱 포괄적인 형태로 확대되어 나타나게 된다.

## 2) 기본수요전략의 특성

기본수요전략에 대한 논의는 경제성장 과실이 지역주민의 기본적인 욕구 또는 수요와 연결되지 않는다면 개발의 의미가 없다고 보는데서 출발한다. 따라서 기본수요 전략은 가난한 사람이 사람다운 생활을 영위하는데 필요한 물질적인 것과 윤리적인 것을 최소한으로 보장해주는 개발방식을 의미한다.

기본수요전략은 '개발과정'을 보는 독특한 관점에 입각하고 있다. 하나는 개발이란 그 목표 집단이 되는 수혜자의 요구 또는 욕구에서 출발하여야 한다고 하는 것이며, 또 다른 하나는 누구에 의해, 어떻게 기본수요가 결정되어야 하는가 하는 문제를 중요하게 다루고 있다는 것이다.

이러한 기본수요전략은 그 특성으로서 흔히 다음 세 가지를 들고 있다. 첫째, 기본수요전략의 근간은 인간이 인간다운 품위를 유지하는데 필요로 하는 최소한의 재화와 서비스 품목을 직접적으로 최저소득집단에 공급해주어야 한다는데 있다. 소득향상과 같은 간접적인 방식에 의해 기본수요 충족을 기대하는 우회적인 방식은 고려하지 않는다는 의미이다. 두 번째는 기본수요가 공급되는 방식을 중요하게 여긴다. 공급되는 여러 형태가 기본수요 수혜집단의 접근도에 영향을 미치기 때문이다. 따라서 기본수요전략은 기본수요 공급을 위한 개발계획과 집행과정에 개발의 수혜자 집단인 빈곤층의 참여를 필수적인 조건으로 하고 있다. 상향식 개발방식으로 부르는 이유가 여기에 있다. 개발과정에 개발수혜 집단인 주민들의 참여도를 높이기 위해 교육의 필요성을 역설하고 있으며, 이와 함께 참여제도 발전문제를 또한 강조하고 있다. 계획과정에서는 분산화의 정도를 넓히기 위한 노력이 또한 수반되어야 한다고 한다. 셋째, 기본수요전략은 의사결정 시스템의 분산과 지역 내 자체의존을 높여가기 위한 전략으로서 영역적 개발방식의 원리에 그 뿌리를 두고 있다. 외부지원에 의존하지 않고 지역의 인적, 물적 자원을 총동원하며, 그러기 위해 중간기술과 농업 및 소규모산업의 중요성, 그리고 공동체 역할 등을 강조하는 내발적(內發的) 개발방식을 추구하고 있다.

## 3) 기본수요전략의 사례: 지역생활권 전략

기본수요 접근이라는 새로운 개발철학을 실현하려는 공간전략의 하나로 지역생활권 전략을 들 수 있다. 지역생활권이란 그 속에서 살고 있는 주민들의 사회, 경제, 문화, 정치적 활동들을 포괄하는 즉, 생활관련 활동 기반을 같이 하는 공간단위를 말한다. 지역생활권 전략이란 이러한 중층되는 생활권을 기초로 지역주민들이 일상생활에서 필요로 하는 기본수요를 불편 없이 효과적으로 충족할 수 있도록 전 생활편익환경 분야를 대상으로 종합적이고 유기적인 개발을 시도하는 전략을 일컫는다.

생활편익관련 서비스활동들은 그 발생 빈도와 그것을 충족시키는 서비스시설의 공급비용 등을 기준으로 볼 때 수요 빈도가 높고 공급비용이 적은 것에서부터 그 빈도가 낮고 공급비용이 많이 드는 것에 이르는 다양한 계층성을 보이고 있다. 예컨대, 판매시설의 경우 음식료품의 구매활동 빈도는 매우 높게 나타나며, 반면에 자동차 구매활동 빈도는 상대적으로 크게 낮은 수준을 보일 것이다. 한편 의료시설의 경우 일반 환자를 진료하는 의원의 경우보다 전문의료 행위를 하는 종합병원의 공급비용이 훨씬 크게 나타날 것이다. 지역주민들의 수요측면에서 보면 모든 생활관련 활동들이 가까운 곳에서 이루어지는 것이 바람직할 것이다. 그러나 공급비용 측면에서 볼 때는 불가능하거나 비능률적일 수 있다. 그렇기 때문에 생활관련 활동들의 계층성을 토대로 관련시설들의 적정한 배치 문제가 대두되게 된다. 기본적으로 발생빈도가 높고 공급비용이 적은 생활관련 활동들은 가까운 곳에서, 그리고 발생빈도가 낮고 공급비용이 큰 생활관련 활동들은 상대적으로 보다 높은 계층의 중심지를 갖는 더 넓은 생활권에서 공급하게 함으로써 인간다운 삶을 유지하는데 있어 불편함이 없도록 하고자 하는 것이 생활권 전략의 골격이다. 크고 작은 중심지들 간에 생활관련 기능들이 배분되는데 있어 합리적인 일정한 질서가 있다고 하는 중심지 이론이 생활권 전략의 이론적 배경을 이루고 있다.

일본은 제3차 전국총합개발계획에서 지역사회의 생활권 계층을 제일 작고 하위에 있는 근린(近隣)에서부터 제일 상위에 있는 국가에 이르기까지 8개로 나누어 설정하고 있다. 근린, 커뮤니티, 지구, 시정촌, 정주권, 현, 지방블럭, 국가 등이 그것이다. 또한 인간활동의 생활권을 계층이 낮은 것에서부터 일상생활권, 주간생활권, 월간생활권, 년간생활권 등으로 구분하고, 그에 상응하는 지역사회 생활권을 다음과 같이 제시하고 있다. 즉, 일상생활권의 범위는 근린, 커뮤니티, 지구를 포함하고, 주간생활권은 지구, 시정촌, 정주권을 포함하며, 월간생활권은 정주권, 현, 지방블럭을, 그리고 연간생활권에는 현, 지방블럭, 국가가 포함되는 것으로 묶고 있다. 한 지역사회가 두개의 생활권에 겹치는 것은 우리 생활의 시간주기가 지역사회의 계층별로 명확하게 구분될 수 없기 때문이다. 그리고 이렇게 구분된 생활권별로 필요한 생활환경시설을 방재·안전, 공급·처리, 정보전달, 의료·보건, 사회복지, 상업서비스·금융·보험, 교육, 집회·문화, 스포츠·레크레이션, 행정·사무, 교통·운수 등 11개 분야로 나누어 정하고 있다.

　　여기서 생활권의 하나로 설정하고 있는 '정주권'을 사례로 보면 다음과 같은 생활환경시설들을 기본수요 차원에서 필요하다고 지정하고 있다. 방재·안전 분야에서 유수지, 방조제, 소방본부 등을, 공급·처리 분야에서는 정수장·도수관, 1차 변전소, 발전소, 가스발생공장, 하수처리장, 청소공장, 매립처리장, 분뇨처리장, 화장장, 묘원 등을 들고 있다. 정보전달 분야에서는 중앙우체국, 신문사 등을, 의료·보건 분야에서는 종합병원, 전문병원, 보건소 등을 제시하고 있다. 그리고 사회복지 분야에서는 구호시설, 특별양호노인원, 모자복지시설 등을, 상업서비스·금융·보험 분야로는 백화점, 도매상, 신용금고, 지방은행지점 등을 지목하고 있다. 또 교육분야에서는 일반고등학교, 농·상·공업교, 단기대학, 특수교육대학교 등을, 집회·문화 분야로는 시민회관, 박물관, 미술관, 음악당 등을 지정하고 있다. 스포츠·레크레이션 분야에서는 광역공원, 골프장, 종합운동장 등을, 교통·운수 분야에서는 중·장거리버스, 신간선 역, 중요항만 등을 들고 있다(황명찬, 277). 기본수요 전략이 특히 초점을 두고 있는 생활권은 일상생활권과 주간생활권이다. 이러한 주간생활권 이하의 기초생활권 단위에서 인간다운 생활을 하는데 필요한 최소한의 기본서비스는 충족되어야 한다는 것이 기본수요 전략의 전제이기 때문이다.

그림 10-1  일본의 총합개발계획의 생활권 전략

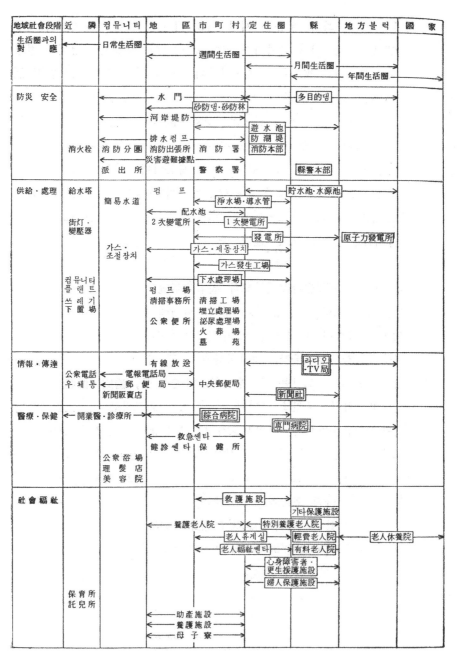

| 地域社會段階 | 近　隣 | 컴뮤니티 | 地　　區 | 市 町 村 | 定住圈 | 縣 | 地 方 블 럭 | 國 家 |
|---|---|---|---|---|---|---|---|---|
| 生活圈과의 對　應 | | 日常生活圈 | | 週間生活圈 | 月間生活圈 | 年間生活圈 | | |
| 防災 安全 | | 消火栓 | 水　門 河岸堤防 排水펌프 消防出張所 災害避難據點 派　出　所 | 砂防댐·砂防林 消防署 警　察　署 | 遊水池 防潮堤 消防本部 縣警本部 | 多目的댐 | | |
| | | 消防分圈 | | | | | | |
| 供給·處理 | 給水塔 街灯·變壓器 컴뮤니티플랜트 쓰레기 下置場 | 簡易水道 가스·조절장치 | 펌　프 配水池 2次變電所 펌 프 場 淸掃事務所 公衆便所 | 淨水場·導水管 1次變電所 가스·제동장치 가스發生工場 下水處理場 淸掃工場 埋立處理場 泌尿處理場 火　葬　場 墓　　苑 | 貯水池·水源池 發電所 | | 原子力發電所 | |
| 情報·傳達 | 公衆電話 우체통 | 電報電話局 郵　便　局 新聞販賣店 | 有線放送 | 中央郵便局 | 라디오·TV局 新聞社 | | | |
| 醫療·保健 | 開業醫·診療所 | 公衆浴場 理髮店 美容院 | 救急쎈타 健診쎈타 | 綜合病院 保健所 | 專門病院 | | | |
| 社會福祉 | 保育所 託兒所 | 養護老人院 老人휴게실 老人福祉쎈타 助産施設 養護施設 母子寮 | | 救護施設 特別養護老人院 輕費老人院 有料老人院 心身障害者·更生援護施設 婦人保護施設 | 기타保護施設 | | 老人休養院 | |

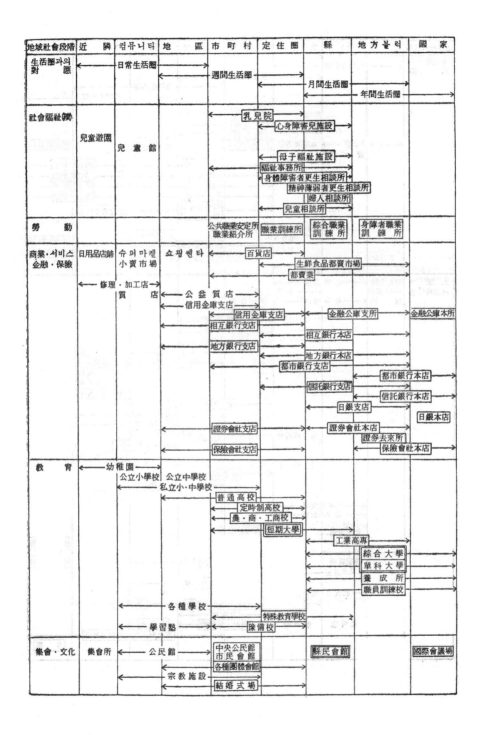

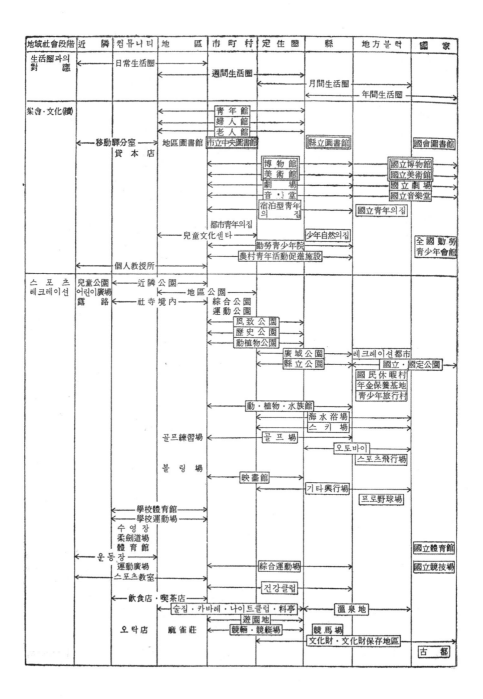

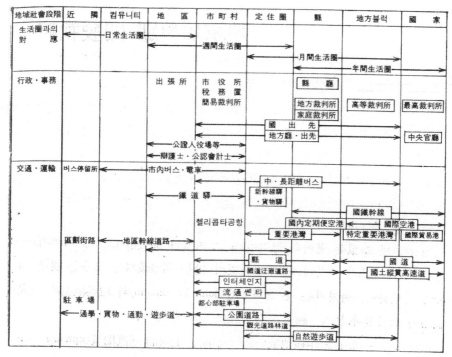

자료: 황명찬, 『지역개발론』 pp. 276-279, 법문사, 1994.

## 4 기본수요 전략에 대한 비판[18]

기본수요 전략에 대한 비판은 크게 2가지 측면에서 제기된다. 하나는 기본수요접근이론이 의지하는 개발과정의 가정에 대한 비판이고, 다른 하나는 순진성과 유토피아성에 대한 비판이다.

### 1) 가정과 관련된 비판

개발 가정에 대한 비판의 주된 논점은 기본욕구 접근 주장의 일반성 때문에 개발과정을 충분히 고려하지 못한다는 것이다. 이런데서 연유하는 개발과정에 대

---

18 박종화 외, 『지역개발론』, 박영사, 1995, pp. 184-187.

한 암묵적 가정이 여러 가지 점에서 의문을 제기하고 있다.

첫째는 극단적인 한계지역의 개발을 강조하는데 대한 비판이다. 극단적인 한계지역은 모든 측면에서 항상 생존경쟁력이 없다. 예를 들면, 강우량이 적고 지세가 좋지 않은 한계지역을 개발하기 위해서는 더 많은 투자가 이루어져야 한다. 그러나 그것은 다른 지역에서 가능한 더 효율적인 개발기회를 희생하는 것에 다름이 아니므로 비능률적이고 비생산적이다. 이러한 한계지역 개발은 현명하지 못하다.

둘째, 저소득을 기반으로 하는 확대된 수요구조가 지역의 원자재를 사용하는 고도의 노동집약적이고, 또 상대적으로 지역친화적인 산업구조를 창출할 수 있다고 하는데, 반드시 그렇다는 것을 확신할 수 없다. 예를 들면, 빈곤한 소비자나 생산자들도 플라스틱, 자전거, 비료 등 자본집약적 수입품을 상당히 사용한다. 나아가 빈곤한 자들의 소득이 증가하면 지역적 원자재를 사용하는 노동집약적인 값싼 수공업 제품보다는 기계화된 제품들에 대한 수요를 더 증가시키게 될 것이다.

## 2) 순진성 및 유토피아성과 관련된 비판

순진성 및 유토피아성과 관련된 비판은 기본수요 접근 그 자체 내에서 태동했다. 먼저 순진성 차원에서 현실성이 결여되어 있다는 비판이 제기되고 있다. 한계지역에 대한 기본수요 투자가 실제적인 성과를 보이기 위해서는 장기간에 걸쳐 지속적으로 이루어져야 한다. 그러나 이러한 투자지출은 대부분 국가의 정치적, 경제적 현실에서 볼 때 그 가능성이 희박하다. 투자배분에 관한 국가권력은 부유한 지역에 주어져 있기 때문이다.

기본수요 접근에 대한 또 하나의 비판은 그 유토피아성에서 비롯되고 있다. 급진주의자나 마르크스주의자들은 기본수요 접근을 단지 기본수요를 제공하는 데에만 관심을 나타내는 협의로 규정된 보수적 접근이라고 비판한다. 빈곤의 원인이 아니라 증상만 다루고 있다는 비판이 그것이다. 그래서 기본수요 접근이 장기 빈곤퇴치로 나아가지 못하는 것이라고도 한다. 특히 기본수요 접근은 특수한 맥락에서 생성된 저개발 구조에 대해 체계적 공격을 가하지 못하기 때문에 제한성을 면치 못한다고 한다. 따라서 급진주의자들은 기본수요에 대한 급진적 접근만이 장기적으로 빈곤을 제거할 수 있을 것이라고 주장하며, 나아가 여기에는 구조적인 경제적, 정치적 변화가 수반되어야 한다고 한다. 급진적 기본수요 이론은 이렇듯 집행이 이루어지기 전에, 또는 집행이 이루어지는 과정에 근본적인 정치적, 경제적 변화가 일어나야 할 것임을 요구하고 있다. 소득과 자산의 평등한 배분, 기술적 의존성에서의 탈피, 최저 빈곤층으로의 권력 이동 등과 같은 것을 그 변화의 구체적 모습으로 들고 있다. 그러므로 여기에는 기존의 지배계급에 대항하는 일련의 조치가 요구된다. 그러나 이러한 지배계급에 근본적으로 도전하는 개혁정책이 성공을 거두기는 어렵다.

이러한 경향은 농촌개발정책 분야에서 뚜렷이 드러난다. 그 결과 농촌개발정책은 수사적(修辭的) 범주에 머물거나 또는 왜곡된 방식으로 추진될 수밖에 없었던 한계를 보여주고 있다. 기본수요전략이 단순히 서비스를 제공하는 차원을 넘어 진정한 성공을 거두기 위해서는 다음과 같은 조건들이 충족되어야 한다. 첫째, 비교적 평등한 토지분배, 둘째, 민주적 지역사회 구조, 셋째, 수요구조를 변화시키기 위한 비교적 평등한 소득분배 등이 그것이다. 첫 번째와 두 번째의 조건이 결여된 상황에서는 농촌개발정책이 빈곤의 지위를 촉진시킬 따름이다. 이 외에도 기본수요전략이 성공하기 위해서는 부가적으로 적절한 크기의 시장이 필요하다. 규모의 경제에 대한 고려와 산업분산을 위한 실제 조건에 대한 검토가 적절히 이루어지지 못하였다는 비판이 이러한 측면에서 제기되고 있다.

그리고 실업과 기본수요를 흡수하기 위해 제시되는 '적절한 기술에 입각한 소규모 산업'의 능력이 지나치게 과장되어 있다. 더구나 대규모 생산에 반대하면서 소규모 생산에 부여하고 있는 일반적인 가치는 대체로 이념적인 것으로 보인다. 이론적으로 '소규모'는 더 큰 민주적 통제를, 또는 빈곤계층의 가족적 운영을 전제하는 것으로 평가된다. 전자는 단순히 하나의 주장에 불과하고, 후자는 단지 제한된 경우에만 발생한다. 그렇더라도 이것이 개발을 위한 추진력이 되기에는 너무 소규모적이다. 실제로 이러한 소규모 산업에 대한 구체적 지원보다는 최저임금법을 조정하거나 효과적인 노동자 조직을 격려함으로써 기본수요 충족이 더 잘 이루어질 수 있다.

또 기본수요전략에서는 지역의 농업생산 그 자체는 물론이고, 농업관련 산업의 개발 잠재력 또한 중요시 여긴다. 그러나 이러한 조건의 충족은 현실적으로 기대하기 어렵다. 예를 들면 자본주의 상품 생산양식이 농민의 전통적 상품생산기술을 대치한 곳에서는 '내생적 기술'이 거의 남아있지 않게 된다. 더구나 새로운 소비형태가 정착된 후에는 지역산업이 재출현하기가 거의 불가능하다. 소규모 농민이 식품을 자체 생산하기 보다는 산업화된 시장에서 상품을 구입하는 편이 비용 면에서 더 저렴하기 때문이다.

# 제2절
# 농도지구개발전략

## 1 농도지구개발전략의 의의

대부분의 개발도상국가들이 겪는 중심−주변부 구조 즉, 개발의 분극화문제에 대한 전통적인 대응은 역설적이게도 분극화 전략으로 규정되는 성장거점 또는 성장중심지 접근전략이었다. 이 접근방법은 중심지의 성장효과가 지역 간 연계를 통해 배후지역으로 또는 농촌지역으로 누적되는 즉, 긍정적 효과가 우세한 단계로 이행되리라는 것을 기대한다. 그러나 그간의 경험은 이러한 반전이 일어날 것임을 확인해주지 못하고 있다. 오히려 발전수준이 상이한 지역들 간에 경제적인 결합이 이루어지면 상대적으로 낙후된 지역의 발전잠재력이 역류효과에 의해 누출됨으로써 지역격차가 더 크게 야기됨을 보여주고 있다.

이러한 사실은 지역개발 정책이 단순한 도시·공업 중심 편견으로부터 벗어나 농촌개발 문제를 직접적으로 다루는 방향으로 전환해야 할 필요성이 있음을 지적하고 있다. 더욱이 개발개념 자체가 농촌·도시관계와 지역불균형 논제를 포괄하는 확대된 관점의 어떤 이론 틀 속에서 통합되어질 수 있어야만 한다는 점을 강조하고 있다.

이러한 맥락에서 보면 농촌개발을 추구함에 있어 필요한 것은 무엇보다 농촌·도시의 공생을 통해 농촌·도시관계의 왜곡을 감소시키는 것이다. 프리드만과 더글라스(1978)가 제안한 '농도통합적(農都統合的) 접근전략'이 이러한 생각에 가장 적합하게 만들어진 전략으로 평가되고 있다. 동등한 차원에서 맺는 농촌·도시 간 상호작용을 통해 자발적이고 자립적인 농촌개발을 유도할 수 있는 가능한 제안이라는 것이다.

프리드만과 더글라스가 아시아 국가들을 위한 대안적 개발전략이라고 주장한 '농도통합적 접근전략'은 다음과 같은 요소들을 중심으로 전개하고 있다.

① 한정되고 구체화된 인간의 기본수요 충족이 성공적인 국가발전을 평가하는 기본적인 기준이 되어야 한다.
② 농업은 국민경제의 선도적 혹은 선발부문으로 간주되어야 한다.
③ 식량의 자급자족을 개발의 최우선 목표로 간주해야 한다.
④ 사회계층 간 또는 도시와 농촌 간 소득과 생활조건의 격차가 감소되어야 한다.
⑤ 국내 소비용 소비재 생산을 증진시킬 수 있는 용이한 수단에 우선권이 주어져야 한다.
⑥ 내수시장 지향의 소규모 생산기업이 대규모 자본집약적인 기업과의 경쟁으로부터 보호될 수 있는 계획화된 산업이원화 정책이 채택되어야 한다.

농도지구개발전략(Agropolitan Development Strategy)이라 부르는 이 전략은 농촌중심도시와 배후농촌이 공생적이고도 대등한 연관관계 속에서 서로 기능적 조화를 이루면서 농촌개발을 추구해 가는 것을 기본조건으로 삼는 영역적 개발전략이다. 따라서 농촌 중심도시와 배후 농촌지역이 통합된 지역단위가 농도지구(Agropolitan District)가 되며, 그것의 영역은 넓지 않은 소지역이다. 그렇게 함으로써 농촌 중심도시가 배후 농촌지역으로부터 발전효과가 누출되는 것을 막을 수 있다고 보는 것이다.

농도지구개발전략은 다음과 같은 요소들을 특징적으로 보여주고 있다. 첫째, 그 대상이 비교적 작은 지리적 공간범위를 갖는 지역이고, 둘째, 주민참여와 협동을 바탕으로 하며, 또 계획과정에서 높은 수준의 자기 충족과 자체의존을 보여주고 있다. 셋째, 농촌고용구조를 농업 및 비농업 분야를 포함하여 다양화시키며, 넷째, 도시·농촌의 산업기능을 지역 내의 부존자원과 경제구조에 일치시키는 것이 그것이다.

프리드만과 더글라스는 농도지구개발에 적합한 전형적인 지역으로서 인구밀도가 높고 사회개발 수준이 낮은 농업사회를 지목하고 한다. 공업화에 기반을 둔

도시부문과 큰 격차를 보이고, 이와 함께 높은 외부의존성을 보이는 아시아와 아프리카의 일부 농촌지역이 여기에 해당한다.

## 2 농도지구개발전략의 주요 내용

가속적 농촌개발을 위한 공간정책이라고 불렸던 당초의 농도지구개발전략에 포함된 주요한 내용을 요약하면 다음과 같다. ① 한 나라 안에 농도지구라는 지방정부 단위의 네트워크를 창설하고, ② 각 개발단위는 자체 개발계획을 수립하고 수행하기에 충분한 자치조직과 경제력을 가질 수 있도록 중앙권한을 이전함과 함께 지방세제를 조정하며, ③ 개발의 과실인 부(富)는 각 농도지구에 거주하는 구성원들의 수중으로 되돌아온다는 사실을 확신시킬 토지개혁을 실시한다. ④ 그리고, 지방차원에서 착수된 개발에 재정적, 물질적, 기술적 자원을 지원하고, 국가적 중요 사업계획과 개발자금을 할당하는데 있어 지역 간 균형을 확보하도록 하며, 또 중요한 거시경제 지표들이 조화를 유지하도록 하는 등 중앙정부의 체계적인 관여가 필요함을 강조하고 있다.

프리드만과 더글라스는 그 이듬해에 가속적 농촌개발 전략의 공간정책인 농도지구개발전략을 '영역적 개발의 기본수요 전략'으로 바꾸어 불렀다. 이러한 변화의 배경에는 기능적인 지역계획에서 영역적인 지역계획으로 지역개발 패러다임이 변화하는 사고의 전환이 반영되어 있다.

### 1) 영역의 구조

프리드만과 위버(Friedmann, J. & Weaver, C., 1979)는 '농도지구를 여전히 개발 프로그램을 형성하고 집행할 수 있는 지방정부 단위로 규정하고 있다 하더라도, 그것은 이제 주요한 이해관계를 같이하는 지방공동체의 일차적인 영역적 통합단위와 동일선상에 있어야 한다는 사실을 강조해야 한다'고 적고 있다.

농도지구개발전략에서 농촌중심도시 개발은 지역 간 상호작용으로 초래되는 농촌지역으로부터의 개발자원 유출을 줄이기 위한 핵심적 요소이다. 이러한 농촌중심도시와 배후농촌지역을 묶은 농촌·도시 통합단위를 프리드만과 더글라스는 '농도지구(Agropolitan District)'라고 부른다.

영역적으로 조직된 이러한 지역사회는 공통적 기반을 갖는 문화적 공간, 정치적 공간, 경제적 공간 등의 세 가지 추상적인 공간이 상호 중복된 공간으로 이해한다. 여기서 공통적 기반을 갖는 문화적 공간은 풍요로운 생활에 대한 요구와 관련하여 공유된 상징적 의미를 갖기 때문에 필요하다. 공통된 정치적 공간은 사회력 함양 기반에 대한 접근을 균등화하는 측면에서 볼 때 일련의 정치제도나 주민들의 정치적 행위가 중요하게 다루어져야하기 때문에 필요하다. 그리고 공통된 경제적 공간은 풍요로운 생활을 가져다주는 경제활동의 영향범위에 대한 고려가 중요하기 때문에 필요한 개념이다.

이러한 문화적, 정치적, 경제적 공간은 상호 중복되고 있기는 하나 완전히 중복되는 것은 아니다. 이들 세 가지 공간들이 중복되는 정도는 지역사회가 처한 여건에 따라 다르게 나타난다. 여기서 문화적, 정치적, 경제적 공간의 세 가지 공간이 완전하게 중복되어 나타난 지역을 영역통합의 가장 기본적인 단위로 생각할 수 있다. 농도지구는 이러한 영역단위 중에서 가장 작은 단위를 이루고 있다.

농도지구는 생산과 분배가 함께 고려되어어야하기 때문에 그 크기는 일반적으로 정기적으로 출퇴근할 수 있는 반경 5~10km(혹은 자전거로 1시간 거리) 정도의 지역으로서, 보통 중심도시 인구가 15,000~25,000명 정도 되는 총 인구규모 50,000~150,000명 정도의 도시와 농촌을 포함하는 지역이라고 제시하고 있다.[19] 이것은 존슨의 '기능적 경제지역'[20]보다는 규모가 작지만 개발원리 측면에서는 동일하다. 존슨이 그의 '기능적 경제지역'에서 경제활동의 다양성을 주장했던 것처럼 프리드

---

19 중심에 읍 또는 시가 위치하면서 배후 농촌지역을 포섭하고 있는 우리나라의 군지역이 이러한 농도지구와 흡사하다.

20 존슨은 '소도읍건설 프로그램'에서 투자는 반드시 시장도시인 소도읍과 인접한 배후지로 구성된 '기능적 경제지역' 내에서 이루어지는 계획을 전제로 이루어져야 한다고 주장한다. '기능적 시장지역'이란 하부구조 시설 투자를 통해 도시·농촌 연계를 증진시키고, 나아가 상호관련성이 있는 다양한 경제활동들을 촉진시킴으로써 실제 기능적으로 활력이 더해지는 지역을 의미한다. 여기는 모든 직업 활동을 포함하는 직업 피라미드가 존재하고 있어 그 지역에 부존하는 모든 인적자원의 활력과 잠재된 창조력을 또한 도출해낼 수 있다고 한다.
찰스 고어 저·고영종외 역, 『현대지역이론과 정책』, 한울아카데미, 1997, pp. 192-193.

만과 더글라스도 역시 농도지구의 개발노력에 사회적 편의시설 및 하부기반시설의 확충, 농업활동의 증진 그리고 노동집약적인 경공업활동의 촉진 등과 같은 다양한 활동들을 포함하고 있다.

그림 10-2  공간의 영역 통합 ————————————————————

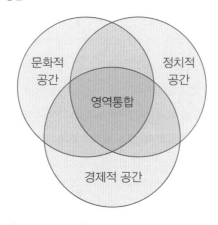

## 2) 기본 전제조건

프리드만과 위버는 농도지구개발전략이 성공하기 위해서는 3가지 기본조건이 전제되어야 한다고 하면서, '선택적 공간폐쇄', '산출되는 부의 공유화', '사회력 함양기반에 대한 균등한 접근' 즉, '사회적 힘을 축적할 수 있는 토대로의 균등한 접근성' 등을 들고 있다.

선택적 공간폐쇄는 자원이 외부로 유출되는 것을 방지하도록 지구, 지역, 국가 등의 영역적 개발과정에 적절한 수준으로 적용되어야 한다. 이것은 개발의 이익이 그 지방주민들에게로 돌아온다는 사실을 확인시킬 수 있기 때문에 꼭 필요하다. 이러한 주장은 직접적으로 종속이론적 관점에 그 뿌리를 두고 있다. 종속이론적 시각에 따르면 촌락을 국민경제 속으로 좀 더 밀접히 통합시키려는 전략은 어떠한 전략이더라도 농촌의 불균형을 심화시키기 쉬우며, 이러한 경향은 결국 도시와 배후지가 서로의 성장에 도움이 되는 유기적인 '기능적 경제지역'의 출현을 불가능하게 만든다. 1970년대 말엽에 이르러 지역 및 농촌개발에 종속이론을 적용할 수 있다는 새로운 전략이 제시되었다. 그 전략은 어느 장소나 지역을 국민경제와 세계경제 속으로 더욱 통합시킬 것도, 그리고 지방적, 지역적 차원의 자급자족 경제도 추구하지 않는다. 이것은 지역개발이 선택적 공간폐쇄를 통해 증진될 수 있다는 착상에 근거하고 있다. 다시 말해 지역공동체가 각자의 필요에 따라 각자의 자원을 개발하는 계획을 세울 수 있게 해주며, 뿐만 아니라 그 공동체에 부정적인 효과를 갖게 하는 어떠한 외부적 관계성도 통제할 수 있도록 지방 및 지역공동체로 힘을 이전시키는 것이다.

그리고 나머지 두 가지 조건은 지방공동체 전체가 개발노력으로부터 이득을 볼 수 있다는 사실을 확신시키는데 필요하다. 개발이익이 모두 사적으로 이용되어 수익분배에 공평성이 유지되지 못하는 곳에서는 시작하는 노력조차 이루어질 것 같지 않다. 그래서 공동체의 생산잠재력은 단지 일부분만 실현될 뿐이라고 한다. '산출되는 부의 공유화' 조건이 주민들의 개발역량을 동원하는 데 있어 우선적으로 요구되는 선행조건임을 지적하고 있다.

한편 개발이익 즉, 산출되는 부의 공유화 문제는 무엇보다 사회력 즉, 개인의 잠재능력을 높이는 기회에 대한 균등한 접근을 보장하는 것이 그 요체이다. 개인의 사회적 역량 함양기반에 대한 접근 기회를 균등화하자는 것이다. 사회력 함양기반에 대한 접근기회가 균등하게 주어질 때 자유로운 협동관계가 이루어질 수 있는 사회적 여건이 성숙되고, 이러한 자유로운 협력관계를 통해 활기 있는 지역공동체의 활동이 이루어질 것으로 보기 때문이다.

## 3) 생산의 확대

농도지구 내에서 이루어지는 생산 확대는 기본수요를 맞추는 방향으로 이루어져야 할 뿐만 아니라 자조개발의 원리를 준수해야만 한다. 그 목적은 다양한 지방경제 활동들을 창출하는데 있어 지방수요가 가능한 한 그 지방생산으로 충족되도록 하며, 또한 개발은 가급적 그 지방 영역적 공동체에 의해, 그리고 가능한 한 최대한의 그 지방 자주재정에 의해 이루어지도록 하자는 것이다. 뿐만 아니라 개발노력은 생태계의 보존에 지장을 주지 않는 범위 내에서 지방 천연자원이 동원되도록 해야 한다고 한다. 그리고 농도지구개발은 그 지방공동체로 하여금 자신의 문제를 해결하는 능력을 향상시켜야 한다고 하고, 또 개발은 외부에서 주어지는 것이 아니라 자신의 노력으로 이루어진다는 사회학습 원리의 실현에도 초점이 두어져야 할 것임을 지적하고 있다.

이러한 사실들은 농도지구개발전략이 기본적으로 영역적 개발원리에 입각하고 있음을 잘 보여주고 있다. 이 전략이 제시하는 개발원리를 좀 더 구체적으로 살펴보면 다음과 같다.

첫째, 지역경제 활동을 다양화시키는 것이다. 전형적인 농촌사회에서 지역경제를 다양화시키는 방법은 농업생산의 다양화와 함께 공업생산과 서비스활동을 증대시켜 가는 것이다. 지역경제 활동의 다양화는 중심도시와 배후농촌 간에 존재할 수 있는 모순을 제거할 수 있고, 상호의존적인 지역사회인 농도지구를 건설하는 한 방법이 될 수 있다.

둘째, 물적개발의 극대화는 환경보존의 필요성에 의해 제약 받는다는 점을 지적하고 있다. 물적인 생활의 질을 향상시킬 필요성은 명백하다. 한편, 생산확대의 문제는 시장경제적 관점에서보다는 사회적 관점에서 평가되어야 할 필요성도 있음을 또한 강조하고 있다. 또한 영역적인 지역사회는 시간에 따라 변화를 거듭하는 고유한 역사를 지닌다. 따라서 미래의 세대들을 위한 미래의 가치를 생각해야 하며, 이러한 미래의 가치는 기능적으로 조직된 지역사회에서보다 영역적으로 통합된 지역사회에서 더 높이 평가된다고 한다.

셋째, 지역 내 및 지역 간 시장기능의 확대를 강조하고 있다. 농도지구 개발은 지역 내 자원 및 자체 기술과 축적된 지식 등을 통해 내발적으로 이루어지도록 하는 개발방식을 추구한다. 그리고 그것은 기본수요의 충족으로부터 시작해서 새로운 것을 창출해 가는 단계적 개발방식을 따른다. 농촌지역의 기초적인 하부구조가 정비되어 내부적인 통신·교통망이 갖추어지고, 그래서 농도지구 내의 지역들이 상호 결합되면 대도시들이 갖는 기존의 지배적인 이익은 사라지게 된다. 처음에는 지속적으로 농업생산을 증대하는 데서부터 시작하며, 그 다음에 공업이 발전하는 단계로 넘어간다. 공업은 먼저 농산물 가공분야에서 시작해서 농기구 및 농촌주민의 일상용품 등을 생산하는 단계로 발전해간다. 농촌지역에 분산되어 입지하는 소규모 공업활동들은 농촌주민의 고용 및 소득원으로서 농도지구의 사회구조에 적합한 생산양식으로 간주된다. 이러한 농도지구 내에서의 시장확대는 농도지구 개발을 통해 나타나는 생산성 확대의 결과이다. 그러한 과정에서 기술과 지식이 축적되고, 그럼으로써 새로운 기술과 생산의 혁신이 이어서 일어나게 된다. 그것은 결과적으로 외부지역에서의 수요를 증대시킴으로써 지속적으로 생산기반을 확대하고, 동시에 시장기능을 확대해 나가는 동력이 된다.

넷째, 지역자체 자본 형성을 강조한다. 지역자체 의존성을 높여 가는 것은 무엇보다 지역 자체적으로 자본을 형성하는 데에서부터 시작한다. 지역이 자체 자본을 형성하기 위해서는 우선 주민 스스로 소비를 줄이고 저축을 늘려가는 노력을 해야 한다. 농도지구개발전략에서는 자체자본 형성의 한 조건으로서 우선 앞에서 본 선택적 공간폐쇄를 들고 있다. 지역의 자본이 외부로 유출되지 않도록 외부와의 관계를 선택적으로 통제할 수 있는 힘을 가져야 할 것임을 강조하고 있다. 그 다음에는 가능한 한 지역자원의 활용도를 높여가야 한다고 지적하고 있다. 그러기 위해서는 그것이 결정되는 과정에 주민의 참여를 확대하는 문제가 중요하게 다루어져야 한다고 한다. 지역자원의 활용 문제는 그 지역 주민들에게 전적으로 달려있기 때문이다.

다섯째, 사회학습 효과의 증진문제를 중요하게 다루고 있다. 사회학습은 지역사회의 구성원들이 문제해결 과정에 직접 참여함으로서 이루어진다. 집단적 토론과 의사결정, 평가와 자체비판 등이 사회학습의 한 방법이다. 예컨대, 관개시설의 개선, 환경위생, 소규모가축생산, 집단의 의사결정, 유아보호, 용수관리 등 활동과 관련하여 주민참여 속에서 그 활동계획을 수립하거나 그것을 집행해 가는 가운데 학습이 이루어진다는 것이다. 또한 농도지구 간의 정보교환도 중요한 사회학습 증진방안이 될 수 있다. 새로운 가축사육기술, 육종기술, 에너지 생산 및 곡물저장방법의 개선 기술 등을 습득할 수 있는 효과적 학습방법이 되기 때문이다.

제 5 편
# 한국의 지역문제와 지역개발 정책의 전개

# 제11장

# 한국의 지역문제

## 제1절
## 한국의 지역불균형 구조

### 1 지역불균형 측정기법

지역문제의 요체는 지역 간 불균형문제이다. 사실 선후진국을 막론하고 공통적으로 겪는 지역문제의 3가지 유형 모두 불균형문제를 시사하고 있다. 지역 간 개발의 불균형문제, 대도시 과밀문제, 도시·농촌 간 격차문제 등 전형적인 지역문제들의 성격이 불균형문제에 다름 아니다. 모두 사회, 경제활동들의 공간적 분포에서 쏠림현상이 심각함을 지적하고 있다.

지역불균형 문제를 인식하는 일반적인 기준은 평등성이다. 평등성은 지역의 경제사회 활동을 나타내는 어떤 지표에 있어 그 수준이 동등할 것을 요구한다. 지역 간 불균형은 결국 이러한 평등성으로부터 벗어나 있다는 것이다.

분포의 불평등 정도는 보통 어떤 측정치에 의해 표시되곤 한다. 좋은 측정치는 분포의 불평등도를 잘 반영하는 측정치를 지칭하는데, 그것은 분포의 불평등도의 변화와 측정치 값 변화와의 관계를 일치시키는 척도의 존재를 전제하고 있다.

어떤 분포가 완전 평등한지 그렇지 않은지를 판단하기는 쉬우나 불평등한 분포들 간에 불평등한 정도를 비교하기는 쉽지 않다. 그 비교를 위해서는 분포의 불평등도를 반영하는 어떤 척도를 정의하고, 그 측정값을 계산하여야 하기 때문이다.

분포의 불평등도를 측정하는 문제는 주로 소득분포와 관련하여 많이 논의되어 왔으며, 그 과정에서 여러 가지 측청기법이 고안되어 이용되어 왔다. 이 가운데 표준편차와 표준편차를 평균으로 나눈 값인 변이계수(변동계수), 그리고, 로렌츠곡선을 이용하여 산출되는 지니계수 등이 지역불평등성을 측정하는 방법으로 많이 이용되고 있다.

여기서 표준편차와 변이계수는 중앙값을 중심으로 어떻게 분포되어 있는가를 설명하는 것이고, 지니계수는 이상적인 평등분포 모습을 제시하여 이것으로부터 떨어진 정도를 측정하여 불평등정도를 나타내고 있다.

표준편차(Standard Deviation)란 분산의 제곱근을 의미한다. 분산은 관찰치($X_i$)와 평균값($\overline{X}$)의 차의 자승을 관찰수($n$)로 나눈 값 즉, $\Sigma(X_i - \overline{X})^2/n$이다. 불평등도를 나타내는 척도로서 분산 대신 표준편차를 더 많이 사용하고 있는데, 그 이유는 분산을 제곱근한 표준편차가 원래의 측정단위와 같아 설명이 편리하기 때문이다. 또 관찰값들이 정규분포하는 경우 평균과 표준편차를 중심으로 분포가 일정한 패턴을 보임으로서 변량(관찰값)의 상대적 위치를 쉽게 알 수 있기 때문이기도 하다.

표준편차($S$)의 공식은 다음과 같다. 표준편차는 측정단위에 따라 값이 다르게 나타난다. 예컨대, 신장을 cm로 측정했을 때는 m로 측정했을 때보다 표준편차가 100배가 된다.

$$S = \sqrt{\frac{\sum(X_i - \overline{X})^2}{n}}$$

변동계수 또는 변이계수(Coefficient of Variation)는 표준편차를 평균으로 나눈 값($CV = S/\overline{X}$)으로서, 산출 공식은 다음과 같이 쓴다.

즉, 변이계수 $= \dfrac{\text{표준편차}}{\text{평균}} \left(= \sqrt{\dfrac{\sum(X_i - \overline{X})^2}{n}} \Big/ \overline{X}\right)$이다. 변이계수는 표준편차가 변량의 측정단위에 의해 값이 달라진다는 단점을 시정하고자 할 때 흔히 사용된다. 분포가 완전 평등일 때 변이계수의 값은 0이 된다. 변이계수는 특정분포와 일대일로 대응하지 않으며, 동일한 변이계수를 가지는 상이한 분포가 존재할 수 있다.

지니계수(Gini Coefficient)는 로렌츠곡선을 이용하여 분포의 불평등성을 측정하는 측정방법으로서 가장 널리 사용되고 있는 불평등 지표이다. 아래 〈그림 11-1〉은 면적대비 인구분포의 불평등성을 보여주고 있다. 로렌츠곡선은 여기서 곡선 OB로 나타낸 것이다. 로렌츠곡선은 횡축에 면적의 누적비율을, 종축에는 인구수의 누적비율을 상한선인 100%까지 나타낸 사각형에서 실제 측정한 면적의 누적비율과 인구수의 누적비율 좌표를 연결한 선이다. 로렌츠곡선은 원점에서 멀어질수록 기울기가 점차 급해지는 매끄러운 곡선의 모습으로 나타난다. 이것은 관찰치들의 면적을 누적시켜 나갈 때 인구밀도가 낮은 것부터 배열했음을 의미한다. 그렇게 했을 때 관찰값들을 누적시켜 가면 갈수록 로렌츠곡선의 기울기가 급해지는 매끄러운 곡선의 모양을 띠게 된다. 로렌츠곡선을 도출하기 위해서는 상대누적비율이 낮은 것부터 차례로 배열하여 누적시켜 나가야 할 것임을 말해주고 있다.

한편 횡축과 종축의 누적비율 100%를 상한으로 하는 사각형의 대각선 OB는 2가지 지표의 누적비율이 정확히 일치하는 경우를 나타내고 있다. 즉, 전혀 치우침이 없는 완전한 평등 분포를 의미하는 선이다. 그림에서 보면 모든 관찰치들의 면적의 누적점유율과 인구수의 누적점유율이 동일하게 정확히 일치하는 경우에 나타난다.

결과적으로 로렌츠곡선 OB가 대각선 OB로부터 멀어질수록 분포의 불평등성이 높아진다. 이러한 원리에 의해 분포의 불평등성을 측정한 것이 지니계수이다. 지니계수는 대각선 OB로부터 떨어져서 나타나는 면적인 반달모양의 타원 OB의 면적을 대각선으로 이루어지는 면적인 삼각형 OAB 면적으로 나눈 값이다. 이 값이 크면 클수록 분포의 불평등성이 높음을 의미한다. 따라서 지니계수는 완전 평등일 때 0의 값을, 완전 불평등일 때는 1의 값으로 나타난다. 아래 그림에서 오직 한 지역에만 전체인구의 100%가 거주하고 나머지 지역에는 전혀 사람이 살지 않는 경우를 상정하면 로렌츠 곡선은 직교하는 OAB 직선으로 나타나고, 그래서 지니계수는 완전 불평등을 의미하는 1이 된다.

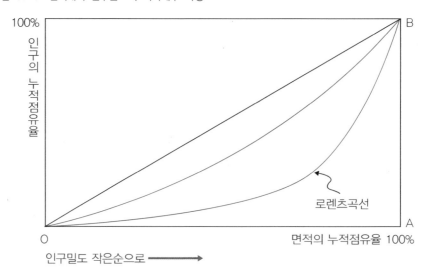

그림 11-1 면적대비 인구분포의 지니계수 측정

100% 인구의 누적점유율

로렌츠곡선

B

O 인구밀도 작은순으로 ⟶

면적의 누적점유율 100%

A

## 2 지역 간 인구분포의 불균형

우리나라 인구의 지역별 분포를 보면 해를 거듭할수록 불균형 정도가 심화되어가고 있다. 모든 지역이 그 면적에 비례하는 만큼 인구를 가져야 한다는 것 즉, 인구밀도가 동일하여야 하는 것은 아니다. 그렇더라도 인구분포의 불균형 정도가 너무 지나치다는 데에는 이견이 없다.

인구분포의 불균형 문제는 근본적으로 산업화 과정에 동반된 도시로의 농촌인구 이동으로 빚어진 문제이다. 이촌향도형(移村向都型)의 인구이동 패턴을 뚜렷이 보이는 가운데 지역 간 인구분포의 불균형 문제는 가속적으로 심화되는 양상을 보이면서 전개되어 왔다. 농촌인구의 대량유출은 한편으로는 농촌지역의 과소화(過疎化) 문제를, 또 다른 한편으로는 도시지역의 과밀화 문제를 동시에 함축하는 양날의 검이다.

급격한 산업화 과정과 맞물린 빠른 도시화 현상이 지역불균형 문제의 핵심으로 지적되고 있다. 한국의 도시화 추이를 보면 불과 30여 년 만에 도시화가 폭발적으로 진행되어 왔음을 잘 읽을 수 있다. 도시화 지표로는 일반적으로 도시인구수를 총인구수로 나눈 도시화율을 사용하는데, 그 계산공식은 다음과 같다. 즉, 도시화율

$(\%) = \dfrac{\text{도시 인구수}}{\text{총 인구수}} \times 100$이 그것이다. 도시화율의 변화추이를 보면 1960년에 불과 28.3%에 머물던 것이 1970년에는 48.1%로 나타나며, 1980년에는 57.3%에 이르고 있다. 이미 전체의 절반이 넘는 인구가 도시지역에 거주하는 본격적인 도시화 시대가 열렸음을 보여주고 있다. 도시화 정도는 또 해를 거듭할수록 빠르게 심화되어 오고 있음을 일러주고 있다. 도시화율이 1990년에는 74.4%, 2000년에는 79.6%, 2010년에는 81.9%로 가파르게 증가하고 있다.

표 11-1  한국의 도시화 추이

| 구 분 | 1960 | 1970 | 1980 | 1990 | 2000 | 2010 |
|---|---|---|---|---|---|---|
| 도시화율(%) | 28.3 | 48.1 | 57.3 | 74.4 | 79.6 | 81.9 |

주: 1) 도시인구는 시급이상 인구이며, 2000년 이후는 동부인구임.
　　2) UN 권고대로 2만 이상(읍급 이상)으로 도시를 정의하면 2010년의 경우 도시화율은 90.6%로 높아짐.
자료: 안전행정부, 『한국도시연감』, 각년.
　　통계청, 『국가통계포털』, http://kosis.kr, 2018.3.

도시화 진행과정에서 보이는 또 하나의 두드러진 특징은 서울·수도권의 비대 현상이다. 서울과 인천·경기지역을 아우르는 수도권의 인구비중을 보면 2010년에 49.1%로 나타나고 있다. 우리나라 전체 인구의 약 절반에 가까운 사람들이 전국 면적의 11.8%에 불과한 수도권에 몰려있음을 말해주고 있다.[1]

또한 이러한 수도권의 비대현상 역시 빠르게 진행되어 왔음을 알 수 있다. 1960년에 서울의 인구비중은 9.8%, 인천을 포함한 경기지역의 경우는 10.6%로서 수도권의 인구비중이 전국의 20.4%로 나타나고 있는데, 2010년에는 서울이 20.2%, 인천·경기지역이 28.9%로서 수도권의 인구비중이 49.1%로 급격히 높아지고 있다. 다만 1980년을 지나면서 서울의 인구증가세는 둔화되는 반면에 경기·인천지역의 인구증가세는 높게 나타나고 있다. 2000년을 지나면서는 서울인구가 오히려 줄어드는 모습 또한 보이고 있다.

---

1 2010년 기준으로 전국토면적은 100,339.5㎢, 수도권은 11,851.3㎢이다.

표 11-2  수도권의 인구 비중 추이(%)

| 구 분 | 1960 | 1970 | 1980 | 1990 | 2000 | 2010 |
|---|---|---|---|---|---|---|
| 서 울 | 9.8 | 17.6 | 22.3 | 24.4 | 21.4 | 20.2 |
| 경기·인천 | 10.6 | 10.7 | 13.2 | 18.4 | 24.8 | 28.9 |
| 수도권 | 20.4 | 28.3 | 35.5 | 42.8 | 46.2 | 49.1 |

자료: 통계청, 『국가통계포털』, http://kosis.kr, 2018.3.

최근 들어 인구성장세가 다소 둔화되기는 하지만 그래도 수도 서울의 인구 비중이 여전히 높은 수준을 유지하고 있다. 2010년 경우에도 전국의 0.6%에 불과한 면적에 전체 인구의 20.2%가 몰려있는 과도한 집중현상을 마찬가지로 보여주고 있다.[2] 수위도시인 서울의 비대화는 수위도시가 국토공간에 대해 강한 지배력을 행사하고 있음을 뜻한다.

이러한 현상은 개발도상국가에서 특징적으로 나타나는 현상으로서 이를 '종주도시화' 현상이라고 부른다. 종주도시화 현상의 정도를 측정하는 지표로서는 흔히 '데이비스(Davis) 종주지수'를 이용하는데, 그 산출공식은 다음과 같다.

$$\text{데이비스 종주지수} = \frac{P_1}{P_2 + P_3 + P_4} \quad \text{단, } P_i: i\text{번째 도시 인구규모임.}$$

국토공간에서 수위도시의 과도한 지배력을 나타내는 종주지수 변화를 보면 1970년까지는 크게 증가해오고 있음을 보여주고 있다. 그러나 1970년대를 지나면서는 그 증가세가 반전되어 1980년에는 종주지수가 다소 떨어지고 있다. 이러한 추세는 계속 이어져 1990년에는 크게 낮아진 0.74로 나타나고 있다.[3]

---

[2] 2010년 기준으로 전국토 면적은 100,339.5㎢, 서울은 605.2㎢이다.

[3] 1990년대 중반에 행정구역 개편으로 도농복합시가 등장하면서 그 이후부터는 도시순위 2, 3, 4위인 부산·대구·인천광역시 인구에 비도시지역인 군지역의 인구가 포함되게 되었다. 따라서 종주도시화지수를 산출하는 자료로 이용하기에 적합하지 않아 여기서는 1990년까지 종주지수를 계산하여 시계열 변화를 파악하였다.

| 연 도 | 1960 | 1970 | 1980 | 1990 |
|---|---|---|---|---|
| 종주지수 | 1.09 | 1.53 | 1.43 | 0.74 |

자료: 통계청, 『한국주요경제지표』, 1997.3.
_____, 『국가통계포털』, http://kosis.kr, 2018.3.

1980년대에 들어서서 다소 종주지수가 떨어지는 결과를 보이는 현상은 해석에 주의를 요한다. 여기서 제시된 종주지수는 행정구역을 기준으로 산출된 것이므로 수위도시인 서울의 실제 공간적 범위를 고려하면 차이가 있을 수 있다는 것이다. 지표상으로는 서울의 인구가 차 하위 도시들에 비해 상대적으로 성장의 정도가 떨어지고 있다. 그러나 수위도시 서울의 실제 범역이 주변 위성도시들까지 포함하는 광역권 도시를 의미한다고 보면 실제 종주지수는 더 높을 수 있다.

### 3  지역 간 경제활동 분포의 불균형

지역 간 경제력을 측정하는 지표로서는 지역내총생산(GRDP: Gross Regional Domestic Product)자료가 흔히 이용되고 있다. 지역내총생산(GRDP)으로 본 지역 간 경제력 편중현상은 최근에도 심화되는 현상을 이어가고 있다. 지역내총생산 자료를 처음 공포한 1985년도에는 지역 간 분포의 불균형 정도를 말해주는 변이계수가 0.86으로 나타나고 있는데, 2015년에는 1.04로 증가하고 있다. 행정구역 개편에 따라 지역구분 내용이 달라진 관계로 각 시점의 지역불균형 측정치를 직접 비교하기는 어렵다. 그렇다 하더라도 지역 간 불균형 정도가 심화되었음은 읽을 수 있다. 동일한 지역구분을 대상으로 분석한 2005년과 2015년의 변이계수를 보면 짧은 기간임에도 1.01에서 1.04로 증가하고 있다. 지역 간 경제력의 지역 불균형 현상이 오랜 기간에 걸친 불균형 완화 정책의 추진에도 불구하고 개선되지 않고 있음을 보여주고 있다.

경제활동의 지역 간 편중 현상의 또 다른 특징으로서 서울 및 수도권으로의 극심한 경제력 편중현상이 마찬가지로 제기되고 있다. 2015년의 경우 서울을 비롯한 수도권의 경제력 비중은 49.1%로 나타나고 있다. 전체 경제활동의 절반 가까이

표 11-4  연도별 지역내총생산(GRDP, 백만 원)

| 구 분 | 1985년 | 1995년 | 2005년 | 2015년 |
|---|---|---|---|---|
| 서 울 | 73,284,920 | 177,046,594 | 252,140,608 | 325,244,660 |
| 부 산 | 20,870,583 | 41,759,238 | 57,220,781 | 72,442,806 |
| 대 구 | 12,703,852 | 25,774,992 | 34,415,780 | 45,384,871 |
| 인 천 | 12,423,276 | 35,052,941 | 49,381,194 | 67,761,077 |
| 광 주 | — | 15,184,854 | 22,137,126 | 30,069,342 |
| 대 전 | — | 16,061,510 | 23,848,310 | 30,836,267 |
| 울 산 | — | — | 58,324,133 | 70,683,908 |
| 경 기 | 32,498,211 | 103,593,201 | 200,387,593 | 324,595,112 |
| 강 원 | 12,424,632 | 20,657,118 | 25,958,471 | 35,449,084 |
| 충 북 | 8,793,519 | 20,607,478 | 30,801,738 | 50,278,088 |
| 충 남 | 17,181,429 | 26,511,151 | 60,617,729 | 106,982,357 |
| 전 북 | 11,120,713 | 22,695,843 | 30,805,180 | 40,135,242 |
| 전 남 | 21,607,608 | 36,686,600 | 50,838,552 | 65,741,970 |
| 경 북 | 16,554,063 | 34,503,730 | 67,467,951 | 89,327,900 |
| 경 남 | 22,767,284 | 62,706,482 | 68,312,297 | 93,764,307 |
| 제 주 | 2,673,955 | 6,570,487 | 9,315,943 | 14,042,142 |
| 평 균 | 20,377,234 | 43,027,481 | 65,123,336 | 91,421,195 |
| 표준편차 | 17,552,546 | 43,926,111 | 66,013,560 | 94,622,856 |
| 변이계수 | 0.86 | 1.02 | 1.01 | 1.04 |

주: 2010년 불변가격임.
자료: 통계청, 『국가통계포털』, http://kosis.kr, 2018.3.

가 수도권에서 이루어지고 있는 심한 편중현상을 여실히 보여주고 있다. 1985년의
경우에도 수도권의 경제력 비중은 45.4%로서 비슷한 수준으로 나타나고 있다. 경
제력의 수도권 편중 문제는 오래 전부터 이미 고착화된 하나의 문제양상임을 말해
주고 있다.

또한 2015년에 수도 서울에서만 전국 경제활동의 1/4에 가까운 22.2%에 해당
하는 경제활동이 이루어지고 있는 것으로 나타난다. 경제활동의 중추기능을 담당

하는 기업들의 본사가 주로 서울에 몰려 입지하고 있다는 점을 상기하면 수도 서울의 경제활동에 대한 지배력이 절대적임을 알 수 있다. 한편 최근으로 오면서 경기지역의 경제력 비중이 크게 높아지고 있는 것이 하나의 특징적 현상으로 부각되고 있다. 경기도의 경제력 비중을 보면 1985년에 전국의 12.5%이던 것이 2015년에는 크게 증가된 22.2%로 나타나고 있다.

## 제2절
## 한국의 지역문제

그동안 지역균형개발을 위한 정책들이 간단없이 추진되어 왔다. 그러나 인구 및 경제활동의 지역 간 분포 실태 분석결과는 오히려 집중현상이 더 심화되고 있음을 보여주고 있다. 문제의 심각성이 여기에 있다.

이러한 현상은 여러 가지 원인들이 복합적으로 작용한 결과이지만 기본적으로 인구 및 경제활동의 분산을 위한 대응전략이 너무 단기적이고 대증적이라는 데서 그 원인의 일단을 찾을 수 있다. 나아가 지역 간 불균형 문제가 시간이 흐를수록 심화되는 현상은 무엇보다 그 원인에 대해 논리적이고 면밀한 검토가 부족했음을 말해주고 있다. 예컨대, 서울, 수도권에 기업이 집중하는 현상은 이곳에 입지함으로써 얻는 입지이점이 그만큼 크기 때문일 것이다. 기업가는 입지비용이 입지이점을 초과하지 않는 한 어떻게 하든 입지이점이 있는 그곳에 입지하려는 성향을 강하게 보일 것임은 쉽게 짐작할 수 있다. 그럼에도 그동안의 지역정책의 골격은 말로만 분산만을 부르짖는 차원에 머물렀다. 이러한 측면에 대한 지역정책의 이해 부족이 지역불균형 문제를 심화시키는 하나의 원인임을 지적하지 않을 수 없다.

이렇게 지역 불균형 구조가 심화되는 가운데 우리 역시 전형적인 지역문제들을 그대로 드러내고 있다. 즉, 개발의 지역 간 불균형 문제와 대도시 과밀문제, 그리고 도시·농촌 격차문제가 우리의 경우에도 대표적 지역문제 유형으로 뚜렷이 부각되고 있다는 것이다.

오늘날 우리 사회가 당면한 최대 과제의 하나로 지역 간 개발의 불균형문제가 지적되고 있다. 서울·수도권과 지방과의 개발 격차에서 비롯된 갈등을 둘러싸고 오랜 세월에 걸쳐 사회적 논란이 분분이 이어져오고 있다. 지역 간 개발의 불균형 문제는 그 중심에 소득격차 문제가 자리하고 있다. 그러나 궁극적인 지역주민의 복지수준을 나타내주는 가장 직접적인 지표인 소득에 관한 지역자료는 없는 실정이다. 지역내총생산(GRDP) 자료로서 주민 1인당 생산액의 지역 간 비교를 할 수는 있다. 그러나 개방체제를 띠는 지역경제의 속성 상 1인당 지역내총생산(GRDP)은 그것을 바로 지역주민의 소득지표로 볼 수 없는 한계를 갖고 있다. 어떤 특정지역의 생산과정에 타 지역의 자본과 노동력이 크게 유입 되어 있거나, 타지역의 생산활동에 어떤 특정지역의 자본과 노동력이 또한 크게 참여하고 있다면 지역내총생산(GRDP)을 지역인구수로 나눈 주민 1인당 지역내총생산(GRDP)과 실제소득과는 큰 괴리가 있을 것이기 때문이다.

두 번째는 우리 역시 '대도시 과밀문제'가 전형적인 지역문제의 하나임을 보여주고 있다. 수도 서울의 국토면적 비중은 0.6%에 불과하나 인구비중은 2010년에 20.2%로 나타나고 있다. 서울뿐만 아니라 부산, 대구, 인천, 광주, 대전 등 대도시 역시 정도의 차이는 있을지언정 비대화로 인한 문제를 공통적으로 안고 있다. 대도시 과밀문제는 급격한 산업화 과정과 맞물려 진행되어온 도시화로 인해 주변 배후지역으로부터 인구를 과도하게 빨아들임으로써 나타난 현상이다.

과밀문제는 기본적으로 유입되는 인구수에 비해 도시기반 시설의 공급여력이 부족한데서 비롯되는 문제이다. 주택난, 교통난, 환경문제 등이 과밀로 인해 나타나는 전형적인 문제유형이다. 다른 한편으로 과밀문제는 나머지 지역의 과소화 (過疏化) 문제를 동시에 안고 있다. 대도시 과밀문제는 과소지역 문제를 함께 초래함으로써 궁극적으로 국토의 비효율적 이용 문제를 낳고 있다. 과밀로 인한 과도한 도시관리 비용의 부담과 과소에 따른 저 개발의 비효율성을 동시에 노정하고 있다.

세 번째는 과밀, 과소화 문제의 연장선에서 '도시·농촌지역 간 격차 문제'가 제기되고 있다. 특히, 농촌지역의 경우 과소화에 따른 어려움을 심하게 겪고 있다. 산업화 과정에서 큰 폭으로 빠르게 진행된 이촌향도형의 인구이동으로 말미암은 과소화는 기본적으로 생활편익시설들이 유지될 수 있는 최소수요치 즉, 임계치 확보를 어렵게 하고 있다. 농어촌의 어려움은 결과적으로 이들 생활편익시설들이 퇴출되거나 혹은 입지를 회피하게 됨으로서 생겨나는 문제이다. 나아가 이용인구 규모가 일정수준에 미달하면 투자의 효율성이 떨어지므로 필요한 공공기반 시설들의 공급 또한 어렵게 하고 있다. 지속적 인구유출을 겪는 농촌지역의 경우 일련의 순환적 메커니즘 속에서 도시지역에 비해 생활환경 수준이 크게 열악해질 수밖에 없음을 말해주고 있다. 의료, 교육, 문화 등 생활편익환경이 크게 열악한 문제를 노출하고 있는 우리 농촌의 현실이 그 단적인 사례이다. 도시·농촌 격차가 심화되면서 심각한 삶의 질 문제를 야기하고 있으며, 급기야는 최소한의 인간적 품위를 유지할 수 있는 수준에서 요구되는 기본수요 충족도 어려운 지경임을 호소하고 있다.

도시·농촌 격차문제는 다양한 지역문제들이 얽혀있는 복합적인 성격을 띠고 있다. 개발의 지역 간 불균형 문제와 과밀화 문제가 누적적으로 가중되는 이면에서 겪는 문제가 바로 도시·농촌 격차문제라는 것이다. 이러한 사실은 역으로 개발의 지역 간 불균형문제, 대도시과밀문제 모두 원래적으로 농촌인구의 도시이동에서 비롯되는 문제에 다름 아님을 말해주고 있다. 대량의 탈 농촌인구가 도시과밀 문제의 원인이며, 이 과정에서 보이는 서울지향의 이주성향으로 말미암아 지역 간 불균형 문제를 동시에 낳게 하였다는 것이다. 지역문제의 가장 중심에 농촌문제가 있으며, 농촌문제의 해결 없이 진정한 지역문제의 해결이 어렵다는 점을 시사하고 있다.

## 제12장

# 지역개발정책의 전개과정

우리나라에 있어서 본격적인 지역개발 정책은 1960년대부터 출발한다고 할수 있다. 1960년대는 처음으로 경제개발 5개년계획이 수립되고 추진되던 시기로서 자립적 경제기반을 구축하는데 모든 노력을 경주하던 시기였다. 나아가 이 시기는 한편으로 지역문제를 처음 정책적으로 인식하기 시작한 그러한 때이기도 하다. 1964년부터 정부는 대도시 인구집중을 하나의 정책문제로 인식하고, 이에 대한 대응방안을 활발하게 논의하게 된다.

1970년대는 적극적인 공업화를 통한 경제개발을 추진하였으며, 이를 공간적으로 수용하기 위한 차원에서 최초의 국토계획이 수립되었다. 1980년대에 접어들면서는 그간의 성장과정에서 야기된 개발의 지역 간 불균형 문제가 당면과제로떠오르게 된다. 이 시기에는 여기에 대처하는 지역 간 균형개발전략이 지역정책의 중심과제로 부각되고 있다. 2000년대에 들어서면서는 지역균형개발을 추구하는 강력한 정책들이 본격적으로 도입되는 국면을 맞게 된다. 특히, 이 시기에는그동안 논의되어왔던 행정기관과 공기업의 지방이전정책들이 전면적으로 도입되는 전기가 마련되기도 한다.

우리나라의 지역정책은 선진국에서처럼 낙후지역의 개발이나 또는 경제적으로 침체된 지역에서 보이는 높은 실업율의 해소라든가, 아니면 지역 간 소득격차의 완화 등과 같은 정책목표 달성에 그 초점을 두고 있는 것 같지 않다. 대신에서울로의 인구집중 억제에 전 정책적 역량을 쏟고 있는 듯하다. 지역문제를 경제적 격차의 문제로 보기보다는 이렇듯 인구 과밀과 그로부터 야기된 공간적 불균형의 문제로 보고 있다는 점이 특기할 만하다.

# 제1절
## 1960년대의 지역정책

1945년 해방을 맞이하여 자주적인 국토공간으로 재편성할 수 있는 기회가 찾아왔으나 남북분단으로 인해 여의치 않게 된다. 농업중심의 남한지역과 공업중심의 북한지역이 분단됨으로써 경제구조상의 왜곡은 물론 남북축으로 개발된 교통동선마저 단절되었다. 그래서 과거 식민지 치하에서 고착된 국토공간구조는 오히려 더욱 견고해지는 결과를 낳고 말았다. 이에 더하여 민족적 비극인 한국동란으로 말미암아 그나마 남아있던 사회간접자본시설들 마저 철저히 파괴되게 된다. 전후 한동안은 전쟁 복구사업에 우선적으로 매달릴 수밖에 없었다. 그런 나머지 일제치하에서 뼈대가 굳어진 국토공간구조의 골격은 그대로 유지된 채로 1950년대를 보내야 했다.

1961년 군사정부는 조국근대화의 기치를 걸고 제1차경제개발계획(1962~1966)에 착수하게 된다. 그 목적은 경제적 혼란과 외국원조에 의존하는 1950년대의 경제체제 하에서 왜곡된 경제구조를 시정하고 빈곤타파와 국가경제 성장을 이루는 것이었다.

이때에 이르러서 비로소 국토개발을 추진하기 위한 제도적 장치가 마련되기 시작하였고, 단위사업 형태의 지역개발사업들이 추진되었다. 일제 때 입안된 조선시가지계획령(1934년)이 폐지되고 현대적인 도시계획법(1962년)이 성문화되었으며, 국토계획의 근간인 국토건설종합계획법(1963년)이 입법화되었다.

또한 이 시기에는 국토건설종합계획법에 근거하여 특정지역개발사업이 처음으로 실시되었다. 특정지역개발계획은 지역특성을 토대로 공간경제 구조의 재편을 시도하고자 하는 일종의 지역개발계획이었다. 이 계획은 또한 10~30년을 계획기간으로 하여 수립하는 장기계획이었다. 그 주요 수단은 주로 자원개발과 공업단지조성, 관광개발 및 생산기반조성사업, 그리고 기존도시의 효율적 이용을 위한 도시기반시설의 정비사업 등으로 구성되어 있다.4 현재 사업이 완료된 지역

---

4 지금까지 지정현황을 보면 1965년부터 1967년까지 서울·인천 특정지역, 울산 특정지역, 영산강 특정지역, 아산·서산 특정지역이 지정되었고, 그후 1982년에 제주도 특정지역, 태백산 특정

중에서 서울·인천 특정지역과 울산 특정지역은 괄목할만한 성과를 이룬 것으로 나타나고 있다. 그러나 나머지 지역의 경우에는 특정지역 간 투자수준의 격차, 지역 내 여러 행정주체들 간 의견조정의 어려움 등과 같은 문제 때문에 소기의 성과를 거두지 못했다는 평가를 받고 있다.

한편 이 시기에도 대도시 과밀문제에 대한 정책적 논의가 이미 이루어지고 있었다. 1964년 9월 국무회의에서 처음으로 '대도시인구집중방지책'이 결의되었는데, 여기서는 ① 2차관서의 지방이전 ② 전원도시 및 신산업도시의 개발 ③ 대도시 내 공정건설의 억제 ④ 교육·문화시설의 지방 치중 등 대책을 그 주요내용으로 담고 있다. 이어서 1969년에는 대통령자문기관으로 '수도권문제심의회'가 설치되어 '수도권인구집중억제방안'을 작성하기도 하였다.

## 제2절
## 1970년대의 지역정책

1970년대는 본격적인 국토 및 지역개발 정책들이 착수되는 시기이다. 1970년에는 지방이전기업에 대해 조세혜택 등을 부여하는 '지방공업개발법'을 제정함으로써 지방의 공장입지 촉진과 인구의 지방정착을 꾀하였다. 또한 같은 해에 '수도권 인구 과밀집중 억제에 관한 기본지침'을 작성하였다. 여기서 정부는 인구집중의 원인 해소를 위해 도시·농촌의 균형개발, 국토종합개발계획의 수립, 중앙집권화 지양 등을 그 기본방향으로 설정하고 있다. 또한 그린벨트와 같은 도시화확산 규제구역을 지정함으로써 서울 등 대도시의 팽창을 직접 억제하는 방안도 담았다. 그리고 행정권한의 지방 이양과 2차 행정관서의 지방이전 등도 긴급대책으로 제시하고 있다.

---

지역, 다도해 특정지역, 지리산덕유산 특정지역 등이 지정되었다. 1985년에는 88고속도로주변 특정지역을 추가로 지정하였으며, 1990년대에 와서는 통일동산 특정지역과 백제문화권 특정지역이 또한 새로이 지정되게 된다.

이때는 또한 농촌개발 정책을 대표하는 새마을사업이 태동하고 추진되던 시기이기도 하다. 새마을사업의 효과에 대해서는 많은 연구가 있지만 대체로 우리나라 농촌의 생활환경 개선과 소득 증대에 적지 않은 기여를 한 것으로 평가되고 있다.

1972년은 제1차 국토종합개발계획(1972~1981)이 공포되고 시행되는 원년이다. 전국적이고 체계적인 안목에서 국토 및 지역개발이 구상되고 정착되어 가는 하나의 전기를 이루는 해이기도 하다. 이 계획은 다음과 같이 그 목적을 제시하고 있다. 즉, "도시지역과 농촌지역이 유기적인 관계를 맺으면서 균형있게 발전하고, 농업과 공업이 병행 발전할 수 있도록 모든 산업을 조화있게 배치함으로써 국민이 보다 안전하고 풍요한 생활을 영위할 수 있도록 국토구조와 환경을 개선하는데 목적이 있다."고 한다. 이러한 계획목적을 실현하기 위해 제1차 국토종합개발계획에서는 권역별 개발 방식을 도입하고 있다. 이러한 개발방식은 각 지역의 지리적 자연조건과 함께 행정구역 및 지역기능 등을 종합적으로 감안하여 권역별로 생활환경을 정비함으로써 자립적 지역발전을 도모해간다는 논리에 입각하고 있다. 그래서 동 계획에서는 전국을 4대권, 8중권, 17소권으로 구분하여 권역을 기초로 접근하고 있다. 최상위의 권역인 4대권은 지리적 조건 및 자연자원의 특성을 감안하여 4대강 유역권을 기준으로 구분하였으며, 중간단계인 8중권은 행정기능과의 일체성을 확보하기 위해 도를 중심으로 구분하였다. 17소권은 경제기능의 통합을 목적으로 중심도시와 그 배후지인 몇 개의 군을 각각 묶어 설정하고 있다.

또한 1972년에는 전국적 차원에서 토지이용을 규제하기 위해 지역지구제와 토지이용계획 제도를 근간으로 하는 '국토이용관리법'이 제정되었다. 또한 제1차 국토종합개발계획에 담겨져 있는 '그린벨트' 구상을 실현하기 위해 '도시계획법'의 개정이 있은 해이기도 하다.

1976년에는 지방공업 입지를 촉진하기 위한 여러 가지 조세감면제도가 대폭 도입되게 된다. 이와 함께 지방으로의 적정한 공업입지 유도를 위한 공업단지 조성과 공장의 재배치 촉진을 위해 '공업배치법'이 제정되었다. 또한 서울의 공업분산을 촉진하기 위해 '반월 신도시건설계획'이 작성되어 공포되었다. 특히 '수도권 인구재배치계획'이라는 상당히 충격적인 계획이 또한 발표되기도 하였다. 이 계획의 골자는 1976년에 약 700만 명인 서울의 인구를 1986년에 가서도 같은 700만 명 수준을 유지하겠다는 의지를 표명하고 있다. 1980년대 초에 800만 명에 이를 것으로 전망되지만, 행정수도건설 등과 같은 집중 억제대책을 적극적으로 강구함으로써 1986년에 다시 700만 명 수준으로 끌어내리겠다는 것이다. 이를 위해 동 계획에서는 수도권 내 공장의 신·증설 규제와 이전, 수도권 남부지역의 인구수용 여건의 조성, 분산을 위한 교육시책과 기타 금융세제상의 지원책 등과 같은 부문별 세부시책들을 종합적으로 제시하고 있다.

# 제3절
# 1980년대의 지역정책

1980년대는 대내외적으로 새로운 변화의 시기를 맞이하게 된다. 국제화 시대가 전개되면서 정치, 경제, 사회, 문화 등 제 측면에서 새로운 안목이 형성되기 시작한다. 이러한 변화는 지역개발 논의의 장에서도 보다 성숙된 새로운 사고방식을 요구하고 있다. 특히 지난 20여 년간 축적된 경제력을 바탕으로 구축된 산업구조 및 사회구조의 고도화·전문화는 새로운 공간수요를 창출하면서 국토이용의 고도화·체계화를 요구했다. 또한 국토이용의 민주화에 대한 열의가 높아지기 시작한 시기이기도 하다.

1981년에는 이러한 시대적 수요와 개발이념 변화에 부응하여 제2차 국토종합개발계획(1982~1991)이 수립되게 된다. 제2차 국토계획에서는 뭐라 해도 인구의 지방정착을 최우선 목표로 삼고 있으며, 성장거점도시의 육성과 지역생활권 조성을 개발전략으로 채택하였다. 성장거점으로는 대전, 광주 등을 제1차 성장거점도시로, 그리고 청주, 춘천, 전주 등 12개 도시를 제2차 성장거점도시로 지정하고 있다. 성장거점이 생산시설의 분산적 배치를 통한 균형화의 전략이라면, 지역생활권 개념은 성장의 과실을 재분배할 수 있는 집중화된 분산전략이라 할 수 있다.

1980년대 후반에 와서는 지역 간 격차에 대한 비판 특히, 지속적인 수도권정책에도 불구하고 가속화되는 수도권으로의 경제 및 인구집중현상을 우려하는 목소리가 고조되기에 이른다. 예컨대, 서울·수도권에서의 토지수요가 크게 증가하면서 토지가격이 무분별하게 치솟게 되고, 급기야는 토지공개념 도입 확대와 이에 따른 토지이용 규제의 강화 필요성이 제기되게 된다. 아울러 지방자치제의 실시를 목전에 두고 있는 시점이어서 지역수요에 부응하는 토지이용 노력이 절실히 요구되기도 하였다.

이에 따라 1986년에는 국토개발의 불균형문제를 재조명하고, 대외적 여건변화를 신속히 수용하고자 하는 의도에서 기존계획을 정비·보완한 제2차 국토종합개발계획 수정계획을 작성·발표하게 된다. 제2차 국토계획 수정계획(1987~1991)에서는 기존계획의 골격과 기본목표는 같이 하면서 개발전략을 다소 수정하게 된다. 이 수정계획의 핵심은 지역경제권의 구상에 있다. 지역경제권으로서는 수도권과 함께 이에 대응할만한 광역개발권으로서 중부권, 동남권, 서남권을 설정하고 있다. 또한 수정계획에서는 농촌을 국토의 나머지 공간으로 인식해오던 지금까지와는 달리 하나의 생활공간으로 재인식하고 있으며, 도시와 농촌의 연속성에 기초한 도농통합적 개발 관점에서 농촌개발문제에 접근하고 있다. 이에 따라 지방소도시를 농촌생활권의 중심도시로 육성하고, 나아가 중심도시와 주변 농촌지역을 연계하여 통합적으로 개발토록 하는 '농어촌지역종합개발 방식'이 도입되기도 하였다.

그리고 1982년에는 '수도권정비계획법'이 통과되어 수도권정비기본계획 및 시행계획 수립의 제도적 기반을 마련하게 된다. 이 법의 통과로 산업 및 인구집중 억제를 위한 수도권 정책을 구사하는데 있어 새로운 전환점을 맞이하게 된다.


# 제4절
# 1990년대의 지역정책

1990년대 지역개발정책의 기조는 급변하는 세계사적 여건변화를 주도적으로 수용하여 선도해 나갈 수 있는 공간전략과 물적기반을 마련하는데 치중하고 있다. 산업화 과정에서 초래된 부작용을 치유하고 보완하는 단계를 넘어 세계화와 지방화, 자율화, 정보화 및 기술혁신 등으로 대변되는 거시적 여건변화에 능동적이고 선제적인 대처가 요구되고 있다는 자각이 그 배경이다. 1992년에 시작하는 제3차 국토계획에서는 이러한 계획기조 하에 다핵개발과 지역경제권 개발이라는 방식을 채택하고 있다.

다핵개발은 국토의 핵을 전국적으로 여러 곳에 분산시키고, 이들 핵을 중심으로 지역개발을 유도해 나가고자 하는 전략을 의미한다. 지역중심지로서의 핵은 배후지역인 주변지역을 포섭하게 되고, 이들 핵과 주변지역은 기능적으로, 공간적으로 하나의 광역권을 형성하게 된다. 이와 같은 다핵개발을 중요시하게 된 데는 두 가지 이유가 있다. 하나는 수도권으로 집중하고 있는 인구와 산업을 지방으로 분산시키려는 것이고, 다른 하나는 지방의 입지매력을 제고하기 위해 인구, 경제, 사회 및 문화적인 자원이 지방중심도시에 축적되게 하려는 것이다. 이러한 생각은 기존의 성장거점개발 정책이 효과적이지 못했고, 나아가 그동안 강력하게 추진해온 서울의 성장억제 정책에도 불구하고 서울의 비대화가 계속되어왔다는 사실을 반성하는 데서부터 비롯되고 있다.

1990년대 지역개발정책이 보여주는 또 하나의 특징은 중앙정부 주도적인 추진방식에서 벗어나 분권화된 자율적인 추진방식을 도입하고 있는 것이다. 국가가 일방적으로 지역의 개발구상을 해오던 지금까지의 관행을 탈피하려는 노력들이 강조되고 있다. 그 노력의 일환으로 중앙정부 권한의 지방이양과 민간자본의 참여 촉진을 위한 다양한 행정적·제도적 조치가 이루어져 왔다. 지방자치단체와 주민의 창의와 주도에 의한 개발방식이 강조되고 있음을 말해주고 있다. 이러한 변화는 '지역의 문제는 지역의 손에 의해서'라는 지방자치의 이념을 실현하는 차원에서 초래되는 것으로 이해한다.

이러한 지역개발 구상을 실천하기 위해서 필요한 제도들이 새로이 마련되거나 기존 제도의 보완 및 정비가 이 시기에 이루어지게 된다. 그 주요한 것으로 몇 가지를 들면 다음과 같다. 먼저 낙후지역 개발을 위해 도입하는 '개발촉진지구'의 지정 및 지원을 뒷받침하기 위해 1994년에 그 제도적 기반이 되는 '지역균형개발 및 지방중소기업 육성에 관한 법률'을 제정하였다. 그리고 토지이용 규제 완화를 위해 '국토이용관리법'의 개정이 역시 1994년에 이루어지게 된다. 국토이용관리법의 개정은 복잡한 용도지구제를 단순화하고, 또 복잡한 정부규제를 완화했다는 측면에서 긍정적인 평가를 받고 있다. 그러나 계획적인 통제장치가 마련되지 않은 상황에서 도입한 준농림지역과 이에 대한 토지이용규제의 완화는 수도권과 일부 간

선도로 주변지역 등 개발수요가 높은 지역을 중심으로 무질서한 난개발을 가져오게 하는 단초를 제공하였다는 비판을 동시에 받고 있다. 팔당호 주변에서 나타나고 있는 음식, 숙박 등 유흥위락시설의 난립, 용인을 비롯한 수도권 주변지역에서 이루어진 무질서한 대규모 택지개발 등과 같은 난개발이 그 단적인 예이다.

또한 1993년에는 수도권정비계획법이 대폭 개정되면서 상당수준의 규제완화가 이루어지게 된다. 이러한 사실도 1990년대에 나타나는 지역개발 정책 동향의 주요한 하나의 모습이다. 개정 법률은 국가경쟁력 강화가 필요하다는 명분을 내세우면서 수도권 경제활동을 직접적으로 제약하는 지금까지의 개별적·물리적 규제방식을 총량적·경제적 규제방식으로 전환하고 있다. 이와 함께 토지이용규제 차원에서 구획한 기존의 5개 권역을 3개 권역으로 축소 구분하여 단순화하였다.[5]

## 제5절
## 2000년대의 지역정책

21세기에는 세계경제의 전면적 자유화, 동북아지역과 중국의 위상 강화, 경제활동의 동시화·광역화·다양화와 지방분권화의 정착, 삶의 질에 대한 국민수요 증대 등 대내외적으로 수많은 변화가 예상되고 있다. 그래서 2000년부터 시작하는 제4차 국토종합개발계획(2000~2020년)은 보다 장기적인 개발구상이 필요하다는 인식 하에 계획기간을 20년으로 하는 장기계획으로 수립하였다. 본 계획에서는 '국토균형개발을 통한 지역 간의 통합', '개방적 국토경영을 통한 동북아경제와의 통합', '환경친화적 국토관리를 통한 조화', '남북교류 확대를 통한 한반도 통합' 등을 계획기조로 제시하고 있다.

---

5 기존의 제한정비권역의 경우 과밀현상의 광역화로 이전촉진권역과 구분하여 관리할 필요성이 사라져 두 권역을 과밀억제권역으로 통합하고, 개발유보권역과 개발유도권역은 성장관리권역으로 통합하였다. 그리고 자연보전권역은 경계만 다소 바뀌었을 뿐 그대로 존속시키고 있다.

2000년대 이후 나타나는 지역개발정책의 전개과정에서 특기할 만한 것은 지역균형개발에 대한 강력한 정책의지를 드러내고 있다는 것이다. 이와 함께 그 실천에서도 또한 강한 추진력을 보여주고 있다. 2003년에 들어선 새 정부는 지역균형개발을 위한 강한 정책의지를 내보였다. 동시에 그 실천을 위해 '지역균형발전위원회'를 대통령 직속 기구로 상설하고, 지역균형개발문제에 대한 여러 가지 정책구상을 제시하기도 하였다. 그 가운데에서도 많은 사회적 논란을 야기하였던 '행정수도 이전' 대책이 지역균형개발 정책의 핵심으로 부상하게 된다.

행정수도 이전 문제는 현재까지도 여전히 사회적 논란의 와중에 휩 싸여있는 채 사회적 갈등을 유발하는 하나의 요인이 되고 있다. 물론 이전에도 행정수도 이전에 관한 정책 논의는 간헐적으로 있어왔지만 실행에 옮겨지지는 못했던 터였다. 2003년 새로 구성된 정부에서는 행정수도 이전을 추진하기 위해 2004년 '신행정수도건설을 위한 특별법'을 제정·공포하게 되고, 동년 8월 11일에는 공주·연기지역을 신행정수도 건설 예정지로 최종 확정하였다. 지방분권과 분산을 통해 수도권과밀을 억제하는 한편 새로운 수도기능의 이전을 통해 지역활성화를 도모하고자 하는 것이 정책의도라고 밝히고 있다. 그러나 행정수도 이전문제를 둘러싼 사회적 갈등의 한 여파로 이 법이 헌법에 위반된다는 위헌소송이 제기되기에 이르고, 2004년 10월 21일에는 급기야 헌법재판소에서 위헌결정이 내려지게 된다. 따라서 이때까지 추진하였던 신행정수도 건설 관련 행위들이 모두 무효화되는 상황에 처하게 된다.

그 후 정부는 신행정수도 이전 후보지였던 충청권 여론을 무마하기 위해 위헌소지를 삭제한 대체입법을 추진하게 되고, 그 결과 2005년 3월2일 '연기·공주지역 행정중심복합도시건설 특별법'이라는 이름으로 다시 국회를 통과하게 된다. 이러한 대체입법으로 대통령과 국회, 대법원 등을 제외한 정부부처 12부 4처 2청을 대상으로 연기·공주 지역 이전이 다시 추진되었다. 이 과정에서 찬반을 둘러싸고 사회적 논란이 분분히 야기되기도 했다. 아무튼 그 행정중심복합도시로 건설된 도시가 바로 세종특별자치시이며, 현재는 중앙정부 기관들의 이전이 완료되어 도시기능이 활성화되면서 빠른 성장세를 이어가고 있다.

행정중심복합도시 건설과 궤를 같이 하는 공공기관 지방이전 또한 강도 높게 추진되었다. 2004년에 그 법적근거로서 '공공기관 지방이전에 따른 혁신도시 건설 및 지원에 관한 법률'을 마련하고, 2005년에는 '공공기관 지방이전 계획'을 발표하게 된다. 동 계획은 수도권과 대전을 제외한 전국 10개 광역시·도별로 이들 176개 공공기관들을 구체적으로 분산 배치하는 내용을 담고 있다. 동 계획에 따라 해당 각 시·도에서는 이전해 오는 이들 기관들을 중심으로 그 배후생활권을 함께 아우르는 신도시를 혁신도시라는 이름으로 건설하게 된다.

정부 및 공공기관의 지방이전을 강도 높게 추진하고 있는 이러한 사실에서 이 시기의 높은 지역균형개발 정책의지를 읽는다. 반면에 제반 사회적 비용에 대한 우려의 목소리도 만만치 않은 실정이다. 직장과 가정이 지리적으로 분리되는 데서 오는 수많은 정부기관 종사자 및 공공기관 종사자들의 삶의 질 저하문제, 사기저하문제와 함께 분산에서 오는 총체적인 업무의 비능률성 문제들이 동시다발적으로 제기되고 있다. 이와 함께 기존 시설을 급하게 처분하고 새로운 시설을 건설하는 데서 오는 비경제적인 문제, 행정중심 복합도시 및 혁신도시 건설에서 촉발된 전국의 지가상승 문제 등이 또한 지적되고 있다. 요컨대, 정부 및 공공기관 이전으로 얻어지는 사회적 편익과 지불해야 하는 사회적 비용을 종합적으로 따져보는 균형 잡힌 시각이 요구되는 대목이다.

# 제13장

# 주요 지역개발정책

## 제1절
## 지역개발정책의 체계

우리나라의 경우 지역개발 문제에 관심을 갖게 된 것은 1960년대 초반 산업화정책이 추진되면서부터이다. 산업화를 촉진하기 위해서는 산업용지 확보와 함께 이를 지원할 수 있는 사회간접자본 시설 등 물적기반의 확보가 우선 필요하였다. 그러나 산업화 초기단계에는 통상 가용자원이 매우 제한되기 마련이다. 따라서 가용자원의 효율적 이용이 당면한 과제로 부각되고, 이를 위해서는 산업시설 입지 및 사회간접자본 시설 투자에 있어 공간적 우선순위를 고려하는 공간차별화 전략 마련이 불가피하였다. 우선순위가 높은 일부 지역에 투자를 집중하는 전략이 일반적으로 채택되는 이유이다. 이러한 전략은 궁극적으로 국가경제 성장이라는 목표를 효율적으로 달성하는 데는 크게 기여하였던 것으로 평가되고 있다. 그러나 서울을 비롯한 대도시 지역으로의 과도한 집중과 나머지 지역의 상대적 낙후현상을 낳음으로서 심각한 지역 간 불균형을 초래하게 되었다는 비판도 동시에 제기되고 있다.

대도시 과밀문제와 지역 간 개발의 불균형 문제를 해소하기 위해 1970년대 중반 이후부터 지역개발정책이 도입되게 된다. 그 정책의 역점은 당연히 서울을 중심으로 한 수도권으로의 집중을 억제하고, 동시에 나머지 지역의 발전을 촉진하는 데 두어지게 된다. 이러한 배경에서 서울과 수도권에서 산업입지를 규제하고, 또 다양한 성장억제 정책들이 추진되어 왔다. 그리고 다른 한편으로는 수도권으로의 과도한 집중에 따른 여파로 어려움을 겪는 특정 낙후지역과 농촌지역을 대상으로 다양한 활력증진 정책들이 구사되어 왔다.

먼저 수도권 집중억제대책의 중심에는 '수도권정비계획법'에 의거해서 수립하는 '수도권정비계획'이 있다. 수도권정비계획은 1982년부터 15년을 계획기간으로 계속 수립되고 있다. 동 계획에서는 서울과 주변지역에 인구 및 경제활동의 집중을 억제하기 위하여 각종 입지규제 및 분산시책을 강구하고 있다. 우리나라 지역정책의 초점은 어디까지나 서울의 인구집중 억제에 우선적으로 두어져 왔음을 읽게 해준다.

서울 등 대도시 인구집중에 따른 과밀문제에 대응하는 또 하나의 주요한 정책수단은 개발제한구역 지정이다. 1960년대부터 도시로의 인구이동과 급속한 공업화로 시가지가 확산되고, 도시 주변의 임야와 농경지에 대한 무계획적 개발이 이루어졌다. 정부는 이러한 대도시의 무질서한 팽창을 방지하기 위해 도시주변지역을 띠 모양으로 둘러싸고 일체의 개발행위를 억제하는 개발제한구역제도를 신설하였다. 1971년부터 1977년까지 14개 도시권에 국토면적의 5.4%인 5,397㎢가 개발제한구역으로 지정되게 된다.

한편 수도권으로의 인구 및 산업의 과도한 집중은 역으로 나머지 지역의 발전 잠재력이 그만큼 빠져나가는 것에 다름 아니다. 수도권 과밀과 지방의 저개발 문제는 동전의 양면이라는 것이다. 이러한 개발의 지역 간 불균형 문제는 주로 1963년에 제정된 국토건설종합계획법 제6조에 근거하는 '특정지역개발계획'과 1994년에 제정된 지역균형개발 및 중소기업 육성에 관한 법률에 근거한 '개발촉진지구 지정 및 개발'에 의존하고 있다.

이와 함께 과도한 인구유출로 인해 야기된 농촌지역문제 또한 크게 부각되고 있다. 급기야 최근에는 소멸되는 모습조차 보이고 있다. 농촌지역의 개발잠재력이 지속적으로 유출됨으로써 도시와의 격차가 크게 확대되기에 이르고, 나아가 농촌주민들의 열악한 삶의 질 문제까지 여기에 보태지면서 농촌문제가 날로 심각해지고 있다. 다양한 농촌개발 정책들이 도입되는 배경이 여기에 있다.

요컨대, 우리나라 지역정책은 한 마디로 지역균형개발에 그 궁극적 목표를 두고 있음을 단적으로 보여주고 있다. 그래서 한편으로는 지역균형개발 차원에서 과밀문제를 겪는 수도권을 대상으로 집중 억제를 위한 지역정책적 노력을 크게 경주하고 있다. 다른 한편으로는 수도권 과밀문제와 맞물려 야기되는 비수도권의 저개발문제에 대응하여 낙후지역개발 정책들이 마찬가지로 지역균형개발 차원에서 도입되고 있다. 이와 함께 농촌지역 활력제고를 위한 다양한 정책들이 지역정책의 또 다른 한 갈래를 형성하고 있다. 농촌지역이 우리국토의 대부분을 차지하고 있다고 보면 농촌개발 문제 또한 지역균형개발 정책의 한 축을 이루는 주요한 지역개발 과제임에 분명하다.

**그림 13-1** 한국 지역개발정책의 체계도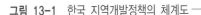

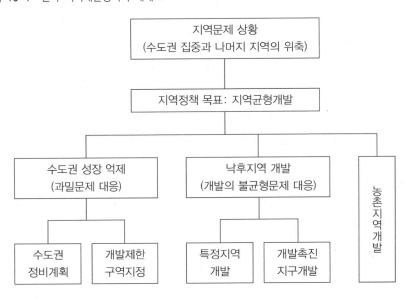

# 제2절
## 수도권 성장억제 정책

### 1  수도권의 집중 실태

수도권의 면적은 11,829㎢로서 전 국토의 11.8%에 불과하다. 그러나 2015년 현재 수도권에 거주하는 인구는 25,273천 명으로서 전국 인구의 거의 절반인 49.5%를 차지하는 것으로 나타나고 있다. 인구밀도(인/㎢)도 당연히 높게 나타나고 있다. 수도권의 인구밀도는 ㎢당 2,137명으로서 전국 평균 509명에 비해 4.2배나 높은 수준을 보이고 있다.

문제는 수도권 과밀 현상이 지속적으로 심화되고 있다는 것이다. 수도권 인구 비중은 1995년 45.3%에서 2015년에 49.5%로 증가하고 있으며, 인구밀도는 1995년 ㎢당 1,922명에서 2015년에 2,137명으로 증가하고 있다. 수도권지역의 과밀화가 최근에도 지속되고 있음을 보여주고 있다.

표 13-1  수도권의 집중 실태(2015년 현재)

| 구　　　분 | | 전 국 | 수도권(전국대비) |
|---|---|---|---|
| 면　　　적( ㎢ ) | | 100,295 | 11,829(11.8) |
| 인 구 | 인　　구(천인) | 51,069 | 25,273(49.5) |
| | 인구밀도(인/㎢) | 509 | 2,137 |
| 경제활동 | 지역총생산액(십억 원) | 1,565,248 | 772,958(49.4) |
| | 총사업체수(개소) | 3,874,167 | 1,834,652(47.4) |
| | 제조업체수<br>(10인 이상, 개소) | 68,640 | 33,414(48.7) |
| | 제조업체종사자수<br>(10인 이상, 천인) | 2,905 | 1,158(39.9) |

주: 제조업체수 및 제조업체종업원수는 2014년 기준임.
자료: 통계청, 『국가통계포털』, http://kosis.kr, 2018.3.

인구뿐만 아니라 경제활동에 있어서도 수도권의 집중현상이 두드러진다. 지역내총생산액(GRDP) 현황을 보면 2015년 기준으로 수도권이 전국 총생산액의 49.4%를 차지하고 있다. 또한 총사업체수 기준으로는 전국의 47.4%, 제조업체수(10인 이상) 기준으로는 48.7%를 차지하는 것으로 나타나고 있다. 경제활동의 수도권 집중현상도 마찬가지로 시간이 흐를수록 더욱 심화되는 양상을 보여주고 있다. 수도권의 지역내총생산 비중을 보면 1995년에 38.6%이던 것이 2015년에는 49.4%로 크게 증가하고 있다.[6] 인구분포와 함께 경제활동에 있어서도 수도권이 차지하는 지배적 지위를 잘 읽을 수 있다.

## 2 수도권 집중의 원인과 문제점

### 1) 수도권 집중의 원인

수도권 집중의 원인으로서는 무엇보다 보다 높은 소득을 추구하는 농촌주민들의 이동성향을 지적할 수 있다. 이러한 경제적인 요인 이외에도 다양한 사회문화적, 역사적 요인들이 함께 복합적으로 작용하고 있다.

첫째, 기회만 닿으면 서울로 오려는 성향이 강하게 잠재되어 있다고 한다. 수도권의 핵심지역인 서울은 우리 역사상 오랜 기간 왕도로서의 기능을 유지하여 왔을 뿐더러 정치권력의 중심지였다. 국민들에게 뿌리 깊게 각인된 서울 지향적 성향은 많은 부분 이러한 사실에서 비롯되고 있다.

둘째, 수도권과 비수도권의 상대적 소득격차가 농촌 및 지방의 주민들로 하여금 소득기회가 집중된 수도권으로의 이동성향을 크게 높이는 결과를 낳았다고 한다. 지난 1960년대 이래로 추진되어온 경제 우선 성장전략으로 말미암아 서울과 수도권으로 각종 경제활동이 크게 집중되게 된다. 반면에 농촌지역을 비롯한 지방의 경우는 그 이면에서 경제적 기회가 상대적으로 크게 위축되면서 어려움을 격게 되었다.

---

6 김용웅외, 『지역개발정책의 이론과 실제』, 국토개발연구원, 1998, p. 221.

셋째, 보다 나은 생활편익서비스 환경을 추구하는 측면에서도 인구의 집중은 불가피했다고 한다. 수도권은 교육, 의료, 문화시설을 비롯한 제반 생활 및 편익서비스시설들이 상대적으로 잘 갖추어져 있다. 반면에 지방과 농촌지역은 인구의 과도한 유출로 인해 생활편익환경이 크게 열악한 지경에 처해있다.

수도권 집중 원인에 대한 이러한 설명은 경험적 연구결과에서도 잘 검증되고 있다. 국토개발연구원의 한 조사에 따르면 수도권 유입 동기를 묻는 설문에 조사대상자의 59.6%가 구직 또는 직장관계라고 답하였고, 15%는 자녀교육을 이유로 들고 있다.7 한편 고용기회의 상당부분을 점하고 있는 제조업체가 서울과 수도권 입지를 선호하는 이유를 물어본 결과를 보면 금융, 정보 등 기업활동 지원 기능의 수도권 집중(41.8%)과 교통, 용수 등 사회간접자본 시설 이용의 편리성(27.6%), 그리고 노동력 확보 용이(19.7%) 등을 지적하고 있다.8 결국 양호한 경제활동 여건을 배경으로 형성되는 풍부하고 다양한 고용기회, 질 높은 생활편익환경, 정치권력의 집중 등이 수도권 집중의 원인으로 지적되고 있다.

따져보면 다양한 고용기회를 가져오는 원천인 산업의 집중이 보다 근원적인 수도권 집중의 원인임을 알 수 있다. 산업의 수도권 집중현상은 시간이 흐를수록 강화되고 고착화되는 흐름을 보이고 있다. 기업들은 모이면 모일수록 더 큰 생산상의 이점을 가져다주는 집적경제를 누리기 위해 더욱 더 모이려는 강한 성향을 본래적으로 갖고 있다. 수도권으로의 집중이 계속 심화되는 과정을 본질적으로 겪을 수밖에 없음을 말해주고 있다. 집중이 집중을 부르는 이른바 집중의 누적적 악순환 고리가 그간의 수도권 집중의 과정이자 근본적인 원인이었음을 말해주고 있다. 수도권 정책은 이러한 악순환의 고리를 끊으려는 노력의 일환이다.

## 2) 수도권 집중의 문제점

수도권 집중에 따른 문제점은 크게 두 가지 관점에서 논의되고 있다. 하나는

---

7 국토개발연구원에서 전국 2,007가구를 대상으로 실시한 설문조사 결과이다.
　　자료: 한국토지개발공사, 『수도권정책의 종합평가와 개선방안』, 국토개발연구원, 1991.
8 김용웅외, 『지역간 제조업 활동여건 격차에 관한 행태분석』, 국토개발연구원, 1992.

과밀로 인한 사회적비용의 증대이고 다른 하나는 지역격차로 인한 지역 간 갈등 유발의 문제이다.[9]

첫째, 사회적비용 증대 문제를 보여주는 사례로서 흔히 수도권 내의 토지 및 주택가격의 급증, 교통난의 심화, 환경오염의 심화 등 문제들이 지적되고 있다. 실제로 수도권은 인구집중에 따른 만성적인 초과수요로 인해 주택, 토지시장이 크게 왜곡됨으로써 가격폭등, 부동산 투기 등의 진원지가 되고 있다. 1990년의 주택가격 지수를 보면 1981년을 100으로 했을 때 전국 도시 평균이 159.1로 나타나는데 비해 서울은 207.4로 나타나고 있다. 주택가격지수가 최고조에 이르던 1990년을 지나면서 다소 안정되는 모습을 보여주고 있기는 하다. 2010년을 기준으로 즉, 2010년을 100으로 봤을 때 1990년의 주택가격지수가 150으로서 오히려 더 높게 나타나고 있다. 또한 1991년 현재 서울의 평균지가는 기타지역의 약 100배에 이르고 있으며, 2004년의 경우를 보면 서울의 평균지가가 강원도의 423배에 달하는 것으로 나타나고 있다. 토지문제의 심각성을 보여주는 한 단면이다.

교통난도 심화되고 있다. 수도권 주요도로의 차량 운행속도가 1986년에서 1990년 사이에 두배로 감소되었는가하면,[10] 교통혼잡으로 인한 사회적 비용이 1991년 한해 동안 서울시에서만 1조 7천억 원에 달하는 것으로 나타나고 있다. 전국적으로 보면 그 비용이 2005년에 23.5조 원으로 나타나고 있으며, 2015년에는 33.4조 원으로 늘어나고 있다. 또 1일 통근시간이 OECD국가 중 최장으로 나타나고 있다. 2010년 기준으로 한국의 1일 평균통근시간은 58분으로서 OECD 평균 29분의 2배에 이르고 있다.[11]

서울의 환경오염 수준이 세계 대도시 중 최악의 상태라는 사실도 수도권과밀로 인한 문제 사례로 자주 거론되고 있다. 서울의 대기 오염 수준은 경제개발협

---

9 국토개발연구원, 『국토50년』 서울프레스, 1996.
10 수도권 도심 평균속도는 1980년 시간당 30.8km에서 1989년 18.7km로 감소되었고, 피크아워의 경인고속도로 주행속도는 1986년 40km에서 1990년 20km로 낮아졌다.
   김용웅 외, 『지역개발정책의 이론과 실제』, 국토개발연구원, 1998, p. 225.
11 현대경제연구원, 『SOC 본질은 미래 성장잠재력의 확충이다』, 2017.9.

력기구(OECD) 나라들 가운데 가장 나쁜 것으로 나타나고 있다. 특히, 미세 먼지로 인한 건강문제가 심각한 수준에서 제기되고 있다. 서울의 경우 세계적으로 대기오염이 심각하다고 알려져 있는 로마나 멕시코시티보다도 훨씬 높은 미세먼지 농도 수준을 보이고 있다. 이와 같은 결과는 여러 가지 이유가 있겠으나 무엇보다도 화석연료의 무분별한 사용이 가장 주된 원인으로 지목되고 있다.

과도한 사회적 비용을 발생시킨다는 측면에서 수도권 과밀 현상을 문제시하는 이러한 생각과는 다른 정반대의 견해도 적지 않다. 이러한 반론은 사회적 비용에 못지않은 큰 편익이 수도권에서 발생하고 있다는 사실에 근거하고 있다. 이를테면 수도권의 제조업 생산성이 전국에서 가장 높다던가, 수도권 투자의 경제적 파급효과가 타 지역에 비해 크다는 점 등을 내세우고 있다.

두 번째, 수도권 집중에 따른 지역격차 심화와 이로 인해 지역 간에 야기되는 첨예한 갈등이 또 하나의 수도권 집중 문제로 제기되고 있다. 형평성 차원에서 제기되는 성격의 문제이다. 수도권 집중은 성장 과실 배분을 수도권 중심으로 이루어지게 함으로써 지역 간 위화감을 초래하고 나아가 국가적 통합을 저해하는 문제 또한 낳고 있다. 더하여 사회적으로 높은 가치와 지위를 지니는 기능과 직업의 집중현상 또한 초래함으로써 이들 수도권지역에 대한 젊은 층의 선망 풍조를 만연시키는 결과를 가져왔다. 젊고 유능한 이들을 빠르게 빨아들이는 이러한 수도권 선호 현상이 농촌지역의 개발잠재력과 정주기반을 약화시키는 주된 원인으로 작용하고 있다.

한편 우리나라는 지역 간 격차 수준이 외국에 비해 상대적으로 낮고, 또 감소 추세를 보이고 있어 국제적 수준에서 볼 때 큰 문제가 되지 않는다는 의견도 있다. 그럼에도 불구하고 인구와 경제활동의 수도권 집중이 가속되어온 이러한 문제 상황은 소홀히 할 수 없는 사실임에 분명하다. 지역 간 개발의 불균형문제, 대도시 과밀문제, 도시·농촌 격차문제 등 모든 지역 문제들은 모두 맞물려서 서로 상승작용을 일으키므로 어느 것이든 총체적인 지역문제 진행과 무관하지 않다. 국민이 어느 곳에 살거나 사는 장소로 인해 차별받지 않고, 만족스럽게 살아갈 수 있는 조건을 갖추어 주는 것은 국가가 해야 할 의무이자 소임이다. 지역격차 해소에 높은 정책적 관심이 두어져야 할 것임을 말해주고 있다. 전 국토를 균형 있게 개발하는 것이 궁극적으로 국토의 잠재력을 극대화하는 길이다. 정치적, 사회적 측면에서도 수도권 집중 억제의 필요성이 강하게 제기되고 있음을 말해주고 있다.

### 3 수도권정책의 목표와 수단

#### 1) 수도권정책의 목표

수도권 정책의 목표는 기본적으로 두 가지로 요약할 수 있다. 하나는 권역 내로의 인구 및 산업의 집중을 억제하거나 분산하는 것이고, 다른 하나는 권역내부의 공간구조를 효율적으로 정비하는 것이다.

과밀 문제의 대상지역이 서울시로 국한되어 있던 1970년대를 전후한 시기에는 수도권 정책의 대상 공간범역도 서울로 한정될 수밖에 없었다. 그래서 이 시기 수도권 정책은 서울시로의 인구 및 산업의 집중억제에만 그 관심을 두고 있었다. 그 후 서울의 외연 확대가 진행되고, 이와 함께 수도권의 공간범역 또한 경기도 전역으로 확대됨에 따라 수도권 정책목표도 광역적인 색채를 띠게 된다. 서울시에 한정되어 제시되던 과밀 억제 대책이 수도권으로 그 공간범역이 확대되는 모습을 보여주고 있다.

두 번째로 수도권정책이 내거는 목표는 권역내부의 공간구조를 효율적으로 정비하는 것이다. 수도권 권역 내부를 대상으로 하는 공간구조 재편은 그때 그때의 필요에 따라 단편적으로 이루어졌다. 1970년대에 시도된 서울의 강남·북간 균형개발을 위한 시책과 서울 주변지역의 신도시개발 즉, 반월, 성남과 같은 신도시개발 정책들이 그 단적인 예이다. 1982년에는 수도권정비계획법이 제정되면서 비교적 체계적으로 수도권 집중억제 문제에 접근하게 된다. 또 그 2년 후에는 동법에 근거해서 수도권으로의 인구 및 산업의 집중 억제와 수도권 내부 공간재편 과제를 통합적으로 아우르는 수도권정비계획이 수립되게 된다.

#### 2) 수도권정책의 수단

수도권 집중억제 정책은 여러 각도에서 종합적으로 접근하고 있다. 개발자체를 강도 높게 제한하는 지역·지구제와 같은 토지이용 규제방식과 함께 인구집중 유발 시설들의 입지를 어렵게 하는 여러 가지 물리적 수단을 도입하고 있다. 나아가 직접적 혹은 간접적으로 인구유발시설의 지방분산을 꾀하는 다양한 방식과 수단 등도 강구하고 있다.

수도권 집중억제 정책의 기조는 기본적으로 수도권의 기능을 지방으로 분산시킨다는 생각에 두고 있다. 수도권에 집중된 중앙행정기관 및 권한을 지방으로 이전한다든가, 인구집중 유발 시설로 지목된 공장과 대학의 지방이전 촉진과 수도권 내 신·증설을 억제하는 조치들이 수도권 정책의 주축을 이루고 있다. 또 이러한 생각의 연장선에서 대형건축물의 신축 억제와 공업단지 및 주택단지 등의 신규조성 억제 등도 주요한 정책수단으로 활용되어 왔다.

1990년대로 접어들면서 새로운 집중억제 방식들이 도입되게 된다. 이른바 과밀부담금제도, 총량규제제도라 불리는 정책수단들이 그것이다. 이러한 수단들은 경제적인 간접규제를 통해 인구와 산업의 자발적인 분산을 유도하고자 마련된 정책수단들이다. 종래의 정책수단들이 구사하는 물리적 규제만으로는 소기의 성과를 달성할 수 없다는 반성에서 나온 새로운 정책수단들이다.

한편, 수도권정책은 전반적으로 수도권정비계획이라는 틀 속에서 이루어지고 있다. 수도권정비계획은 기본적으로 권역별 접근에 의존하고 있다. 수도권을 지역 특성에 따른 몇 개의 권역으로 구분하여 앞서 본 다양한 정책수단들을 권역별로 차별화하여 필요한 여러 가지 규제조치들을 적절히 강구하고 있다. 1982년 수도권정비계획법에서는 수도권을 규제의 차별화 필요성에 따라 공간적 특성별로 5개 권역으로 구분하고 있다. 이전촉진권역, 제한정비권역, 개발유도권역, 자연보전권역, 개발유보권역 등이 그것이다. 그러다가 국제화, 지방화되고, 또 남북관계가 폭넓게 전개되는 당시의 여건변화를 반영하여 1994년에 수도권정비계획법을 개정하게 된다. 여기서는 이전의 5개 권역을 3개 권역 즉, 과밀억제권역과 성장관리권역, 그리고 자연보전권역 등으로 단순화하고 있다.

이와 함께 도시자체의 팽창을 아예 물리적으로 봉쇄하는 개발제한구역 제도도 수도권 정책의 일환으로 일찍부터 활용되어 왔다. 개발제한구역은 1971년에 인구와 산업의 집중이 심했던 수도권에서 최초로 지정되게 된다.

## **4** 수도권정책의 내용

### 1) 수도권 토지이용규제: 개발억제 및 정비권역 설정

#### 1.1) 개발제한구역 지정

과밀 억제를 위한 대표적인 정책수단으로서는 무엇보다도 소위 그린벨트라 부르는 개발제한구역 지정을 들 수 있다. 1960년대부터 전개된 빠른 산업화과정에서 인구 및 산업의 과도한 도시집중이 이루어지고, 그 결과 대도시가 무질서하게 팽창하면서 각종 사회문제가 발생하게 된다. 따라서 정부는 쾌적한 도시환경을 조성하고, 도시 팽창을 근원적으로 차단하기 위해 1971년 '도시계획법'을 개정하여 개발제한구역을 지정할 수 있는 근거를 마련하였다.

개발제한구역은 1944년 영국에서 런던 주변지역에 설정한 최소 폭 8㎞의 환상녹지를 일컫는 그린벨트를 모방하여 도입하였다. 개발제한구역 설정대상 도시는 다음과 같은 기준에 따라 선정되었다. 첫째, 이미 외곽으로 시가지가 팽창되고 있어 인구집중을 억제할 필요성이 시급히 대두되고 있는 서울·부산·대구·광주·대전 등 대도시 주변지역, 둘째, 춘천·청주·전주·제주 등 가까운 장래에 시가지가 팽창할 우려가 있는 도청소재지 주변지역, 셋째, 마산·창원·진해·울산·여천 등 정부 추진 중화학공업단지가 형성되고 있는 지방공업도시 주변지역, 넷째, 충무, 진주 등과 같이 관광자원과 자연환경을 보전할 필요가 있는 도시 주변지역이다.

개발제한구역은 1971년 서울특별시 외곽 463.8㎢에 최초로 지정되었으며, 1977년까지 8차례에 걸쳐 14개 권역에서 전 국토 면적의 5.4%에 해당하는 5,397.1 ㎢가 개발제한구역으로 지정되게 된다. 개발 제한 구역 안에서는 그 구역 지정의 목적에 위배되는 건축물의 건축과 공작물의 설치, 토지의 형질 변경, 토지 면적의 분할 또는 도시 계획 사업 시행 등 행위를 할 수 없게끔 강하게 규제하였다.

우리나라의 개발제한구역 관리는 세계 어느 나라의 그린벨트보다도 엄격하게 이루어졌다. 구역 안에서는 정부의 특별한 허가가 없는 한 대부분의 도시적 토지이용은 원칙적으로 허용되지 않는다. 건축물의 건축, 공작물의 설치, 토지의 형질변경이나 면적분할, 또는 도시계획사업을 시행하고자 할 경우에는 관할 시장이나 군수의 허가를 받아야 한다. 허가 대상은 도시계획법 시행규칙에 열거되어 있으며, 열거되어 있지 않은 사항은 지극히 경미한 것을 제외하고는 허가할 수 없도록 하고 있다.

개발제한구역 지정 효과에 대해서는 대체로 다음과 같은 의견들이 제시되고 있다. 첫째는, 긍정적인 영향을 미쳤다고 평가하고 있다. 개발제한구역 지정으로 대도시의 무한한 확장이나 도시간의 연담화 현상을 억제한 효과가 있었다고 한다. 둘째는, 시행과정에서 나타나는 문제점을 지적하고 있다. 서울권이나 부산권과 같은 거대도시권의 경우 개발제한구역으로 둘러싸인 모도시 내부의 개발가능 토지가 거의 고갈되어가면서 개발제한구역 내 토지에 대한 이용압력이 커져가고 있었다. 이러한 과정에 동 구역의 토지이용문제를 둘러싸고 사회적 갈등이 필연적으로 증폭될 수밖에 없음을 쉽게 짐작할 수 있다. 그린벨트에 잠식된 민간인 토지소유자로부터 거센 항의를 받기도 하였으며, 동시에 많은 사회적 비난에 지속적으로 노출되면서 정치쟁점화 되기도 했다. 도시내부로부터 팽창된 개발 압력은 이제 개발제한구역을 뛰어넘어 권역 외곽으로 확산되어가는 상황에 이르게 되고, 이러한 압력이 개발제한구역을 건너서 신도시 개발을 촉진하는 힘으로 작용하고 있다.

개발제한구역의 지정 필요성에 대해 대다수 국민들은 어느 정도 인정하고 있는 것으로 나타난다. 반면에 그곳에서 생활하는 주민들의 권리침해나 피해보상문제에 대해서는 다소 소극적인 입장을 보이고 있다. 개발제한구역 제도의 공과에 대한 전문가의 입장도 서로 다르다. 도시계획전문가들은 대도시의 무분별한 확장을 억제하는 측면에서 대체로 옹호하는 경향을 보여주고 있다. 한편, 도시경제학자들을 중심으로 하는 일단의 학자들은 개발압력이 결국 더 넓은 권역 전체로 확산될 수밖에 없을 것이라는 주장을 하면서 여기에 반대하는 입장을 드러내고 있다. 요컨대, 개발제한구역에서 보이는 현재의 문제들을 어느 정도 극복할 수 있는 개선방안이 마련되어야 할 필요성이 있다는 점, 그리고 지난 30년 넘게 지켜온 이 제도를 갑작스럽게 폐지하거나 대폭적으로 완화하는 것은 또 다른 문제를 야기할 수 있다는 점에 대해서는 대체로 공감하고 있다.

이러한 개발제한구역 지정을 둘러싼 사회적 논란을 반영하여 견고했던 개발제한구역 제도에서도 적지 않은 변화가 찾아오게 된다. 1999년 정부는 개발제한구역 제도개선 방안을 확정짓고, 2001년부터 개발제한구역을 해제하기 시작한다. 우선 시가지 확산 가능성이 적고 환경 훼손의 우려도 적은 춘천, 청주, 전주, 여수, 진주 등 7개 지방 중·소도시권의 개발제한구역이 2003년까지 전면 해제되었다. 그리고 수도권, 부산권, 대구권, 광주권, 대전권, 울산권 등 7개 대도시권의 경우에는 지방자치단체별로 실시하는 환경영향평가 결과와 도시여건을 감안하여 개발제한구역을 조정하기로 하였으며, 이에 따라 부분적으로 해제를 추진해 오고 있다. 개발제한구역으로 지정되었다가 해제된 물량은 2013년에 전체 개발제한구역의 약 30% 정도에 해당하는 것으로 나타나고 있다.[12]

## 1.2) 수도권정비 권역 설정

수도권으로의 과도한 인구 및 산업의 집중으로 말미암아 도시화가 무질서하게 전개되면서 심각한 사회적 문제를 양산하고 있다. 수도권의 계획적인 관리 필요성이 크게 불거지는 이유이다. 따라서 정부는 수도권의 계획적 공간정비를 도모하기 위해 1982년 수도권정비계획법을 제정하고, 1982년에서 1996년까지를 계획기간으로 하는 '제1차 수도권정비계획'을 수립하게 된다. 동 계획에서는 수도권을 권역 특성과 규제 필요성에 따라 5개 권역으로 구분하여 토지이용행위를 제한하고 있다. 이전촉진권역, 제한정비권역, 개발유보권역, 개발유도권역 및 자연환경보전권역 등이 그것이다.

이와 같은 5개 권역은 '신경제5개년계획'을 반영하여 이루어진 1994년의 수도권정비계획법 개정으로 3개 권역으로 통폐합되게 된다. 종래의 이전촉진권역과 제한정비권역을 통합하고, 그 규제수준은 종래의 이전촉진권역의 수준에 맞추었다. 또 개발유보권역은 전체의 66%가 군사시설보호구역으로 지정되어 있어 어차피 개발이 제한되고 있었다. 그래서 개발유도권역과 통합하여 성장관리권역으로 지정함으로써 중복규제를 완화하려고 하였다. 이와 함께 수도권의 국제기능 강화를 위해 과밀억제권역 내 관련시설의 입지를 허용하고 있다. 대신에 중소규모의 제조업과 교육기능은 성장관리권역에 배치함으로써 수도권 내에서의 지역 간 격차를 완화하고자 하였다.

과밀억제권역은 서울과 인접 지역으로 지정되어있다. 인구 및 산업이 과도하

---

12 개발제한구역 지정현황을 보면 2013년 5월말 기준으로 1,528.826㎢를 해제하여 3,868.284㎢가 유지되고 있는 것으로 나타나고 있다.

게 집중되었거나 집중될 우려가 있어 정비할 필요가 있는 지역을 과밀억제권역으로 지정하고 있다. 성장관리권역은 수도권의 남부와 북부로 양분되어 있는데, 개발밀도가 상대적으로 낮고 성장의 필요성이 높은 지역을 대상으로 설정하였다. 이 지역은 과밀억제권역으로부터 이전하는 인구 및 산업을 계획적으로 유치하고, 아울러 산업의 입지와 도시개발을 적정하게 관리하기 위해 지정하였다. 자연보전권역은 수도권 주민의 용수원인 한강수계 유역을 포함하는 지역으로서 한강수계의 수질, 녹지 등과 같은 자연환경의 보전이 필요한 지역이다.

제2차 수도권정비계획(1995~2011년)[13]에서는 지역특성에 따라 구분된 권역별 정비방향을 다음과 같이 구상하고 있다. 첫째, 과밀억제권역에서는 기존 시가지를 재정비하고, 위성도시의 자족기능을 확충해가는 방향으로 공간구조를 전환할 필요가 있음을 지적하고 있다. 이러한 필요에 부응해서 도심 부적격시설인 시외버스터미널이나 대규모 물류유통센터는 방향별로 서울 외곽에 분산입지하도록 하고 있다. 기존의 공업지역도 재정비하도록 하며, 그 일환으로 공업지원 기능을 갖춘 복합단지를 적극 조성해 나가도록 하고 있다.

둘째, 성장관리권역에서는 지역중심지의 중추기능 강화와 쾌적하고 편리한 생활공간 창출을 우선시 하고 있다. 이런 맥락에서 중심지 특성별로 요구되는 업무·서비스 기능을 강화하며, 주변배후지와의 연계체계 또한 강화하도록 하고 있다. 무질서한 시설 입지는 규제되어야 하지만 수도권 입지가 필요한 공장의 경우에는 성장관리권역에서 수용될 수 있게끔 해나가며, 원칙적으로 계획입지를 유도하되 자유입지는 불가피한 경우에 제한적으로 허용하고 있다.

셋째, 자연보전권역은 환경보호와 수질오염 방지가 지정 목적이다. 따라서 무질서한 시설 입지는 규제해 나간다고 한다. 그리고 권역 내 중심지를 대상으로 특성별 업무와 서비스 기능을 강화함으로써 주변 배후지를 도농통합 차원에서 폭넓게 연계·포섭해나가며, 적정수준의 택지와 생활기반시설 및 경제기반유지 시설의 확

---

13 제1차 수도권정비계획은 1984년 고시되었으며, 수도권을 5개 권역으로 구분하여 광역적인 토지 이용규제를 하였다. 그러다가 1993년에 그간의 여건변화를 수용하여 수도권정비계획법이 대폭 개편되게 되며, 이러한 수도권정비계획법의 개편에 따라 제2차 수도권정비계획이 수립되게 된다.

그림 13-2 수도권 정비권역 구분도

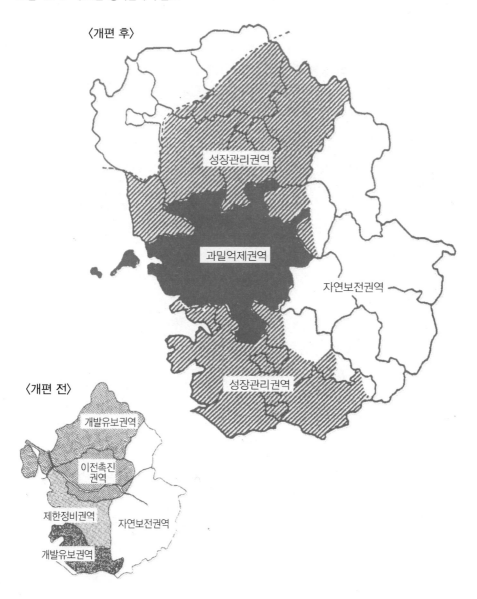

〈개편 후〉

성장관리권역

과밀억제권역

자연보전권역

성장관리권역

〈개편 전〉

개발유보권역

이전촉진
권역

제한정비권역

자연보전권역

개발유보권역

보도 필요하다고 한다. 반면에 대규모 개발 행위는 수질오염과 환경파괴의 위험
이 높으므로 억제하도록 하고 있다.

이러한 정비구상에 따라 제시된 구체적인 권역별 토지이용 규제 내용을 보면 〈표 13-2〉와 같다.

표 13-2 제2차 수도권정비계획에 의한 권역별 규제내용 ─────────

| 구 분 | 과밀억제권역 | 성장관리권역 | 자연보전권역 |
|---|---|---|---|
| 대 학 | 총량관리<br>- 신·증설 및 증원금지 | 과밀억제권역과 동일 | 과밀억제권역과 동일 |
| 대형<br>건축물 | 과밀부담금 부과 | 규제폐지 | 환경부와 협의후 허용 |
| 공 장 | 총량관리<br>- 대기업공장 신설금지 | 과밀억제권역과 동일<br>(과밀억제권역보다 많이<br>설정) | 과밀억제권역과 동일<br>(중소기업 첨단공장 허용) |
| 공공<br>기관 | 과밀부담금 + 물리적규제 | 신설은 심의 후 허용<br>(과밀억제권역에서의 이전은<br>심의없이 허용) | 심의 후 허용 |
| 연수<br>시설 | 금 지<br>(단 학원은 서울도심 금지) | 신설은 심의 후 허용<br>(과밀억제권역에서의 이전은<br>심의없이 허용) | 일부 시설만 허용 |
| 공업<br>용지 | 신규조성은 금지하되<br>기존면적 내에서<br>위치 변경은 허용 | 신규조성 허용<br>수도권정비계획에 따라<br>계획적으로 배치 | 환경부와 협의 후 시·군별<br>36만㎡ 이내 허용 |
| 택지<br>조성 | 100만㎡ 이상 심의 후 허용 | 과밀억제권역과 동일<br>(심의 시 과밀억제권역보다<br>완화) | 환경부와 협의 후<br>30만㎡ 이하 허용 |
| 관광지<br>조성 | 30만㎡ 이상 심의 후 허용 | 과밀억제권역과 동일<br>(심의 시 과밀억제권역보다<br>완화) | 환경부와 협의 후 허용 |

자료: 김용웅외, 『지역개발이론과 실제』, 1998, 국토개발연구원, 245.

## 2) 수도권 입지 및 개발 규제

수도권 집중억제 시책의 또 다른 정책수단으로서는 대형건축물 및 공장 신·증설 억제, 대규모 개발사업의 규제 등을 들 수 있다. 1994년 수도권정비계획법이 개정되기 전에는 인구집중 유발시설의 수도권 내 신·증설 시 개별 사안별로 수도권정비심의위원회의 심의를 거치도록 하였다. 인구집중 유발시설에 대한 이러한 물리적 입지규제 방식은 수단의 경직성과 획일성에 오는 여러 가지 부작용을 초래하게 된다.[14]

1994년에 수도권정비계획법이 개정되면서는 수도권 규제의 기본 틀이 경제적이고 간접적인 방식으로 전환되게 된다. 공장과 대학에 대해서는 총량관리제도를 도입하였으며, 일정규모 이상의 업무·판매시설이나 공공시설에 대하여는 입지에 따른 과밀부담금을 부과하도록 하는 방식으로 바뀌게 된다.[15]

## 2.1) 과밀부담금 부과

과밀부담금은 과밀억제권역 내에서 업무용 및 판매용건축물, 공공청사, 복합용 건축물의 신축·증축 및 용도변경 시 지불하여야 하는 일정액의 부담금을 지칭한다. 대신에 그동안 대형건축물의 허가 신청 시에 거쳐야 했던 수도권정비심의위원회의 심의과정을 폐기함으로써 물리적인 규제로 인한 부작용을 최소화하도록 했다. 일정규모 이상의 대형 건축물에 대한 과밀부담금 부과액은 추가면적(또는 기준면적) 건축비의 10/100으로 하되, 지역여건에 따라 건축비의 5/100까지 조정할 수 있도록 하고 있다.

## 2.2) 총량규제

총량규제 제도는 공장, 학교, 기타 인구집중유발시설이 수도권에 과도하게 집중하는 것을 방지하기 위하여 신·증설 총 허용량을 사전에 결정해 놓는 제도를 말한다. 총량규제는 공장에 대한 총량규제와 학교에 대한 총량규제가 있다. 공장에 대한 총량규제는 공장건축물의 신축·증축 또는 용도변경 면적을 기준으로 적용한다. 정부는 공장건축 추이, 공업단지 등 공장설립 대상지역을 감안하여 매년

---

14 대형건축물에 대한 통제는 분할 건축을 유발하여 오히려 과밀을 조장하는 결과를 초래하게 되었다. 또 수도권 집중억제를 위한 주택 및 도로에 대한 투자억제는 주택난에 의한 주택가격의 급등과 극심한 교통체증 현상을 초래한 주요 원인으로 지적되기도 한다.
15 김용웅외, 『지역개발 정책의 이론과 실제』, 국토개발연구원, 1998, pp. 246-250.

수도권정비위원회의 심의를 거쳐 서울특별시, 인천광역시, 경기도의 공장 신·증축 또는 용도변경의 총 허용량을 결정하여 관보에 고시하여야 하며, 이를 변경할 때도 이러한 절차를 거쳐야 한다. 시·도지사는 필요시 공장 건축 총량을 시·도별 총 허용량의 범위 내에서 지역별로 할당할 수 있으며, 이를 시·도에서 발행하는 공보에 고시하여야 한다. 공장건축 총 허용량을 초과하여 공장이 과도하게 건축될 우려가 있을 때에는 수도권정비위원회의 심의를 거쳐 업종·규모·기간을 정하여 시·도의 공장 신·증축 및 용도변경을 제한할 수 있다.

대학에 대한 총량규제는 대학 정원의 증원규모 제한을 의미한다. 대학, 교육대학, 사범대학의 입학정원의 증원과 입학정원이 50인 이내인 대학의 신설 허용 여부 및 총 증가 수에 대하여는 수도권정비위원회의 심의를 거쳐 정하도록 되어 있다.

### 3) 지방 분산 촉진[16]

### 3.1) 공공기관의 분산

공공기관의 분산 및 지방이전은 수도권 집중억제를 위한 핵심적인 정책수단의 하나로 오래 전부터 채택되어 왔다. 이런 배경에서 지금까지 수차례에 걸쳐 공공기관의 지방이전이 추진되었다. 첫 번째는 1973년 경제기획원에 의해 추진되었는데, 정부연수기관, 시험 및 검사소 등 정책수립 및 집행과 직접 관계가 없는 2차관서와 공사, 정부투자기관의 본사 등이 그 대상이었다. 두 번째와 세 번째는 1980년과 1985년 총무처가 마련한 공공기관 이전계획으로서 2차계획에 의해 8개 기관, 3차계획에 의해 1개 기관이 이전한 것으로 나타난다. 이후 대전의 둔산 신도시 건설과 관련하여 네 번째 이전계획이 수립되게 된다. 이에 따라 1998년부터 통계청을 비롯한 8개 외청과 정부기록보존소 등 3개 기관 등 총 11개 기관이 이전하였다.

그러다가 최근에는 강력한 지역균형발전에 대한 정책의지에 힘입어 공공기관

---

16 김용웅 외, 전게서, pp. 250-255.

의 분산이 광범위하게 추진되기에 이른다. 2005년 위헌판결을 받은 신행정수도건설법의 후속 법인 '행정중심복합도시건설 촉진법'과 2004년에 마련한 '공공기관 지방이전에 따른 혁신도시 건설 및 지원에 관한 법률'에 의해 정부와 공공기관의 지방이전이 대규모로 이루어지게 된다. 이러한 정부 및 공공기관의 이전으로 행정중심복합도시인 세종특별자치시가 새로 건설되었으며, 또 지역별로 이전해 온 공공기관을 중심으로 전국적으로 10개 혁신도시들이 새로 조성되었다.[17]

### 3.2) 대학의 이전 및 정원규제

대학의 이전계획은 수도권 집중억제를 위한 대표적인 분산시책의 하나이다. 서울 인구집중의 가장 큰 요인의 하나로 언제나 자녀교육문제가 지적되어 왔다. 따라서 서울의 인구집중억제시책이 추진되던 초기단계에서부터 서울과 지방 간의 교육서비스 수준 격차 해소에 많은 노력을 기울여 왔다. 이러한 노력의 일환으로 단 한차례에 불과했지만 대학의 지방이전이 시도되기도 하였다. 1972년 정부에서 마련한 대도시 인구분산 계획에 따라 총 15개 대학이 지방으로 이전하거나 타 지역에 분교를 설치하게 된다. 그러나 이중 많은 대학들이 수도권 내에 자리함으로써 수도권의 집중억제와 지역균형개발에는 크게 기여하지 못한 것으로 평가되고 있다.

대학이전 계획과 함께 추진된 것이 수도권 내 대학정원의 규제이다. 수도권 내 대학을 대상으로 이루어진 정원 규제는 수도권 시책 중 가장 효과적인 대책으로 평가되고 있다. 뿐만 아니라 처음부터 흔들림 없이 추진된 일관성 있는 시책으로도 꼽히고 있다. 수도권 내 대학정원의 전국 비율은 1980년 43.3%에서 1990년에는 54.7%로 늘었다가 최근인 2013년에는 그 비율이 34.8%로 크게 줄어든 것으로 나타나고 있다.

오히려 지방에 비해 역차별을 받고 있다는 주장까지 나오고 있다. 수도권규제로 말미암아 수도권 내 고등교육 수요의 상당부분을 지방의 교육시설에 의존하는 결과를 낳고 있으며, 이로 인해 장거리 통학에 따른 막대한 사회적 비용이 초

---

17 자세한 내용은 제12장 제5절을 참조할 것.

래되고 있다는 지적이 그것이다.

### 3.3) 공장이전 및 분산

공장이전 및 분산시책도 수도권 집중억제 시책에서 채택하고 있는 중요한 수단의 하나이다. 정부는 1969년 대도시 내 용도위반 업체에 대한 이전계획을 발표하면서 서울로부터 이전하는 업체에 대해 조세감면 혜택을 부여하였다. 그 후 공장이전시책은 1977년에 입안한 '대도시인구재배치 기본계획'에 의하여 보다 구체화되기에 이른다. 그 일환으로 1977년에는 공업배치법이 제정되었으며, 그러면서 다양한 기업의 지방입지 촉진대책이 제도적으로 제공되기에 이른다. 이와 함께 서울의 이전공장을 수용하기 위한 차원에서 반월 신공업도시 건설이 추진되기도 하였다.

이러한 공장 이전 지원조치에도 불구하고 극히 일부만이 외곽이나 지방으로 이전하였다. 1,000여 개에 달하는 이전대상 공장 중 대부분은 이전하지 않은 것으로 나타나고 있다. 이와 같이 공장의 지방이전이 부진하였던 것은 무엇보다 이전대상인 용도 위반업체들이 대부분 영세하였기 때문으로 풀이한다. 중소 영세기업은 그 속성 상 대도시를 떠나서는 판로개척, 종업원 확보, 원부자재 구입 등에 큰 애로가 따르는 관계로 기업의 생존 자체를 가늠하기 어려운 지방이전을 쉽게 결정 할 수 없다는 것이다.

따라서 정부는 1990년에 이전대상이 되는 무허가 공장들을 부득이 양성화하기에 이른다.[18] 뿐만 아니라 동년에는 공업배치법 시행령을 개정하여 수도권 내 공업입지 허용범위를 대폭 넓히는 전기를 마련하게 된다. 1977년 당시 허용대상 업종이 12개였는데, 이제 190개 업종으로 크게 확대되게 된다. 또한 규제대상 공장규모도 5인 이상에서 16인 이상으로 개정하여 그 범위를 축소하였다.

---

18 이러한 양성화 조치의 일환으로 1990~1991년도에 무허가 공장 13,394개소를 양성화하였다.

**5** 수도권정책의 평가

그동안 30여 년에 걸쳐서 꾸준히 추진되어온 수도권인구분산정책의 결과를
정확히 평가하기는 대단히 어렵다. 그러나 대체로 많은 연구들은 그 성과에 대해
서 거의 일치된 견해를 보이고 있다. 그동안 수도권 정책 추진으로 일부 부문에서
는 어느 정도의 성과가 있기는 하지만 전반적으로는 기대한 것만큼의 성과를 거
두지 못했다고 하는 견해가 그것이다.

부분적이기는 하지만 성과가 있었다고 보는 부문으로서는 제조업의 지방분
산, 서울의 교육기능 집중도의 완화, 그린벨트 정책의 강력한 추진으로 인한 대도
시의 공간적 확산 억제 등을 지적하고 있다.

반면에 부정적인 의견이 압도적으로 많이 제시되고 있다. 수도권 내 공장의
지방이전은 부진하며, 나아가 그 명분으로 지방공업단지를 과다 조성함으로써 유
휴화를 초래한 점 등이 문제로 지적되고 있다. 또 도심지 학교의 외곽이전은 이전
의 학교부지에 고층의 업무용 빌딩이 들어서게 함으로써 오히려 역효과를 낳았다
고도 한다. 인구집중을 억제하기 위해 도입된 정책이 거꾸로 인구집중과 교통혼
잡을 유발하는 결과를 가져왔다는 것이다. 또 서울 소재 대학의 이전과 지방분교
의 설치 정책은 계획보다 부진했다고 하며, 이전했다 하더라도 상당수가 서울과
인접한 수도권 내에 위치하여 인구분산 효과는 별로 없었다고 한다. 오히려 서울
에서의 통근, 통학현상 만연으로 사회적 비용 부담을 가중시켰다는 비판이 제기
되고 있다.

수도권 집중억제 정책이 그리 효과적이지 못한 평가를 받으면서 여러 가지
문제들이 지적되고 있다. 무엇보다도 경제적 효율성과 지역 균형개발 가치들이
수도권 정책을 둘러싸고 서로 충돌하면서 근원적 문제들이 제기되고 있다.[19]

---

19 국토개발연구원, 『국토50년』, 1996, pp. 306-308.

## 1) 정책목표의 적실성 문제

수도권 인구분산정책의 적실성과 관련하여 보다 근본적인 두 가지 의문이 제기되고 있다. 첫째는 그 동안의 인구분산정책이 우리나라가 처해 있었던 발전단계로 보아 바람직한 것이었나 하는 의문이다. 인구분산 문제가 처음으로 거론되기 시작한 1964년은 농업중심 사회에서 공업화가 막 시작되려던 시기이다. 발전단계 상으로 보면 전이단계에 해당한다. 이 시기는 낮은 자본축적, 낙후된 기술수준 그리고 자연자원의 부족이라는 불리한 여건을 극복하면서 빠른 경제성장을 이루어야하기 때문에 능률의 극대화와 집적 이익의 추구가 무엇보다 필요했던 때였다. 자연히 효율의 극대화가 모든 정책의 최우선 목표였던 그러한 시기였다. 그러한 관점에서 보면 수도권 인구분산 정책은 장기적이고 궁극적인 목표는 될 수 있었을지 모르지만 단기적으로 당장 해결해야 할 최우선 과제는 아니었던 것이다.

둘째는 지난 1960년대, 1970년대에 겪었던 우리나라의 도시화 추세에 비추어 볼 때 대도시의 인구집중 현상을 정책적으로 억제하는 것이 과연 가능한 것이었나 하는 의문이다. 전 세계의 거의 모든 개발도상국들에서 급속한 도시화를 완화시키고 대도시의 인구집중을 억제하기 위한 정책노력들을 경주하여 왔지만, 이들 정책들이 성공한 예는 그리 흔치 않다. 그 이유는 한마디로 빠른 도시화의 속도를 늦추는 것이 국가의 발전에 도움이 되지도 않을 뿐더러 현실적으로 도시화의 추세를 인위적으로 조정한다는 것이 거의 불가능에 가깝기 때문이다.

## 2) 수도권 문제 성격의 이중성

수도권 문제는 근본적으로 서울시의 인구과밀에 따른 수도권 내에서의 정비문제와 수도권과 수도권 이외 지역 즉, 지방과 외국과의 관계에서 발생하는 문제와 관련된 이중적인 성격을 띠고 있다. 그러나 지금까지의 수도권 정책에서는 이 두 가지 문제 성격이 분명히 구분되지 못한 채 추진되어 정책적 혼선을 초래한 측면이 있었음을 부인할 수 없다.

## 3) 수도권정책 전략상의 문제

기존의 수도권 정책 기조는 서울에 집중되어 있는 인구, 시설, 기능을 전국적으로 분산, 이전하는 데에 정책의 초점을 두고 있었다. 반면에 자생적으로 인구의 지방정착을 유도하기 위한 지역개발 정책을 마련하는 데는 미흡했음이 지적되고 있다.

수도권 정책의 효과는 수도권 이외 지역에서 자주적 성장 여건이 여하히 효과적으로 마련되었느냐 하는 문제에 달려있다. 그럼에도 수도권정책은 이러한 측면을 불식한 채 수도권에 대한 규제와 억제를 통해서 비수도권 지역의 개발을 유도하고 촉진시키고자 했다. 그 결과는 역시 수도권정책 그 자체의 분산노력만으로는 그 반대로 작용하는 수도권으로의 유인되는 힘을 억누르기에 역부족이었음을 보여주고 있다. 예컨대 수도권의 공장 신·증설 억제 조치는 궁극적으로 수도권이 유인하는 힘을 누를 수 없는 관계로 오히려 서울 및 주변지역의 무허가 공장입지를 양산한 결과를 가져왔다. 한때 서울인근 소재 공장의 50% 이상이 무허가 상태로 가동되는 기현상이 초래되기도 하였다.

### 4) 정책내용의 문제

때때로 현실적 여건과 흐름에 대한 충분한 고려 없이 인구분산 정책 프로그램이 도입되고 추진되는 관계로 정책목표와 내용 사이에 괴리를 보이는 경우도 종종 볼 수 있다. 그러다보니 정책내용을 변경하거나 아니면 예외 조치를 두게 되고, 그럼으로써 정책의 초점이 흐려짐은 물론이고 국민의 불신마저 사는 경우도 있다. 이렇게 해서는 그 정책목표의 달성을 기대하기 어렵다.

한 손으로는 수도권과밀을 억제한답시고 공장입지를 제한하면서 또 다른 한 손으로는 경제활성화를 도모한다는 명분으로 공장입지 규제를 완화하는 여러 가지 조치가 이루어지고 있다. 앞서 봤듯이 수도권에 입지 가능한 도시형 업종의 범위가 1977년에 12종에 불과하던 것이 1990년에는 190개 업종으로 확대되면서 수도권 과밀억제 취지가 무색해지고 있다. 거기다가 규제대상인 공장규모 범위도 완화하고 있다. 1977년에는 5인 이상 공장이 규제대상이었으나 1990년에는 16인 이상으로 그 범위가 상향 조정되었다. 그리고 무허가 공장의 양성화 조치로 1990~1991년 기간에 수도권 내 13,394개의 무허가 공장이 양성화되게 된다.

또 기술계 인력 양성이라는 이유로 수도권 내 이공계 대학의 정원을 1992년부터 5년간 2,000명씩 증원하도록 하는 조치가 이루어지기도 하였다. 수도권 대학 정원 억제라는 수도권정책 기조와 정면으로 배치되는 조치이다. 이러한 일관성없는 정책들이 지속적으로 나타나면서 수도권 집중억제 정책효과를 반감시키고 있다.

# 제3절
## 낙후지역개발 정책: 특정지역계획과 개발촉진지구 지정

우리나라의 낙후지역 개발을 위한 정책 수단으로서는 대표적으로 특정지역계획과 개발촉진지구 지정을 들 수 있다. 특정지역계획은 1963년도에 제정된 국토건설종합계획법 제6조에 근거하여 수립되고 추진되었다. 1980년에는 '특정지역종합개발에 관한 특별조치법'을 별도로 제정하여 특정지역개발에 관한 근거법을 직접적으로 마련하게 된다.

개발촉진지구 지정은 1994년 제정된 '지역균형개발 및 지방중소기업 육성에 관한 법률'에 의하여 이루어지고 있다. 이 법이 제정되면서 기존의 '특정지역종합개발에 관한 특별조치법'은 폐지되게 된다. 이제는 개발촉진지구 개발이 낙후지역 개발 정책의 맥을 이어가는 대표적인 정책수단으로 자리하고 있다.

### 1 특정지역계획

특정지역 지정의 근거법인 국토건설종합계획법 제6조에 따르면 '특정지역이란 자원의 이용이나 개발이 충분히 되어있지 아니한 지역, 산업의 조성이나 재해의 방제를 특히 필요로 하는 지역, 기타 국가의 특별한 경제·사회적 목적을 달성하기 위하여 필요한 지역'이라고 규정하고 있다. 특정지역계획은 이러한 지역을 개발하기 위한 수단이고 방법이라고 할 수 있다.

특정지역은 1965년 서울·인천 특정지역의 지정을 시작으로 그동안 12개의 특정지역 지정이 있었다. 서울·인천 특정지역 지정에 이어 1966년에는 울산 특정지역, 그 이듬해에는 영산강 특정지역과 아산·서산 특정지역이 지정되었으며,

1976년에는 영동·동해 특정지역이 지정되었다. 1980년대에 들어서는 1982년에 제주도 특정지역, 태백산 특정지역, 다도해 특정지역, 지덕산(지리·덕유산) 특정지역 등 4개의 특정지역이 지정되었으며, 1985년에는 전남북과 경남북 내륙오지를 대상으로 하는 88고속도로 주변 특정지역을 지정하였다. 그리고 1990년에 와서는 휴전선일대의 통일동산 특정지역과 백제문화권 특정지역이 새롭게 지정되게 된다.

이러한 일련의 특정지역 지정 추진경위를 보면 시기별로 특정지역계획의 성격이 변화하고 있음을 읽을 수 있다. 1960년대는 특정지역계획이 활발하게 추진되던 시기였다. 이 시기 특정지역 지정은 두 가지 배경에서 이루어졌다. 하나는 서울·인천과 울산 등 개발잠재력이 큰 지역에서 공업단지를 개발하고, 또 그 파급효과를 주변지역으로 확산되게 하려는 것이었다. 다른 하나는 태백, 영산강, 아산·서산 등 지역에 부존하는 석탄과 수력자원을 개발함으로써 에너지 자원을 비롯한 기초자원을 조달하기 위한 것이었다.

1970년대에는 특정지역계획의 성격이 바뀌게 된다. 1960년대의 특정지역개발이 주로 자연자원의 개발에 중점을 두었다면 1970년대에는 이와 달리 관광자원의 개발에 역점을 두고 있다. 이렇게 그 성격이 변화하게 된 데는 두 가지 사실이 그 배경으로 작용하였다. 하나는 1972년부터 제1차 국토종합개발계획이 전국적으로 실시되면서 특정지역계획에서 역점을 두어온 자원개발, 사회간접자본의 투자, 공업단지조성 등과 같은 계획을 흡수하게 되었다. 그래서 특정지역계획에 대한 필요성이 크게 퇴색되게 된다. 다른 하나는 제1, 2차 경제개발 5개년계획의 성공적 추진으로 국민소득이 증가하면서 관광에 대한 국민들의 관심과 수요가 크게 증가했다는 것이다.

1980년대는 그동안 시행되어 오던 특정지역들이 축소, 해제되기도 하고, 또 새로이 지정되기도 하는 등 특정지역정책에 일대 변화가 일어난다. 서울·인천 특정지역은 1982년 수도권정비계획에 포함되면서 해제되게 된다. 영산강 특정지역은 1982년에 일부가 해제되고 또 일부는 새로이 지정되었으며, 명칭도 다도해 특정지역으로 바뀌었다. 아산·서산, 영동·동해 특정지역은 1982년에 해제되었다. 제주도 특정지역은 1985년도에 제주도종합개발계획에 흡수되어 해제되었으며, 태백산 특정지역은 축소 조정되었다. 그리고 1985년에는 88고속도로 주변이 특정지역으로 새로이 지정되게 된다.

앞에서 봤듯이 1980년대는 특정지역계획이 전반적으로 정비되는 시기였다. 이 시기에 보이는 특정지역정책의 가장 큰 특징은 지역균형개발을 위한 낙후지역 개발에 역점을 두고 있다는 점이다. 1960년대와 1970년대의 특정지역계획은 그 목표를 공업입지조성과 자연자원개발, 그리고 관광자원 개발에 두고 있었다면 1980년대 특정지역계획은 앞의 1960년대 및 1970년대와는 분명 다른 모습을 보여주고 있다. 낙후지역이 특정지역 지정의 새로운 기준으로 등장하고 있으며, 특정지역계획에서는 그래서 낙후지역 주민들의 편익시설 확충을 크게 강조하고 있다.

이러한 정책의 변화는 그 시기에 대두된 당면한 지역문제를 반영하고 있다. 그때까지 국토개발의 기조는 투자의 효율성을 극대화한다는 명분으로 성장거점개발방식에 의존하는 패턴을 뚜렷이 보여주고 있었다. 그것은 결과적으로 빠른 성장을 가져오는 데는 일조를 한 것으로도 평가되고 있다. 그러나 성장의 과실이 지역 간에 고르게 분배되지 못하여 지역 간에 큰 격차를 가져오게 되고, 그것이 낙후지역 문제를 심화시켰다는 비판에 부닥치게 된다. 1980년대의 특정지역계획은 이러한 시대적 상황을 반영하여 낙후지역개발에 초점을 두는 방향으로 변화해 왔다.

1990년대에 들어서서는 특정지역계획이 지역균형개발보다는 다양한 목적을 수행하는 지역개발 촉진 수단으로 전환되게 된다. 이러한 의도로 2곳의 특정지역이 새로이 지정되게 되는데, 하나는 1990년에 지정된 통일동산 특정지역이고, 다른 하나는 1993년에 지정된 백제문화권 특정지역이다. 한편, 1990년대에는 대부분의 특정지역계획이 모두 종결되거나 폐지되게 되는 운명에 처하게 된다. 어떤 것은 계획기간이 완료되어 종결되고, 어떤 것은 국토개발계획과 수도권정비계획과 같은 관련 계획에 수용됨으로써 해제되었다. 또 어떤 것은 추진과정에서 문제점이 노출되어 폐지되기도 하였다.

그리고 이 시기 새로 지정된 특정지역도 1994년 '지역균형개발 및 지방중소기업육성에 관한 법률'이 공포되면서 개발촉진지구로 수용되었다. 이로써 특정지역개발 정책은 30년 만에 그 역할을 다하고 막을 내리게 된다.

표 13-3 특정지역 지정 현황

| 특정지역 | 지정 일자<br>(지정 기간) | 지정 범위(면 적) | 비　　고 |
|---|---|---|---|
| 서울·인천 | 1965.1.11.<br>(30년) | 서울시 전역<br>경기도 일부지역<br>(3,325㎢) | 1982.12.18. 수도권정비계획 반영<br>으로 해제 |
| 울산 | 1966.7.20.<br>(7년) | 경남 울산시 및 울산군<br>(1,006㎢) | 1973.7.20. 기간만료로 해제 |
| 영산강 | 1967.2.1.<br>(30년) | 전남도 일부지역<br>(2,322㎢) | 1982.12.18. 다도해특정지역으로<br>구역정비와 명칭 및 내용변경으로<br>해제 |
| 아산·서산 | 1967.2.1.<br>(30년) | 경기 및 충남도 일부지역<br>(3,914㎢) | 1982.12.18. 해제 |
| 영동·동해 | 1976.4.16.<br>(30년) | 강원도 일부지역<br>(4,479㎢) | 1982.12.18. 해제 |
| 제주도 | 1982.12.18.<br>(10년) | 제주도 전역<br>(1,825㎢) | 1992년 기간만료로 해제하고 별도의<br>제주도종합개발계획 시행 |
| 태백산 | 1982.12.18.<br>(10년) | 강원도 및 충북도 일부<br>(2,913㎢) | 1992년 기간 만료로 해제 |
| 다도해 | 1982.12.18.<br>(10년) | 전남 서·남부해안 및<br>도서지역(2,237㎢) | 1985.3.7. 계획확정<br>1995년까지 연장 시행 |
| 지덕산 | 1982.12.18.<br>(10년) | 전북, 경북, 경남도 일부<br>(2,337㎢) | 1985.3.7. 구역조정 및 명칭변경<br>(88고속도로주변)으로 해제 |
| 88고속도로<br>주변 | 1985.3.7.<br>(7년) | 전남·북, 경남·북 내륙<br>오지(4,317㎢) | 1986.12.8. 계획확정 |
| 통일동산 | 1990.5.10.<br>(2001년까지) | 경기도 파주군 일부지역<br>(119.14㎢) | 1995년 현재 개발촉진지구로 지정<br>(균형개발법에서 수용 시행) |
| 백제문화권 | 1993.6.11.<br>(2001년까지) | 공주시, 부여군 전역 및<br>논산군, 익산군 일부<br>(1,915.46㎢) | 1995년 현재 개발촉진지구로 지정<br>(균형개발법에서 수용 시행) |

자료: 건설부 『국토이용에 관한 연차보고서』, 1994.

## 2 개발촉진지구의 지정

특정지역개발 사업이 종결단계에 이르면서 그 근거법인 '특정지역종합개발에 관한 특별조치법'은 폐지되기에 이른다. 대신에 이 법을 대체하는 새로운 낙후지역 개발 제도로서 1994년에 '지역균형개발 및 지방중소기업 육성에 관한 법률'이 제정된다. 이법에 의한 개발촉진지구의 지정 및 개발이 이제 새로운 낙후지역 개발 수단으로 등장하게 된 것이다.

개발촉진지구는 개발수준이 다른 지역에 비해 현저하게 낮은 지역의 개발을 촉진하게 위해 지정된다. 개발촉진지구의 도입 배경은 크게 2가지 측면에서 설명할 수 있다. 하나는 종래의 특정지역계획 제도가 정부 중심으로 운영되면서 지방의 참여를 유도하지 못했다는 것이고, 다른 하나는 기존의 특정지역계획 제도가 지역지정의 기준이나 지원수단이 구체화되지 않은 관계로 매우 비효율적이었다는 것이 그것이다.

개발촉진지구는 단순히 소외된 낙후지역의 개발뿐만 아니라 산업구조의 전환으로 인해 지역산업이 급격히 쇠퇴하는 침체지역을 대상으로 하고 있으며, 또 도시와 연계개발이 요구되는 지역, 그리고 지역 간 균형개발을 위하여 생산 및 생활환경의 정비가 필요한 지역 등을 대상으로 지정하도록 하고 있다. 이에 따라 개발촉진지구는 대상지역의 특성에 따라 낙후지역형, 도농통합형, 균형개발형 등으로 유형을 구분하여 특성있는 개발이 이루어지도록 하고 있다.

이러한 유형별 개발촉진지구는 다음과 같은 기준에 따라 선정되고 있다. 첫째, 낙후지역형은 개발수준이 타 지역에 비해 현저히 낮은 지역으로서 인구증감율, 재정자립도, 평균지가, 제조업종사자인구비율, 도로율 등 5개 지표 가운데 2개 이상이 전국 하위 20% 이하에 속하는 시·군을 대상으로 지정한다. 둘째, 도농통합형은 일반적으로 개발수준이 상대적으로 낙후되고, 향후 지역경제구조의 변화가 예상되는 도농통합시 지역을 대상으로 지정한다. 지역산업의 급격한 쇠퇴로 새로운 소득기반의 조성이 필요한 곳으로서 인근 도시지역과 연계하여 개발이 필요한 지역 등이 여기에 해당한다. 셋째, 균형개발형은 전력, 용수 등 입지여건이 양호하여 개발효과가 크게 기대되는 지역과 복합단지 개발 사업이 추진되고 있는 지역, 그리고 복합단지와 연계하여 그 인근지역에 집중적인 개발이 필요한 지역 등에 지정한다.

　개발촉진지구 개발은 광역자치단체에 의해 개발계획 및 실시계획이 수립되고 또 집행되도록 하고 있다. 개발촉진지구 규모는 최소한 150㎢ 이상으로 하되, 자원 및 공간범위의 한정을 위하여 광역시 및 도는 총면적의 10% 범위 내에서 지정하며, 매년 광역자치단체 면적의 2% 범위 내에서 승인하도록 하고 있다.

　개발촉진지구에 대해서는 행정·금융·세제지원과 수익성 제고를 위한 사업권 부여 등 각종 지원방안을 강구하고 있다. 접근도로 등 기반시설 설치비용 지원, 개발촉진지구 내에서 영위하는 관광사업 등 시행자에 대해 소득세·법인세 등 국세와 취득세·등록세 등 지방세의 면제 및 감면 혜택 등을 부여하도록 하고 있다. 그밖에도 실시계획이 승인되면 산림법, 농지법 등 22개 법률에 의한 인·허가를 받은 것으로 의제하며, 경우에 따라서는 토지수용권까지 부여하는 등 행정절차상의 편의도 제공하고 있다.

　또한 중앙정부 역할은 각종 지원책만을 제공하는 데 그치고, 실질적인 계획의 수립과 집행은 지방자치단체와 민간에 이양하여 시행하는 추진체계를 취하였다. 민간의 창의와 투자를 촉진하도록 하기 위함이다. 이전의 특정지역 개발제도는 지역적 특성에 대한 고려가 부족하고, 또 중앙정부 주도로 이루어졌기 때문에 지방과 민간부문의 참여가 부족했었다는 비판이 제기되곤 했었다.

　개발촉진지구 지정은 광역시와 수도권을 제외한 지역을 대상으로 하고 있으며, 낙후지역형이 주로 지정되고 있다. 낙후지역형 개발촉진지구는 1996년 7개 지구 지정을 시작으로 2001년까지 5차에 걸쳐 총 31개 지구가 지정되었다. 지정면적을 도 면적의 10% 이내로 제한하고 있어 낙후지역 비율이 높은 강원도, 경상도, 전라도 등은 2001년에 지정이 완료되었다. 따라서 2004년~2005년에는 충청도에서만 지구 지정이 이루어지게 된다. 그러다가 2006년부터는 도 면적의 20% 이내에서 지정할 수 있도록 기준이 완화됨으로써 지구지정이 다시 늘어나고 있다.

표 13-4 개발촉진지구 지정 내역 총괄(2003년 11월 현재)

| 구 분 | | | 1차(7개) | 2차(7개) | 3차(6개) | 4차(6개) | 5차(5개) | 도별 면적 |
|---|---|---|---|---|---|---|---|---|
| | | 사업기간 | '95~'03 | '97~'05 | '96~'04 | '96~'05 | | |
| | | 차수별면적합 | 1,674.1㎢ | 1,557.7㎢ | 1,364.7㎢ | 1,456.8㎢ | 985.8㎢ | 7,039.1㎢ |
| 낙후지역형 | 강원도 | 지구명 | 탄광지역 | 영월·화천 | 평창,인제,정선 | 양구·양양 | 횡성 | 16,591.9㎢ |
| | | 해당시군 | 태백삼척영월정선 | 영월, 화천 | 평창,인제,정선 | 양구, 양양 | 횡성 | |
| | | 지구면적 | 436.9㎢ | 325.8㎢ | 252.7㎢ | 249.7㎢ | 180.0㎢ | 1,445.1㎢ (8.6%) |
| | | 지구지정 | '96.4.12 | '97.10.24 | '98.12.30 | '00.2.10 | '01.3.7 | |
| | | 개발계획 | '97.2.6 | '97.10.24 | '00.2.3 | '02.3.22 | | |
| | 충청북도 | 지구명 | 보은지구 | 영동 | | | | 7,432.7㎢ |
| | | 해당시군 | 보은군 | 영동 | | | | |
| | | 지구면적 | 135㎢ | 128.3㎢ | | | | 263.3㎢ (3.5%) |
| | | 지구지정 | '96.4.12 | '97.10.24 | | | | |
| | | 개발계획 | '96.4.12 | '97.10.24 | | | | |
| | 충청남도 | 지구명 | 청양지구 | 홍성 | 태안 | 보령 | | 8,584.8㎢ |
| | | 해당시군 | 청양군 | 홍성 | 태안 | 보령 | | |
| | | 지구면적 | 150㎢ | 150㎢ | 126.4㎢ | 150㎢ | | 576.4㎢ (6.7%) |
| | | 지구지정 | '96.4.12 | '97.10.24 | '98.12.30 | '00.2.10 | | |
| | | 개발계획 | '96.4.12 | '97.10.24 | '98.12.30 | '01.9.28 | | |
| | 전라북도 | 지구명 | 진안·임실 | 장수 | 순창 | 고창 | 무주 | 8,047.5㎢ |
| | | 해당시군 | 진안,임실 | 장수 | 순창 | 고창 | 무주 | |
| | | 지구면적 | 160.8㎢ | 156.8㎢ | 159.2㎢ | 154.3㎢ | 150㎢ | 781.1㎢ (9.7%) |
| | | 지구지정 | '96.4.12 | '97.10.24 | '97.10.24 | '97.10.24 | '97.10.24 | |
| | | 개발계획 | '96.4.12 | '97.10.24 | '98.12.24 | '00.2.3 | | |
| | 전라남도 | 지구명 | 신안·완도 | 곡성·구례 | 장흥·진도 | 보성·영광 | 화순·강진 | 11,963.8㎢ |
| | | 해당시군 | 신안,완도 | 곡성, 구례 | 장흥, 진도 | 보성, 영광 | 화순, 강진 | |
| | | 지구면적 | 180㎢ | 232.1㎢ | 210.2㎢ | 240.0㎢ | 237.8㎢ | 1,100.1㎢ (9.2%) |
| | | 지구지정 | '96.4.12 | '97.10.24 | '98.12.30 | '00.2.10 | '01.3.7 | |
| | | 개발계획 | '96.4.12 | '97.10.24 | '98.12.30 | '02.3.22 | '02.11.22 | |
| | 경상북도 | 지구명 | 소백산주변 | 산악휴양형 | 중서부평야 | 안동호주변 | 동해연안 | 19,022.9㎢ |
| | | 해당시군 | 봉화,예천,문경 | 영주, 영양 | 상주, 의성 | 안동, 청송 | 울진, 영덕 | |
| | | 지구면적 | 380.4㎢ | 329.4㎢ | 406.2㎢ | 452.6㎢ | 253.3㎢ | 1,821.9㎢ (9.6%) |
| | | 지구지정 | '96.4.12 | '96. 4.12 | '96.4.12 | '96.4.12 | '96.4.12 | |
| | | 개발계획 | '96.4.12 | '97.10.20 | '98.12.24 | '00.2.3 | | |
| | 경상남도 | 지구명 | 지리산주변 | 의령·합천 | 남해·하동 | 합천·산청 | 함양 | 10,513.3㎢ |
| | | 해당시군 | 하동,산청,함양 | 의령, 합천 | 남해, 하동 | 합천, 산청 | 함양 | |
| | | 지구면적 | 231㎢ | 235.3㎢ | 210.0㎢ | 210.2㎢ | 164.7㎢ | 1,051.2㎢ (10%) |
| | | 지구지정 | '96.4.12 | '97.10.24 | '98.12.30 | '00.2.10 | '01.3.7 | |
| | | 개발계획 | '96.4.12 | '97.10.24 | '98.12.30 | '02.3.22 | | |
| 도농통합형 | 강원도 | 지구명 | 강릉 | | 춘천 | | | |
| | | 해당시군 | 강릉 강동, 옥계면 | | 춘천 1개읍,7개면 | | | |
| | | 지구면적 | 90㎢ | | 235.3㎢ | | | |
| | | 지구지정 | '98.12 | | '01.3 | | | |
| | | 개발계획 | '98.12 | | | | | |
| 균형개발형 | 충청남도 | 지구명 | 아산만권 | | | 백제문화권 | | |
| | | 해당시군 | 아산배방, 천안불당 | | | 공주, 부여 | | |
| | | 지구면적 | 29,286㎢ | | | 150㎢ | | |
| | | 지구지정 | '98.12 | | | '00.2 | | |
| | | 개발계획 | '00.9 | | | '00.2 | | |

표 13-5  개발촉진지구 지정 현황(2003.11 현재)

| 구 분 | 강 원 | 충 북 | 충 남 | 전 북 | 전 남 | 경 북 | 경 남 |
|---|---|---|---|---|---|---|---|
| 1996(1차) | 탄광지역 | 보은 | 청양 | 진안·임실 | 신안·완도 | 문경·봉화 | 산청·하동 |
| 1997(2차) | 영월·화천 | 영동 | 홍성 | 장수 | 곡성·구례 | 영주·영양 | 의령·합천 |
| 1998(3차) | 평창·정선 | – | 태안 | 순창 | 장흥·진도 | 의성·상주 | 남해·하동 |
| 2000(4차) | 양구·양양 | – | 보령 | 고창 | 보성·영광 | 안동·청송 | 합천·산청 |
| 2001(5차) | 횡성 | – | – | 무주 | 화순·강진 | 울진·영덕 | 함양 |

### 3  낙후지역개발 정책의 평가

낙후지역 개발 제도로서 국토종합개발계획법에 의해 도입된 특정지역개발 정책은 산업입지 조성과 국토자원 개발 측면에서는 상당한 효과를 달성한 것으로 나타나고 있다. 반면에 낙후지역 주민의 경제적·사회적 복지 증진에는 그다지 큰 기여를 하지 못한 것으로 평가되고 있다.

특정지역개발 정책이 낙후지역 개발에 큰 기여를 하지 못한 배경에는 다음과 같은 몇 가지 원인이 지적되고 있다. 첫째는, 특정지역개발계획 수립에 대한 정책 관심과 노력이 1980년대 들어서면서 급격히 쇠퇴하였다는 사실을 들고 있다. 둘째는, 낙후지역에 대한 투자가 지역의 사회경제적인 여건을 개선할 수 있을 정도에 미치지 못하였기 때문이라고 한다. 정부의 예산 부족으로 필요한 충분한 투자가 이루어지지 못하였다는 것이다. 셋째, 특정지역개발 사업의 대부분이 도로, 상하수도 등 물적 하부구조 시설 확충에 치중하였다. 그래서 지역주민의 경제사회적 조건을 개선하는데 직접적인 효과를 갖는 노력이 미흡할 수밖에 없었다는 것이 또한 그 원인의 하나로 지적되고도 있다.[20]

특정지역개발 정책에 이어 등장한 개발촉진지구 정책 역시 투자재원 부족으로 공사가 지연되고 있음이 문제점으로 드러나고 있다. 또한 개발촉진지구는 지구면적이 최소한 150㎢ 이상 될 것을 요구하고 있다던가, 또는 광역자치단체 면

---

[20] 김용웅 외, 전게서, pp. 289-290.

적의 일정 비율 이하로 지정범위를 제한하고 있는 등과 같은 지정조건들이 제도적인 단점으로 지적되고 있다. 그리고 민간투자의 중요성을 강조한 나머지 중앙정부 및 지방자치단체에 의한 공공부문 사업 비중이 매우 낮게 나타난다. 계획의 실천성 문제가 제기되는 배경이기도 하다. 그나마 그것마저도 대부분이 도로정비 등 기반시설 사업에 치중되고 있어 다양성이 부족하다는 점 또한 문제점으로 제시되기도 한다.[21]

## 제4절
## 농촌개발 정책

### 1 농촌문제의 재인식

산업화과정에서는 불가피하게 겪는 농업부문의 상대적 저성장으로 말미암아 도시공업부문으로 농촌인구의 유출이 큰 폭으로 일어나기 마련이다. 농촌인구 유출로 야기된 삶의 조건 악화는 다시 농촌인구를 밀어내는 악순환과정으로 이어지면서 인구유출 현상이 가속적으로 지속되게 된다. 농촌인구의 과도한 유출 그 자체가 바로 농촌문제의 근원이다. 이제 농촌인구의 급감에서 비롯된 농촌문제는 돌이킬 수 없는 지경으로 치닫고 있다.

농촌의 과소화, 공동화로 인해 나타나는 문제는 여러 측면에서 조명할 수 있다. 무엇보다 여러 가지 필요한 생활편익시설들의 입지에 요구되는 최소수요기반(임계치)의 확보를 어렵게 하고 있다. 뿐만 아니라 공공시설의 투자효율성 또한 낮게 나타날 수밖에 없어 공공투자 또한 제약되게 하기도 한다. 결과적으로 사회, 문화적 제반 생활편익환경을 열악한 수준에 머물게 함으로써 삶의 질을 크게 떨

21  서태성 외, 『개발촉진지구의 합리적 운영방안』, 국토개발연구원, 1996, p. 43.

어뜨리는 배경이 되고 있다.

농촌문제를 바라보는 그동안의 정책적 시각의 근저에는 다분히 도시-공업중심적 편견이 크게 자리하고 있다. 공업입국 슬로건 하에 진행되어온 수출우선 정책의 이면에서 농촌지역은 의도한 것은 아니지만 다양한 사회경제적, 정치적 관계망 속에서 불리한 역할을 감수해 왔음을 숨길 수 없다. 그 결과가 오늘날 겪고 있는 농촌지역 문제의 구체적 모습으로 나타나고 있다.

농촌문제는 이제 더 이상 미룰 수 없는 당면한 사회적 문제로 대두되고 있다. 이미 전체 인구의 90% 가까이가 도시지역에 거주할 정도로 농촌의 인구기반은 극도로 위축되었다. 자생력의 문제마저 노골적으로 노출하고 있다. 사람이 살아가는 건전한 정주기반으로서의 역할을 기대할 수 없을 지경이다. 더욱이 농산물 시장개방 압력이 빠르게 높아져 가는 세계화 추세 속에서 우리 농업의 여건은 더욱 악화되고 있다. 농촌지역의 인구부양 여건이 앞으로 더욱 어려워질 것임을 쉽게 짐작케 해준다.

그렇다고 좁은 도시지역에 더욱 몰려들어 살기에는 도시문제 또한 녹록치 않다. 한계상황을 보이는 도시문제를 더욱 가중시킴으로써 급기야는 심각한 도시문제에 직면하게 될 것임도 자명하다. 나아가 국토의 대부분을 차지하는 농촌지역은 방치한 채 좁은 도시지역에 모두 모여 산다는 것은 또 다른 차원에서 문제를 제기하고 있다. 국토이용의 비효율성 문제를 낳는다는 것이다.

농업은 수자원 함양과 환경보호, 일자리 창출 등 다양한 사회적 기능을 수행하는 것으로 알려지고 있다. 농업활동 공간인 농촌지역이 건강하게 유지되어야 할 당위성을 공익성 측면에서 강하게 제기되는 대목이다.

요컨대, 농촌문제는 단순히 농촌내부의 문제라기보다는 우리 사회 전체의 변화와 밀접한 관련을 맺고 전개되는 구조적 문제이다. 농촌문제 극복이 그만큼 쉽지 않음을 말해주고 있다. 오늘날 농촌을 둘러싼 사회·경제적 여건은 날로 어려움을 더해가고 있다. 농촌지역의 유지·보전 문제에 정부의 역할이 그 어느 때보다 크게 요구되고 있음을 시사하고 있다.

## 2 농촌정책의 전개과정

그동안의 농촌정책 전개과정을 보면 당초에는 소득증대 및 생활환경 개선을 아우르는 종합적 개발을 지향하고 있음을 읽을 수 있다. 1970년대의 대표적 농촌개발 정책인 새마을사업의 경우를 보면 경제개발 및 사회개발과 물적환경 개발을 아우르는 종합적 안목에서 접근하고 있다.

그러나 1980년대를 지나면서 농촌정책의 중심이 농촌생활환경 개선에 역점을 두는 방향으로 바뀌게 된다. 이 시기에 농외소득증대를 위해 도입된 '농촌공업지구조성사업'도 주요한 농촌정책의 한 가닥으로 자리하고 있기는 하다. 그러나 '농촌공업지구조성사업'은 수도권과 대도시 인근지역 중심으로 추진됨으로써 당초의 농촌개발 취지가 크게 희석되었으며, 뿐만 아니라 다분히 산업정책의 일환으로 추진되어온 까닭에 농촌정책이라고 보기 어려운 측면도 있다.[22]

2000년을 넘어서면서부터는 농촌관광이 새로운 농촌소득원으로 부각되면서 적극적인 정책적 관심을 받게 된다. 그러나 아직은 여전히 부분적이고 정책실험적인 차원을 벗어나지 못하고 있는 실정이다.[23] 하나의 농촌정책 범주로 분류하기 어려운 사정이 여기에 있다.

농촌정책은 이렇듯 꾸준히 추진되어 오면서 다양한 차원으로 확산되는 전개과정을 겪고 있다. 그 변화 흐름을 보면 시대적 상황조건과 맞물리면서 크게 4단계로 구분되는 과정을 거쳐 발전해 가는 모습을 보인다. 농촌정책의 전환기를 이루는 새마을사업을 기준으로 그 이전 시기와 새마을사업이 추진되는 시기, 그리고 1980년대 중반 이후 농촌정책 프로그램이 팽창하던 시기와 최근 새로운 농촌정책을 모색하는 시기 등 4단계가 그것이다.

---

[22] '농촌공업지구조성사업'은 농촌에서의 일자리 창출과 농외소득증대를 통한 소득향상으로 농촌 주민의 이촌현상을 완화하고자 하는데 목적을 두고 1984년부터 추진해 왔다. 2004년까지 326개소를 지정하였으며, 이중 296개소를 조성완료하였다.
본 사업은 원래 농업관련 부서에서 주관하여 추진하였으나 후에 산업관련 부서로 그 업무가 이관되었다.

[23] 농촌관광개발정책은 농촌생태환경을 도시민의 여가수요를 겨냥하는 농외소득원으로 개발하려는 일련의 사업들을 일컫는다. '농촌관광농원사업', '농촌어메니티개발사업', '그린투어리즘' 등 이름으로 바뀌면서 지속적으로 추진되어 오고 있다.

표 13-6  농촌생활환경 정비정책의 발전단계 ──────────────

| 정책변화 단계 | | 정책프로그램 | 주요 개발내용 |
|---|---|---|---|
| 1단계: 새마을사업 이전<br>(6.25이후~1970년대 초반) | | 지역사회개발사업<br>시범농촌건설사업 | 농사지도 중심의 제한된 생활환경 정비<br>– 소규모 농로 정비<br>– 소하천 및 교량 정비 |
| 2단계: 새마을사업<br>(1970년대 초반~1980년대 중반) | | 새마을사업 | 기초생활환경 종합정비<br>– 지붕, 담장보수<br>– 소하천 정비<br>– 간이급수 시설 설치<br>– 농로, 마을안길 정비<br>– 사방 등 안전시설 정비 |
| 3단계:<br>농촌<br>정책의<br>팽창기 | (1980년대 중반이후~<br>2000년대 초반)<br>공간정책형성 | 취락구조개선사업<br>문화마을조성사업<br>면정주권개발사업<br>오지개발사업<br>도서개발사업 | 계획적, 종합적 생활환경 정비<br>– 연결도로, 교량 정비<br>– 승강장 설치<br>– 쓰레기처리장 조성<br>– 택지 조성<br>– 상하수도 시설 설치<br>– 주택개량 등 |
| | (1990년대 이후~<br>2000년대 초반)<br>개별사업의 다양화 | 농촌도로정비<br>주거환경개선사업<br>오염소하천정비<br>생활용수개발<br>하수처리시설<br>폐기물종합처리시설 | 일정공간단위 농촌정책과 개별 단위 사업의 혼재 |
| 4단계: 새로운 농촌정책모색<br>(2000년대 이후~ ) | | 소도읍육성사업<br>마을종합개발사업<br>농촌어메니티 개발<br>그린투어리즘 | 농촌생태환경에 대한 높은 사회적 관심을 반영하고, '소도읍'과 '소권역'이 새로운 정비공간으로 등장하는 새로운 정책시도가 나타남 |

## 1) 새마을사업 이전 단계

1단계는 새마을사업 이전 시기인 1950년대 중반에서 1960년대 초반에 해당하는 기간으로서 부흥부 주관으로 추진된 지역사회개발사업(CD 사업: Community

Development 사업)이 농촌정책을 대표하고 있다. 당시에는 6·25 전쟁으로 인한 피해를 복구하고 자활의 길을 찾는 것이 무엇보다 중요한 과제였다. 1957년에 한미합동경제위원회에서는 지역사회개발을 위한 한미합동실무반을 조직하고 조사에 착수하였으며, 그 이듬해 국무회의에서 지역사회개발사업요강을 결의함으로써 처음으로 지역사회개발사업(CD 사업)을 착수하게 된다. 농촌정책의 효시인 지역사회개발사업은 마을을 개발공간단위로 하고 있으며, 농사지도 중심의 생활환경정비사업을 그 내용으로 하고 있다.

그러나 1961년에 지역사회개발을 위해 조직되었던 지역사회개발중앙위원회가 폐지되면서 지역사회개발사업 주관부서가 건설부 지역사회국으로 개편되었고, 다시 농림부로 편입되게 된다. 그리고 1962년에는 종래의 농사원과 농림부의 지역사회국 기능을 통합하여 농촌진흥청을 발족시켰는데, 여기에서 지역사회개발사업을 추진하게 된다.

농촌진흥청에서는 이 지역사회개발사업을 흡수 개편하여 '시범농촌건설사업'

표 13-7  1단계 농촌개발사업 현황

| 구분 / 정책 | 사업연도 | 개발공간단위 | 계획내용 | 비　고 |
|---|---|---|---|---|
| 지역사회 개발사업 (CD 사업) | 1950년대 중반~ 1960년대 초반 | 마　을 | • 개간, 전시포, 퇴비 증산 공동이용시설 등 농사개량사업<br>• 도로, 교량, 수리시설, 제방<br>• 생활개선지도 | • 농사지도 중심<br>• 부흥부 주관 |
| 시범농촌 건설사업 | 1962년~ 1972년 새마을사업에 흡수시까지 | 동질성을 갖는 5~10개 부락 | • 산업경제 개발<br>• 교량건설<br>• 소하천정비<br>• 도로, 농로개발<br>• 저수지 축조<br>• 생활개선<br>• 사회, 문화, 보건, 위생 개선 | • 종합적 지도방식채택<br>• 부흥부, 건설부, 농림부, 농촌진흥청으로 CD 사업 주관부서가 개편됨<br>• CD 사업이 농촌지도사업으로 통합되어 시범농촌 건설사업 추진 |

이라는 이름으로 부르면서 추진하게 된다. 시범농촌건설사업은 5~10개 부락을 개발공간단위로 해서 종합적으로 지도하는 방식을 채택하였다. 본 사업은 또 산업경제부문 개발에 역점을 두면서 부분적으로 생활환경개선사업을 아우르는 모습을 보이고 있다. 농촌개발 사업이라기보다는 농사지도사업이라고 부르는 편이 더 어울린다는 생각이 든다. 1960년대 절대빈곤의 시대에는 농촌생활환경의 문제가 어디까지나 식량증산의 테두리 내에서 부수적으로 인식되고 있음을 잘 보여주고 있다.

이 시기에 추진된 지역사회개발사업은 주민들의 참여가 미약했으며, 나아가 적극적인 지도와 지원 또한 따르지 못해 큰 성과를 이루지 못한 것으로 평가된다.

## 2) 새마을사업 추진 단계

2단계는 1970년대 초반에 시작된 '새마을사업'이 추진되던 시기를 일컫는다. 농촌문제가 본격적인 정책대상으로 부상되는 시기이다. 이 시기에는 농촌의 빈곤 및 낙후문제와 함께 농촌인구의 과도한 도시집중으로 인한 도시문제 또한 크게 불거진다. 농촌개발 문제가 당면한 정책과제로 부상하게 되는 배경이다.

농촌개발은 전국에 넓게 분산된 농촌마을 모두를 그 대상으로 하는 까닭에 정부가 개발과 관련된 그 모든 것을 감당하기가 어렵다. 주민들의 자발적인 참여가 절대적으로 요청되고 있음을 시사하고 있다. 새마을사업은 이러한 사회적 요청에 따라 등장한 개발방식이자 국가발전전략이다.

새마을사업은 1970년 10월부터 이듬해 초까지 착수한 '새마을가꾸기사업'을 실험사업으로 하여 1972년부터는 범국민적 운동으로 실천하게 된다. 새마을사업의 초기에는 농촌의 환경개선사업에 치중하는 모습을 보이고 있다. 농촌생활환경개선 문제가 농업이라는 생산정책의 범주에서 분리되어 독립된 정책대상으로 분화되는 전환기적 성격을 읽는다.

새마을사업은 소득이 증대되는 흐름 속에서 제기되는 생활환경개선 필요성을 적극적으로 반영하고 있다. 지붕개량, 담장개량, 부엌개량, 마을안길넓히기, 소하천정비, 간이급수시설 등 기초생활환경 개선사업이 새마을사업의 대종을 이루고 있다.

새마을사업은 시간이 흐르면서 소득기반 조성에도 힘을 쏟게 된다. 소득증대사업도 초기에는 농업소득증대에 치중하다가 점차로 농외소득증대에도 힘을 기울이는 방향으로 전개되고 있다. 새마을공장건설사업이 농외소득증대를 위해 도입된 대표적인 정책 사례이다.

그리고 1970년대 후반기부터는 마을전체를 대상으로 계획적인 시각에서 전반적인 생활환경 정비를 추구하는 시도가 나타난다. 1976년부터 도입하고 있는 취락구조개선사업이 그것이다. 마을을 대상으로 용도지구를 설정하는 등 토지이용계획 구상까지 포함된 기본계획을 수립하고, 여기에 따라 마을의 종합적인 개발을 추진하도록 하고 있다. 지금까지 개개 생활환경사업별로 추진해오던 새마을사업의 안목이 한층 심화되어가는 모습을 보여주고 있다.

이와 함께 생활권이 확대되면서 수개 마을을 통합한 협동권 또는 생산권을 대상으로 하는 '마을간 사업' 등도 나타나고 있다. 또 단순한 환경개선, 소득증대사업뿐만 아니라 주민복지 향상 부문에도 이제 힘을 쏟는 모습을 보여주고 있다. 자연부락의 생활환경을 대상으로 추진되었던 초기의 새마을사업이 보다 포괄적이

표 13-8  2단계 농촌개발사업 현황: 새마을사업 추진현황 ─────────────

| 구분<br>정책 | 사업도입<br>연도 | 개발공간단위 | 계획내용 | 비 고 |
|---|---|---|---|---|
| 새마을<br>사업 | 1970년 | 마 을 | • 마을의 기초생활 환경<br> 개선 중심<br> - 지붕개량<br> - 담장보수<br> - 소하천개보수<br> - 간이급수시설의 설치<br> - 농로, 마을안길 확·포장<br> - 농업용수시설의 설치관리<br> - 사방, 조림 등 | • 농촌개발투자가 대폭<br> 확대되는 계기가 됨<br>• 내무부 주관<br>• 1979년부터 새마을<br> 사업의 광역화 시도:<br> 마을권개발사업,<br> 마을간협동권사업,<br> 읍, 면개발사업 등<br>• 소도읍기능화사업 시도 |
| 취락<br>구조<br>개선<br>사업 | 1976년 | 마 을 | • 종합적·계획적 토지이용<br> 추구<br>• 주거지구, 도로시설지구,<br> 공동생산시설지구, 공동복지<br> 시설지구, 녹지지구 등<br> 용도지구 및 토지이용계획이<br> 포함된 기본계획 수립에 의해<br> 사업추진 | • 내무부 주관<br>• 1991년까지 3,696개<br> 마을을 대상으로 사업<br> 추진 |

고 광역적인 사업으로 발전해 가는 일련의 흐름을 읽는다.

새마을사업의 성공적 추진으로 한국의 농촌은 크게 변모하게 된다. 한국의 농촌생활환경을 획기적으로 근대화하였을 뿐만 아니라 농가소득 증대에도 크게 기여한 것으로 나타나고 있다. 1984년에는 농가소득이 도시근로자가구 소득을 상회하기도 했다. 1984년 도시근로자가구 소득은 531만 1천 원으로 나타나고 있는데, 농가소득은 이보다 많은 호당 573만 2천 원을 기록하고 있다.[24]

### 3) 농촌정책의 팽창기

이 시기를 지나면 농촌생활환경 개선 문제를 좀 더 적극적인 차원에서 다루는 조류가 눈에 뜨인다. 1970년대는 새마을사업이 농촌개발정책을 대변하였지만 1995년에 이르러서는 무려 20개에 가까운 관련 사업들이 등장하고 있다. 소득과 생활여건이 획기적으로 향상되면서 개발수요가 분출하는 시대적 상황과 무관하지 않다. 다양한 농촌생활환경 개선 정책프로그램들이 나타나면서 팽창하는 이 시기를 농촌정책 발전의 3단계로 구분한다. 1980년대 후반을 지나면서 2000년대 초반에 이르는 기간이 여기에 해당한다. 이 시기에 도입되는 농촌생활환경개선 정책들은 시차를 두고 2개의 흐름을 띠면서 발전해 가는 현상을 특징적으로 보여주고 있다.

먼저 일정한 공간단위를 범역으로 하는 종합적개발 차원의 농촌개발 방식의 출현을 들 수 있다. 생활환경개선사업 대상을 개별 품목이 아닌 공간단위로 일체화하여 총체적인 것으로 인식하고 있다. 이러한 종합적 안목의 정책 출현은 생활수준의 향상에 따라 나타나는 기대욕구의 급진적 증대를 반영하는 현상으로 풀이된다. 생활환경 정비 수준이 전반적으로 열악한 상황에서는 개발 수요가 포괄적으로 나타나는 까닭에 개개 품목별로 접근해서는 상승일로에 있는 기대욕구에 효과적으로 대응할 수 없다. 일정 공간범역을 대상으로 종합 개발을 추구하는 종합적 접근의 필요성이 대두되는 이유이다. 새마을사업의 일환으로 1976년에 착수한 취락구조개선사업을 비롯하여 1990년대에 들어와 착수한 문화마을조성사업 등이 '마을'을 공간범

---

24 김재택, "새마을운동과 아시아 각국의 지역개발기구와의 비교연구", 『새마을운동발전전략연구』, 1985, 새마을운동중앙본부, p. 685.

역으로 하고 있는 대표적인 종합적 안목의 농촌개발정책사업 사례이다.

한편, 공간범역을 달리하는 몇 가지 정책유형들이 또한 제시되고 정책화되어 추진되었다. 마을을 공간범역으로 하고 있는 사업, 면지역을 공간범역으로 하는 사업 등이 이 시기에 등장하는 대표적인 종합개발사업 유형들이다. 예컨대, 1986년에 시범사업으로 추진된 '군단위'를 공간범역으로 하는 농촌지역종합개발사업, 1990년부터 착수된 '면단위'를 공간범역으로 하는 농촌정주권개발사업과 오지개발사업, 그리고 1988년에 착수된 '섬'을 공간범역으로 하는 도서개발사업 등이 그것이다.

**표 13-9** 3단계 농촌개발사업 현황: 공간정책사업 ──────────

| 구분<br>정책 | 사업도입<br>연도 | 개발공간단위 | 계획내용 | 비 고 |
|---|---|---|---|---|
| 농촌지역<br>종합개발<br>계획수립 | 1986년 | 군단위지역 | • 종합적, 계획적, 상향적 개발<br>　전략을 명시적으로 채택<br>• 중심지 개발<br>• 산업경제 개발<br>• 생활환경 개발<br>• 사회복지 개발<br>• 향토문화 개발 | • 전국 군단위지역을 대상으로<br>　종합개발계획수립 완료<br>• 시범지역(3개군) 외에는 실제<br>　개발 투자가 이루어지지 못함 |
| 농촌<br>정주권<br>개발사업<br><br>오지개발<br>사업 | 1990년<br><br><br>1990년 | 면단위지역<br><br><br>소재지 제외<br>면지역 | • 농어촌도로, 버스승강장<br>• 택지조성, 상하수시설<br>• 주택신·개축<br>• 복지회관, 농어촌공원<br>• 집하장, 저장시설<br>• 농업용배수시설,<br>　비닐 하우스 등<br>• 소하천정비, 쓰레기장,<br>　마을안전시설 등 | • 농촌정주권개발사업은<br>　농림부<br>• 오지개발사업은 행정자치부<br>　주관(10개년간 추진)<br>• 실적: 1996년까지<br>　- 정주권: 772개면 중<br>　　165개면 완료<br>　- 오지: 계획대비 64% |
| 도서개발<br>사업 | 1988년 | 10가구 이상<br>거주 도서 | • 어업기반, 어업시설, 기초시설<br>　(전기, 전화, 보건소 등) 중심 | • 행정자치부 주관<br>　(10개년간 추진)<br>• 계획대비 104% 실적 |
| 문화마을<br>정비사업 | 1991년 | 중심마을 | • 택지개발, 도로, 상하수도,<br>　하천정비, 주택신·개축<br>• 공동회관, 놀이터, 공원<br>• 공동차고, 유통시설,<br>　공동작업장 등 | • 농림부 주관<br>• 실적: 1996년까지 772개<br>　계획마을 중 32개 마을정비 |

1990년대 들어서면서는 농촌생활환경 개선정책이 개별사업 중심으로 다기화되는 현상을 뚜렷이 보여주고 있다. 이 시기에 나타난 농촌정책의 또 하나의 조류이다. 먼저 새마을사업 당시부터 주안점을 두어져 온 주거환경개선사업이 이 시기에도 확대되면서 계속 이어지고 있는 가운데, 1989년부터는 농어촌가로등사업이 도입되었다. 1991년부터는 본격적으로 농어촌도로사업이 추진되고 있으며, 오폐수처리사업 또한 이 이 시기에 같이 나타나고 있다. 또 1991년 시범사업을 거쳐 1995년부터 농어촌하수처리사업이 본격적으로 추진되고 있으며, 1994년부터는 농촌생활용수개발사업이, 1995년에는 폐기물처리사업 등이 착수되고 있다.

농촌정책이 다양한 모습을 띠고 발전해 가는 이러한 현상은 우리 사회의 빠른 발전과정과 궤를 같이 하고 있다. 1980년대 후반으로 접어들면서는 소득증대에 따른 생활수준 향상과 함께 자동차문화가 급속히 확산되게 되며, 농촌정책도 이러한 변화에 대응하여 팽창하고 발전해오고 있음을 특징적으로 보여주고 있다.

그 일환으로 무엇보다도 농어촌도로를 개설하고, 정비 확충하는 데 농촌정책이 역점을 두고 있음을 이 시기에 쉽게 확인할 수 있다. 농어촌도로사업에 대한 관심은 일찍이 1980년대 중반부터 보이기 시작한다.[25] 고랭지채소반출도로, 농촌소득원도로 등으로 거슬러 올라가는 농어촌도로 사업은 그 자체로 하나의 개별사업을 이루면서 이 시기 농촌정책의 핵심적 지위를 차지하고 있다. 나아가 일정 공간범역을 대상으로 다양한 분야사업을 포괄하는 종합개발 방식의 정책프로그램들에서도 그 실상을 보면 농어촌도로에 대한 투자가 압도적인 것으로 분석되고 있다. 아무튼 이 시기에 전개된 이러한 강력한 농어촌도로 확충 정책에 힘입어 농어

---

25 이전 시기의 주된 농촌정책이었던 새마을사업에서도 도로정비 사업이 주요사업으로 부상하고는 있다. 그러나 여기서는 생활환경의 관점에서 접근하는 마을도로보다는 생산기반사업의 일환으로 추진하였던 농로에 대해 높은 관심을 보여 온 것으로 나타나고 있다. 1971~1983년 기간 중 농촌도로 부문의 새마을사업 추진실적을 보면 농로개설은 총목표 67,961km에 대해 그 96%인 65,128km 개설실적을 보이고 있다. 반면에, 새마을도로 포장사업은 총목표치 51,956km의 불과 13%에 해당하는 6,692km의 포장실적만을 보여주고 있다(농업진흥공사, 『농촌구조개선의 장기전략 및 모델연구』, 1987, p. 29에서 인용). 새마을사업의 경우 여전히 생산위주의 시각을 견지하고 있음을 잘 보여주고 있다.

**표 13-10**  3단계 농촌개발사업 현황: 개별 농촌개발사업 현황 ─────────

| 구분<br>정책 | 사업도입 연도 | 사업 내용 | 사업 실적<br>(1997년까지) | 비 고 |
|---|---|---|---|---|
| 주거<br>환경<br>개선<br>사업<br>(주택<br>개량<br>사업) | • 내무부: 1976년<br>(농촌주거환경<br>개선)<br>• 농림부: 1990년<br>(정주권개발)<br>농촌진흥청<br>(주거환경개선) | 주택신·개축<br>주택내부개량 | • 농림부: 9천 동<br>(1,692억 원)<br>• 내무부: 61천 동<br>(10,400억 원)<br>• 농촌진흥청: 35천 동<br>(840억 원) | • 신, 개축외에 부엌, 목욕탕<br>개량 및 불량 변소개량사업이<br>별도로 내무부, 농촌진흥청<br>주관으로 추진 |
| 농어촌<br>도로<br>사업 | 1991년 | 군도 이하의 도로<br>(군도, 면도, 리도) | 3,469km 정비<br>(9,336억 원, 21%실적) | • 행정자치부 주관<br>• 1991이전에는<br>새마을 도로(내무부),<br>소득원 도로사업(농림부)<br>으로 별도추진 |
| 농어촌<br>가로등<br>사업 | 1989년 | 마을 가로등설치 | 사업 완료 | 농림부 주관 |
| 오폐수<br>처리<br>사업 | 1991년 | 소규모시범<br>처리시설 | 농촌마을하수도사업으로<br>발전적 흡수 | 행정자치부 주관 |
| 농촌<br>생활<br>용수<br>개발 | 1994년 | • 50호이상마을:<br>암반관정<br>• 면지역:<br>지방상수도 | • 암반관정: 1,151개소<br>(1,730억 원, 20%실적)<br>• 지방상수도: 56개소<br>(1,070억 원, 31%실적) | • 암반관정: 농림부<br>• 지방상수도: 환경부 |
| 농어촌<br>하수<br>처리<br>사업 | 1995년 | • 마을하수도<br>• 면단위하수처리<br>시설<br>• 마을하수처리<br>시설<br>• 오염소하천정비 | • 마을하수도: 435개소<br>(863억 원, 24%실적)<br>• 면단위하수처리시설:<br>27개소<br>(344억 원, 24%)<br>• 마을하수처리시설:<br>30개소<br>(120억 원, 4%)<br>• 오염소하천정비:<br>123km<br>(400억 원, 20%실적) | • 마을하수도: 내무부<br>• 마을하수처리시설: 농림부<br>• 면단위하수처리시설: 환경부<br>• 오염소하천정비: 행정자치부 |
| 폐기물<br>처리<br>사업 | 1995년 | 폐기물종합처리<br>시설 | 30개소<br>(900억 원, 22%실적) | 환경부 |

자료: 농림부, 『농림사업 2단계 중간평가자료』, 1997.

촌지역의 접근성이 획기적으로 향상되는 결과를 가져온 것으로 평가되고 있다.

나아가 이 시기에는 생활수준 향상에 따라 부각되는 쾌적성 수요에도 농촌정책이 잘 부응하고 있음을 또한 보여주고 있다. 각종 오염원으로부터 농촌환경을 보호하기 위해 오폐수처리사업, 농어촌 하수처리사업 및 폐기물처리사업들이 이 시기에 도입되고 있다. 또 양질의 생활용수 확보를 위해 도입된 농촌생활용수개발사업도 이러한 변화에 대응하는 하나의 농촌개발사업 사례이다.

### 4) 새로운 농촌정책의 모색기

최근 들어서도 일정공간을 대상으로 하는 종합개발 정책과 개별사업 정책들이 상호 중첩되면서 혼재하는 흐름은 여전히 보이고는 있다. 그러면서 다른 한편으로는 지금까지 해오던 농촌개발정책을 반성하면서 새로운 정책모형을 모색하려는 움직임이 일어나고 있다. 이 시기를 농촌정책 발전단계에서 전 단계와 구분되는 4단계로 설정한다.

2000년대에 접어들면서는 환경보전 차원을 넘어 농촌생태가치를 적극적으로 인식하고 활용하려는 일련의 논의들이 활발히 전개된다. 그러는 가운데 농촌의 생태가치와의 접목을 통해 농촌의 활력을 제고하려는 농촌개발 정책의 새로운 모멘텀이 나타나고 있다. 제4단계의 농촌정책 전개과정은 한마디로 생활수준이 향상되면서 나타나는 이러한 농촌생태환경에 대한 높은 사회적 관심을 반영하는 현상으로 풀이한다. 이러한 경향 속에서 늘어나는 도시민 여가수요와 농촌생태환경을 결합하는 여러 가지 농외소득 증대 정책프로그램들이 나타나고 있다. '그린투어리즘 사업', '농촌어메니티사업' 등 명칭으로 정책화되고 있는 농촌개발 프로그램들이 그것이다. 농업의 개방화로 어려워진 농촌경제 여건을 개선해보고자 하는 정책의도와 맞물리면서 이들 농촌정책들이 탄력을 받는 계기를 맞이하게 된다.

2004년에는 '농촌다움'의 유지, 보전과 '쾌적함' 증진 등 농촌의 다원적 기능을 확충하고자 하는 의도로 과감한 투자를 수반하는 '농촌마을종합개발사업'을 도입하게 된다. 동일한 생활권, 영농권 등으로 동질성을 가지며, 발전잠재력이 있는 마을들을 상호연계하여 권역단위로 지역별 특성에 맞는 특성화 개발을 상향식 및 계획적으로 도모하고자 하는 개발방식을 제시하고 있다. 사업내용도 종합적임을 표방하고는 있지만 생태환경개발 및 활용에 우선을 두는 경향을 뚜렷이 보이고 있다. 농촌생태환경의 경제적 가치에 대한 재인식과 함께 재평가가 빠르게 이루어지고 있음을 말해주고 있다.

한편, 그동안 농촌개발정책에서 소외되어온 농촌 소도읍이 농촌정책의 관심 대상 공간으로 부상하고 있다. 이러한 변화는 농촌정주체계에서 차지하는 농촌중심도시의 위상에 대한 인식을 새롭게 하는 정책인식을 반영하고 있다. 인구과밀의 거대도시 확산과 농촌붕괴 문제가 시급한 국가적 해결과제로 대두되고 있다는 진단 하에 대도시 인구집중을 완화할 수 있는 하나의 방편으로 농촌소도시의 역할을 새롭게 조명하기 시작했다는 것이다. 2001년 정부는 소도읍을 자족적 생산능력을 갖춘 농어촌지역사회의 중추 소도시로 육성하고 생활편익과 문화기반, 소득이 구비된 이상적인 전원도시로 조성해 나가고자 하는 의도로 '소도읍개발사업'을 의욕적으로 도입하였으며, 동사업의 원활한 추진을 위해 그 근거법인 '지방소도읍육성지원법'을 제정하기에 이른다.

이와 함께 지역주민의 삶의 질 향상과 국토의 균형발전을 도모하고자 하는 의도로 '농림어업인 삶의 질 향상 및 농산어촌지역개발 촉진에 관한 특별법'을 제정하여 범부처 차원에서 농촌개발정책을 모니터링하고 있다.

한편 2000년대 들어서면서는 상향식 개발을 강조하는 흐름이 또한 뚜렷이 드러나고 있다. 농촌정책 전개과정에서 보이는 또 하나의 특징적 모습이다. 우선 지역주민 스스로 자기지역 발전계획을 수립하게 해서 심사를 통해 정책지원 여부를 결정하는 '공모제' 방식의 확산을 들 수 있다. 중앙정부의 지침에 의해 지방정부에서 농촌개발계획을 수립하던 기존의 하향식 시스템과는 근본적으로 차별화되는 '아래로부터의 개발방식'을 시도하고 있다.

최근에는 농촌개발 기능들이 여러 중앙부처에 분산되어 따로 따로 추진되는 데서 오는 정책의 비효율성 문제에도 적극적으로 대처하려는 움직임을 보이고 있다. 농촌정책의 시너지 효과를 높이기 위해 여러 중앙부처에 나누어져 있는 수많은 농촌정책 프로그램들을 지역차원에서 통합하는 시도가 이루어지고 있다는 것이다. 예컨대, 정부는 2004년에 지역개발사업들을 총괄할 수 있도록 그 제도적 기반이 되는 국가균형발전특별법을 제정하였으며, 2009년에는 정부가 각 시도별로 지역개발 관련예산을 모두 묶어 포괄적으로 편성하여 지원토록 하는 포괄보조금제도를 도입하게 된다. 이러한 포괄보조금 제도 도입으로 각 지방자치단체는 자체 발전계획과 연계하여 위임된 예산범위 내에서 지역 특성과 여건에 맞춰 원하는 사업을 자유롭게 기획하고 시행할 수 있게 되었다. 이제 농촌정책의 추진주체는 형식적으로는 어떻든 지방자치단체의 손으로 넘어간 모습을 띠고 있다.[26]

표 13-11  4단계 농촌개발 정책사업 현황

| 정책 \ 구분 | 사업도입 연도 | 개발공간단위 | 계획내용 | 비 고 |
|---|---|---|---|---|
| 마을종합 개발사업 | 2004년 | 마을소권역 (3~4개 마을) | • 농촌다움을 자원으로 활용하여 농촌활력을 제고함과 동시에 농촌생활환경 개선 | 농림부 주관 |
| 소도읍 개발사업 | 2001년 | 소도읍 (읍 대상) | • 자족적 생산능력을 갖춘 농어촌지역사회의 중추 소도시로 육성 | 행정자치부 주관으로 도입되었다가 후에 농림부로 이관 |

## 3  농촌정책의 평가

그동안 상대적으로 낙후된 농촌개발을 위해 여러 가지 농촌정책프로그램들이 모색되고 적용되어 왔다. 새마을사업을 비롯한 다양한 생활환경 개선사업과 일정한 공간범역을 대상으로 생활환경을 종합적으로 개선하는 농촌정주권개발사업과 같은 공간정책프로그램들이 개발대상 품목과 그 공간적 특성 등을 둘러싸고 형태를 달리하면서 제시되었다. 그 과정에서 여러 가지 정책프로그램들이 새로 나타나는가 하면 기존의 정책프로그램들이 소멸되는 과정을 밟아오고 있다.

한편 그 정책효과에 대해서는 여러 가지 평가가 내려질 수 있다. 보는 이에

---

26 포괄보조금 제도 도입으로 농촌개발 정책 추진과정에 지방자치단체의 실질적 자율성이 확대되었다는 평가를 받고 있다. 반면에, 지방의 역량부족으로 여전히 중앙정부의 가이드라인에 의존하는 모습을 보이면서 그 실효성에 의문이 제기되기도 한다.

따라서 혹자는 보다 긍정적으로, 또 다른 혹자는 보다 부정적인 시각에서 평가하고 있다. 농촌생활환경이 과거에 비해 더 편리하고 쾌적한 수준으로 개선되었음은 사실이다. 그러나 여전히 도시·농촌 간에 생활환경 수준의 격차가 크게 존재하는가 하면, 지속적인 농촌인구의 유출로 오히려 정주기반이 더욱 위축된 것도 사실이다. 관점에 따라서 얼마든지 다른 평가가 내려질 수 있는 여지를 보여주는 대목이다.

## 1) 농촌문제의 소극적 인식

농촌생활환경의 상대적 낙후정도가 시간이 흐르면서 더 심화되고 있다. 이러한 사실은 어쨌든 농촌개발을 위한 적극적인 정책 수단을 마련하는 데 소홀했다는 비판을 면키 어렵게 한다. 농촌정책이 소극적인 수준에서 벗어나지 못하고 있다는 것이다. 농촌정책 환경이 우리사회처럼 급변하는 경우에는 더욱 더 그렇다.

농촌정책이 이렇게 문제를 뒤따라가는 데 급급하다 보니 단순히 그때그때 부각되는 농촌지역의 문제점을 대증요법적 차원에서 인식하고 다루는 데 그치고 있다. 그러다보니 시간이 흐를수록 문제들이 해결되기는커녕 오히려 심화되는 양상을 보이면서 오늘에 이르고 있다.

급속한 사회발전으로 말미암아 이제 생활환경에 대한 개발수요는 높은 단계의 욕구까지 포괄하는 수준으로 그 폭과 깊이가 심화되고 있다. 지금과 같이 단기적인 안목의 소극적 접근으로서는 그 수요에 효율적으로 대처할 수 없을 것임을 쉽게 짐작하고도 남는다. 심화되는 개발수요에 효과적으로 대응하는 농촌개발 정책 마련을 위해 체계적이고 심도 있는 논의가 요구됨을 말해주고 있다.

농촌지역 문제는 기본적으로 과소화에서 비롯되는 문제이다. 농촌지역은 많은 사람들이 도시로 떠나갔지만 그래도 아직 전 국민의 20%에 가까운 주민들이 살아가는 소중한 삶의 공간이다. 붕괴되는 농촌을 이대로 방치할 수 없는 이유가 여기에 있다. 한편 도시 또한 과도한 농촌인구 유입에 따른 과밀문제로 큰 어려움을 겪기는 마찬가지다. 세계에서 유례를 찾기 어려울 정도로 빠르게 진행된 도시화로 말미암아 혼잡에 따른 각종 도시문제들이 첨예하게 대두되고 있다. 농촌인구의 과도한 유출에 따라 농촌은 농촌대로, 도시는 도시대로 몸살을 앓고 있다.

지역불균형 문제는 바로 농촌의 상대적 저개발에서 비롯되는 문제에 다름 아니다. 그럼에도 지역균형발전 문제를 마치 수도권과 지방간의 사회경제적 자원 및 기회의 배분문제인 것처럼 도식화하면서 문제의 본질이 흐려지고 있다. 그러는 가운데 정작 농촌문제에 대한 사회적 관심은 유리되어 사라지고 있다. 사실 수도권이 비대해지는 그 과정에 지방의 대도시 또한 마찬가지로 비대해져 왔다. 농촌지역의 중심지인 읍의 경우만 하더라도 지금까지 그 세력을 유지하고 있는 것으로 나타나고 있다. 전형적 농촌지역인 면지역만 급격하게 인구가 감소하고, 활력이 위축되는 과정을 겪어왔음을 뚜렷이 보여주고 있다. 농촌의 해체가 국토균형발전 문제의 핵심임을 말해 주고 있다.

또 다른 한편에서는 국토라는 이름으로 농촌지역이 포섭되면서 농촌문제가 또 실종되고 있다. 정부는 국토를 체계적이고 계획적으로 개발한다는 명분을 내세우면서 일련의 국토계획 시스템을 마련하고 있다. 그러나 그 실상을 들여다보면 단적으로 도시만을 바라보고 조명하고 있음을 쉽게 확인할 수 있다. 여기서도 농촌은 사실 사라지고 보이지 않는다는 것이다. 국토계획을 총괄하는 제도적 장치인 '국토의 계회 및 이용에 관한 법률'을 보면 전적으로 도시관리에 대한 생각만을 담고 있다고 해도 과언이 아니다. 농촌이 정책적으로 소외되고 있는 또 하나의 사례이다.

능동적이고 미래지향적인 농촌정책의 비전을 제시하고, 나아가 그것을 실현해 가는 정책대안을 찾아가는 논의가 쉽지 않은 것은 사실이다. 그렇다고 농촌문제를 애써 피하고, 피상적으로 다루면서 문제를 자꾸 더 키워서는 더 더욱 안 된다. 농촌이 우리 국토의 건전성을 지탱하는 뿌리이기 때문이다. 뿌리가 실하지 못하면 결국 나무가 고사하듯이 농촌이 허약하면 우리 국토의 효율적 이용도 요원해진다. 이미 우리 농촌은 한계선상에서 해체되는 조짐을 보이고 있다. 이제 남은 시간조차 그렇게 많지 않은 위기 상황이라는 경고음을 지속적으로 내고 있다. 농촌 회생을 위한 과감한 조치가 필요한 시기임을 일러주고 있다. 좁은 국토 넓게 쓰는 지혜가 그 어느 때보다도 절실하다.

## 2) 농촌개발 전략의 부재

낙후된 농촌지역 개발을 위해서는 기본적으로 개발환경 즉, 농촌이 처하고 있는 제반 여건을 고려한 합리적 전략이 정책에 앞서 마련되어야한다. 그러나 농촌개발에 대한 우리의 이해는 지극히 얕은 수준에 머물러 있다. 예컨대, 농촌·도시간에 맺고 있는 사회경제적 관계, 정치 문화적 관계에 기초하고 있지 못하다는 것이다. 거기에는 이론적 맥락도 전략적 사고도 읽기 어렵다. 그러다보니 농촌개발의 전략적 큰 그림을 제시하지 못한 채 단편적인 대안들을 산만하게 쏟아내고 있다. 검정되지 않은 단지 아이디어에 불과한 정책들이 걸러지지 않고 나타났다가 사라져가는 과정을 반복하고 있다.

예컨대, 도로, 주택개량, 경관조성, 환경오염방지시설 등 개별 농촌생활환경 및 편익 서비스시설을 대상으로 하는 농촌정책 프로그램들이 우후죽순처럼 나타나는가 하면, 종합적으로 개발한다는 명분으로 여전히 같은 내용을 담고 있는 농촌공간정책들이 나타나고 있다. 그것도 농촌마을을 대상으로 종합적개발을 도모하는 사업이 있는가 하면, 달리 면지역을 대상으로 종합적으로 접근하는 공간정책 프로그램이 나타나기도 한다. 최근에는 농촌마을을 몇 개 묶은 마을권역이 개발대상 공간범역으로 등장하기도 한다. 어떤 차별성도 보이지 않은 채 공간범역 크기를 둘러싸고 커졌다가 작아졌다를 반복하고 있다.

또 시간이 흐르면서 농촌개발정책이 강조하는 개발분야가 변하고 있다. 한때는 농촌생활환경 정비에 농촌정책의 역점이 두어지는가 하면, 어떤 때는 농촌관광이 농촌개발의 관건인 것처럼 강조되기도 했다. 최근에는 농촌주민의 역량개발이 농촌개발정책의 핵심과제로 부상하고 있다. 다양한 농촌개발정책 프로그램들이 난무하면서 정책의 혼란은 가중되고 있다.

이러한 농촌정책 체계의 혼란은 근본적으로 농촌개발 전략이 부재한데서 연유하는 문제이다. 그것은 궁극적으로 농촌개발정책에 대한 합리성에 회의를 낳게 하며, 동시에 농촌개발 효과를 기대하기 어렵게 하는 근본적 원인이 되고 있다. 우리의 개발환경에 적합한 농촌개발 전략 구축의 필요성을 강하게 제기하고 있다.

참/ 고/ 문/ 헌

■ 국내문헌

권원용, "한국의 거점도시 선정을 위한 모델 접근방법", 『국토계획』, 제13권 제1호, 대한국
　　　토계획학회, 1978

＿＿＿, "광역도시계획의 필요성과 과제", 『도시정보』, 대한국토 · 도시계획학회, 1991. 6

김안제, 『환경과 국토』, 박영사, 1979

김안제 외, 『한국의 지방자치와 지역개발』, 박문각, 1993

김수신 · 고병호, 『지역개발론』, 한국방송통신대학교, 1995

김영모, 『지역개발학개론』, 녹원출판사, 1995

김용웅 외, 『지역개발정책의 이론과 실제』, 국토개발연구원, 1998

김용웅 외, 『지역간 제조업 활동여건 격차에 관한 행태분석』, 국토개발연구원, 1992

김인, "신행정수도의 이전과 입지문제", 『지리학』, 제20호, 대한지리학회, 1979

김의원, "중화학공업단지를 중심으로 한 지역개발정책", 『도시문제』, 대한지방행정공제회,
　　　1973. 9

김재택, "새마을운동과 아시아 각국의 지역개발기구와의 비교연구", 『새마을운동발전전략
　　　연구』, 새마을운동중앙본부, 1985

김형국, 『국토개발의 이론연구』, 박영사, 1983

＿＿＿, "인구이동과 지역발전 - 한국사례를 중심으로", 『환경논총』, 제1권, 서울대 환경대학
　　　원, 1975

＿＿＿, "근대 한국의 공간구조분석을 위한 모형연구", 『환경논총』, 제9권, 서울대 환경대학
　　　원, 1981

노융희, 『신도시개발론』, 박영사, 1979

＿＿＿, "수도권개발의 정책적 과제", 『도시문제』, 대한지방행정공제회, 1979. 10

박수영, "한국의 도시성장과 국가정책", 『국토계획』, 제16권 제2호, 대한국토계획학회, 1981

박찬석, "농촌중심도시개발전략", 『도시문제』, 대한지방행정공제회, 1982. 2

서창원, "한국의 대도시 정책발전과 정책이론의 전개과정 변천에 관한 소론", 『국토연구』,
　　　제2권, 국토개발연구원, 1983

＿＿＿, "국토개발계획 모형과 지역격차에 관한 연구", 『국토연구』, 제20권, 국토개발연구원,
　　　1993

서태성 외, 『개발촉진지구의 합리적 운영방안』, 국토개발연구원, 1996

송병락, 『한국의 국토·도시·환경』, 한국개발연구원, 1987

원종익, "지역개발의 방향: 최적방안접근을 위한 시론", 『지방행정』, 대한지방행정공제회, 1983. 2

이성근 외, "지역혁신체제 구축과 테크노파크의 역할", 『국토계획』, 39권 2호, 대한국토·도시계획학회, 2004

이정환 외, 『농어촌 정주생활권 개발의 장기방향』, 한국농촌경제연구원, 1992

이희연, 『경제지리학: 공간경제의 이론과 실제』, 법문사, 1988

임채원, "한국의 근대화와 새마을운동의 역할", 『새마을운동이론체계 정립』, 새마을운동중앙본부, 1984

장명수, 『도시와 지역개발』, 창학사, 1977

정환용, "기초수요전략에 의한 지역개발계획에 관한 연구", 『국토계획』, 제16권 제1호, 대한국토계획학회, 1981. 6

존 프리드만 저·원제무 외 역, 『공공분야에서의 계획론』, 대광문화사, 1991

주봉규, "불란서의 지역개발정책", 『지방행정』, 대한지방행정공제회, 1981. 12

_____, "영국의 지역개발정책", 『지방행정』, 대한지방행정공제회, 1981. 10

주원, "소도시와 지역개발", 『도시문제』, 대한지방행정공제회, 1972. 4

____, "한국적 지역문제의 본질", 『국토계획』, 제3권 제2호, 대한국토계획학회, 1968

찰스 고어 저·고영종 외 역, 『현대지역이론』, 1997

최병선, "그린벨트제도의 개선방향: 도시계획측면" 『국토정보』, 국토개발연구원, 1992. 12

최상철, "소단위 지역개발 개념과 기본전략에 관한 서설", 『환경논총』, 제6권, 서울대 환경대학원, 1979

최양부·이정환, 『산업사회의 농촌발전전략』, 한국농촌경제연구원, 1987

허재완, 『도시경제학』, 법문사, 1993

황명찬, 『지역개발론』, 법문사, 1994

_____, "수도권개발전략의 모색", 『도시문제』, 대한지방행정공제회, 1979. 10

_____, "지역개발과 지역중심도시의 역할 및 개발방향", 『도시문제』, 대한지방행정공제회, 1981. 6

황인정, 『한국의 종합농촌개발』, 한국농촌경제연구원, 1980

건설부 『국토이용에 관한 연차보고서』, 1994

국가균형발전위원회, 『국가균형발전의 비전과 과제』, 2003

국토개발연구원, 『도시의 적정배치에 관한 기초연구』, 1980

_____, 『지역생활권 개발을 위한 기초연구』, 1981

_____, 『제2차국토종합개발계획: 인구정착기반의 조성』, 1982

_____, 『대도시권관리를 위한 정책연구(Ⅰ): 대도시권의 설정과 기능정립 방향』, 1985

_____, "제3차국토종합개발계획시안", 『국토정보』, 1991. 3

_____, 『국토50년』 서울프레스, 1996

농림부, 『농림사업 2단계 중간평가자료』, 1997

농업진흥공사, 『농촌구조개선의 장기전략 및 모델연구』, 1987

대한국토도시계획학회, 『농촌계획의 이론과 실제』, 법문사, 2006

대한민국정부, 『국토종합개발계획: 1972-1981』, 1971

_____, 『제2차국토종합개발계획: 1982-1991』, 1982

통계청, 『시도별 지역내총생산』, 1996

_____, 『한국주요경제지표』, 1997.3

_____, 『국가통계포털』, http://kosis.kr, 2018.3

한국지역개발학회 편, 『지역개발학 원론』 법문사, 1996

한국토지개발공사, 『수도권정책의 종합평가와 개선방안』, 국토개발연구원, 1991

행정자치부, 『한국도시연감』, 각년

현대경제연구원, 『SOC 본질은 미래 성장잠재력의 확충이다』 2017.9


■ 국외문헌

Alonso, W., "Industrial Location & Regional Policy in Economic Development", in J. Friedmann & W. Alonso, *Economic Development & Cultural Change*, 1975

Baran, P., *The Political Economy of Growth*, New York: Monthly Review Press, 1957

Bates, R. H., *Market & States in Tropical Africa: The Political Basis of Agricultural Policy*, Berkeley: University of Califonia Press, 1981

Beckmann M. J., "Equilibrium Versus Optimum: Spacing of Firms & Patterns of Market Area", in R. Funck(ed.), *Recent Development in Regional Science*, London: Pion

Bernstein, H., "Notes on Capital & Peasantry", *Review of African Political Economy* 10, 1977

_____, Sociology of Underdevelopment Versus Sociology of Development? in D. Lehmann(ed.), *Development Theory: Four Critical Studies*, London: Frank Cass,

1979

Boudeville, J. R., *Problem of Regional Economic Planning*, Edinburgh: Edinburgh University Press, 1966

Cardoso, F. H. & Falletto, E., *Dependency & Development in Latin America*, Berkeley: University of California Press, 1979

Castells, M., *The City & Grassroots: A Cross-Cultural Theory of Urban Social Movements*, London: Edward Arnold, 1983

Chenery, H. et al., *Redistribution with Growth*, Oxford: Oxford University Press, 1974

Chenery, H. & Srinivasan, T. N.(eds.), *Handbook of Development Economics*, Elsevier Science Publisher B.V., 1988

Darwent, D. F., "Growth Pole & Growth Centers in Regional Planning: a Review", in J. Friedmann & W. Alonso, *Environment & Planning*, 1969

Dos Santos, T., "The Crisis of Development Theory & the Problem of Dependence in Latin America", in H. Bernstein(ed.), 1973, *Development & Under-development*, Harmondsworth: Penguin, 1969

El-Shakhs, S. & Obudho, R.(eds.), *Urbanization, National Development & Regional Planning in Africa*, New York: Praeger, 1974

Friedmann, J. & Douglass, M., "Agropolitan Development: Towards a New Strategy for Regional Planning in Asia" in Lo, Fu-chen & K.. Salih(eds.),, *Growth Pole Strategy and Regional Development Policy*, Oxford: Pergamon, 1978

Friedmann, J. & Weaver, C., *Territory and Function: the Evolution of Regional Planning*, London: Edward Arnold, 1979

Fu-chen, L. & Salih, K., *Growth Pole Strategy and Regional Development Policy: Asian Experience and Alternative Approaches*, Oxford: Pergamon. 1978

Gilbert, A. G. & Goodman, D. E., "Regional Income Disparities and Economic Development: a Critique", in A. G. Gilbert(ed.), *Development Planning and Spartial Structure*, London: John Wiley, 1976

Hägerstrand, T. *Innovation Diffusion as a Spatial Process*, Chicago & London: University of Chicago Press, 1967

Higgins, B. H., *Economic Development: Principles, Problems and Policies*, London: Constable, 1959

Hirschman, A. O., *The Strategy of Economic Development*, New Haven: Yale University Press, 1958

Holland, S., *The Regional Problem, London*: Macmillian, 1976

Johnson, E. A. J., *The Organization of Space in Developing Countries*, Cambridge, Mass: Harbard University Press, 1970

Keeble, D. E., "Models of Economic Development", in R. J. Chorley & P. Haggett(eds.), *Models in Geography*, London: Methuen, 1967

Kitching, G. N., *Development and Underdevelopment in Historical Perspective: Popurism, Nationalism and Industrialization*, London: Methuen, 1982

Lasuen, J. R., "On Growth Poles", *Urban Studies* 6(2), 1969

Lewis, W. A., "Economic Development with Unlimited Supplies of Labour", *Manchester School of Economics and Social Sciences* 22, 1954

＿＿＿＿＿＿, "The Roots of Development Theory", *Handbook of Development Economics*, Volume I, Edited by H. Chenery and T. N. Srinivasan, Elsevier Science Publisher B.V., 1988

Lipton, M., *Why Poor People Stay Poor: A Study of Urban Bias in World Development*, London: Maurice Temple Smith, 1977

Massey, D., *Spartial Diffusion of Labour: Social Structures and the Geography of Production*, London: Macmillan, 1984

Moseley, M. J., *Growth Centres in Spartial Planning*, Oxford: Pergamon, 1974

Myrdal, G., *Economic Theory and Underdeveloped Region*, London: Duckworth, 1957

Odum, H. W., *American social problem: an introduction to the study of people and their dilemmas*, New York: Henry Holt, 1939

Odum, H. W. & Moore, H. E., *American Regionalism: a Cultural Historical Approach to National Integration*, New York: Henry Holt, 1938

Ohlin, B., *Interregional International Trade*, Cambridge, Mass: Harbard University Press, 1933

Parr, J. B., "Growth Poles, Regional Development and Central Place Theory", *Papers and Proceedings of the Regional Science Association* 31, 1973

Perroux, F., "The Domination Effect and Modern Economic Theory", in K. W. Rothchild(ed.), *Power in Economics*, Harmondsworth: Penguin, 1950

Pred, A. R., "The Inter−Urban Transmission of Growth in Advanced Economies: Empirical Findings Versus Regional−Planning Assumptions", *Rigional Studies* 10, 1976

Ravenstein, E. G., "The Law of Migration", Journal of Royal Statistical Society(London), June 1885 및 "The Law of Migration", Journal of Royal Statistical Society(London), June 1889

Richardson, H. W., *Regional Growth Theory*, London: Macmillan Press, 1973

Rondinelli, D. A. & K. Ruddle., *Urbanization and Rural Development: A Spartial Policy for Equitable Growth*, New York: Praeger, 1978

Rosenstein−Rodan, P. N., "Notes on the Theory of the Big Push", in H. Ellis & H. C. Wallich(eds.), *Economic Development for Latin America*, London: International Economic Association, 1961

Rostow, W., *The Stage of Economic Growth: A Non Communist Manifesto*, Cambridge: Cambridge University Press, 1960

Sacks, I., *Alternative Patterns of Development: Environment and Developmen*, SCOPE Miscellaneous Publication, 1974

Santos, M., *The Shared Space*, London: Methuen, 1979

Seers, D., "The New Meaning of Development", *International Development Review*, vol. XI, no.4, University of Sussex, 1977

Slater, D., "Underdevelopment and Spartial Inequality: Approaches to the Problem of Regional Planning in the Third World", *Progress in Planning* 4(2), 1975

Stöhr, W. B., "Development from Below: the Bottom−Up and Periphery−inward Development Paradigm in W. B. Stöhr & D. R. F. Taylor (eds.), Development from Above or Below? The Dialectics of Regional Planning in Developing Countries, Chichester: John Wiley, 1981

Stöhr & Tödtling, "Spartial Equity−Some Antithese to Current Regional Development Doctorine", in H. Folmer & J. Oosterhoven(eds.),, *Spartial Inequality and Regional Development*, Leiden: Nijhoff, 1979

Thomas, M. D., "Growth Pole Theory: an Examination of Some of Its Basic Concepts" in N. M. Hansen(ed.), *Growth Centres in Regional Economic Development*, New York: The Free Press, 1972

Todaro, M. P., "A Model of Labor Migration and Urban Unemployment in Less Developed Countries", *The American Economic Review*, Vol. 59, No.1, 1969

Todaro, M. P., *Economic Development in the Third World*, fourth ed., New York: Longman Inc., 1989

Weaver, C., "Development Theory and the Regional Question: a Critique of Spartial Planning and Its Detractors", in W. B. Stöhr & D. R. F. Taylor(eds.), Development from Above or Below?, New York: John Wiley, 1981

Williamson, J. G., "Regional Inequality and the Process of National Development: a Description of Patterns", *Economic Development and Cultural Change* 13(2), 1965

Wingo, L., "Issues in a National Urbanization Policy for United States", *Urban Studies* 9, 1972

Zipf, G. K., *Human Behaviour and the Principle of Least Effort*, Cambridge, Mass., Addison—Wesley, 1949

## 이병기(李炳璣)

저자 약력

　영남대학교 행정학과 졸업

　중앙대학교 대학원 지역사회개발학과 졸업(경제학박사)

　한국농촌경제연구원 책임연구원

　중국 연변과학기술대학 동북아농업개발원 겸임교수

　국가균형발전위원회 신활력사업 자문위원회 위원

　한국농어업·농어촌특별대책위원회 위원

　경기도 도시계획위원회 위원

　UN FAO National Consultant(Lead/Senior)

　한국농어촌유산학회 회장

　현재 협성대학교 인문사회과학대학 도시행정학과 교수

저서 및 논문

- 농촌계획의 이론과 실제(공저), 법문사, 2006.
- 지구촌새마을운동 표준교재(공저), 새마을운동중앙회, 2015.
- 참여정부 농촌개발정책의 회고, 『농촌지도와 개발』, 2008.
- 농촌계획제도의 실태와 개선과제, 『한국지역개발학회지』, 2009.
- 농촌과소화 실태와 전망, 『농촌지도와 개발』, 2010.
- 농지제도의 문제점: 이원화와 부조화 문제, 『농촌지도와 개발』, 2016 외 다수.

## 지역개발이론과 정책

| | |
|---|---|
| 초판 발행 | 2018년 8월 10일 |
| 지은이 | 이병기 |
| 펴낸이 | 안종만 |
| 편 집 | 김상윤 |
| 기획/마케팅 | 이영조 |
| 표지디자인 | 권효진 |
| 제 작 | 우인도 · 고철민 |
| 펴낸곳 | (주) **박영사** |
| | 서울특별시 종로구 새문안로3길 36, 1601 |
| | 등록 1959. 3. 11. 제300-1959-1호(倫) |
| 전 화 | 02)733-6771 |
| f a x | 02)736-4818 |
| e-mail | pys@pybook.co.kr |
| homepage | www.pybook.co.kr |
| ISBN | 979-11-303-0595-0  93350 |

copyright©이병기, 2018, Printed in Korea

* 잘못된 책은 바꿔드립니다. 본서의 무단복제행위를 금합니다.
* 저자와 협의하여 인지첩부를 생략합니다.

정 가       19,000원